위대한 여정

성웅 국가재건 박정희

업적을 중심으로

나는 사람들이 한 번도 치우려 하지 않은 겹겹이
쌓여 있는 쓰레기더미 한가운데 서 있는 것 같았다

상모리 모로실 박정희 태어난 집
사진출처 : 『불굴혼 박정희』 고산 고정일 저

* 일러두기
박정희 대통령 서거 이전의 업적을 중심으로 정리 요약하고자 했으므로 오늘날과는 다른점이 있을수도 있음을 참고해 주시기 바랍니다.

• <비하인드 에피소드>: 짧은 한편의 숨은 이야기란 의미.
• ≪≫은 독립적 제목으로 표시하였음.
• 책은 『』로 표시하였음.

박정희 대통령의 약력略歷

• 1932. 3. 구미공립보통학교 졸업 (제11회)
• 1937. 3. 대구사범학교 졸업
• 1937. 4. 문경공립보통학교 4학년 훈도
• 1939. 4. 문경공립 소학교 교사
• 1940. 4. 만주국육군군관학교 신장군관학교 입교
• 1942. 3. 만주국육군군관학교 신장군관학교 예과 수석 졸업 (제2기)
• 1942. 10. 일본제국육군사관학교 편입
• 1944. 4. 일본제국육군사관학교 졸업 (제57기, 3등)
• 1944. 4. 일본제국육군헌병수습사관(조장, 관동군 635부대)
• 1944. 7. 만주군소위임관, 만주군열하성 제6군관구 제8보병단 배장
• 1944. 12. 만주군 제6군관구 제8보병단 부관실 을종 부관겸 단기 책임자
• 1945. 7. 만주군 중위진급
• 1945. 9. 21. 한국광복군 제3지대평진대대 2중대장
• 1946. 12. 조선경비사관학교 졸업 (제2기, 3등)
• 1946. 12. 조선경비대포병소위임관, 춘천 8연대 배속
• 1946. 12. 남조선노동당 입당, 군사총책
• 1947. 조선경비보병학교 수료
• 1947. 9. 조선경비대 대위진급
• 1948. 8. 조선경비대 소령진급, 대한민국육군본부작전정보국 배속
• 1949. 1. 육군소령불명예복직, 육군본부 작전정보국 제1과장
• 1949. 2. 남로당연루사건으로 무기징역 선고
• 1950. 6. 대한민국육군소령복직, 육군본부작전정보국 제1과장
• 1950. 9. 육군중령진급 육군본부 수송지휘관
• 1950. 10. 제9보병사단 참모장
• 1951. 4. 육군대령진급

- 1951. 5. 육군정보학교교장
- 1951. 12. 육군본부작전차장
- 1952. 10. 포병전과 광주육군포병학교 입교
- 1953. 2. 제2군단포병사령관
- 1953. 11. 육군준장진급
- 1954. 1. 미육군포병학교 유학(1월 ~ 6월27일)
- 1954. 7. 제2군단포병사령관
- 1955. 7. 제5보병사단장
- 1957. 3. 육군대학 졸업
- 1957. 3. 제6군단부군단장
- 1957. 7. 제7보병사단장
- 1959. 3. 육군소장진급
- 1959. 7. 제6관구사령관
- 1960. 1. 부산군수기지사령부사령관
- 1960. 7. 육군본부작전참모부장
- 1960. 12. 제2군사령부부사령관
- 1961. 5. 군사혁명위원회부위원장
- 1961. 5. 군사혁명위원장
- 1961. 5.20. ~ 1961. 7. 2. 초대국가재건최고회의부의장
- 1961. 7. 3. ~ 1963. 12. 16. 제2대국가재건최고회의장
- 1961. 8. 육군중장진급
- 1961. 11. 육군대장진급
- 1962. 3. 대한민국대통령권한 대행
- 1962. 6. 18. ~ 1962. 7. 9. 내각수반
- 1963. 8. 예비역대한민국육군대장으로 전역
- 1963. 10. 제5대대통령선거 후보(민주공화당)
- 1963. 12. 17. ~ 1967. 6. 30. 제5대대한민국대통령
- 1963. 12. 무궁화대훈장 수훈
- 1963. 12. 제2·3대 민주공화당 총재
- 1967. 5. 제6대대통령선거후보 (민주공화당)
- 1967. 7. 1. ~ 1971. 6.30. 제6대대한민국대통령(재선)
- 1971. 5. 제7대대통령선거 후보(민주공화당)
- 1971. 7. 1일 ~ 1972. 12. 26. 제7대대한민국대통령(3선)
- 1972. 12. 제8대대통령선거 후보(민주공화당)

- 1972. 12. 27. ~ 1978. 12. 26. 제8대대한민국대통령 (4선)
- 1972. 12. 통일주체국민회의 의장
- 1978. 12. 제9대대통령선거 후보(민주공화당 간선)
- 1978. 12. 27. ~ 1979. 10. 26. 제9대대한민국대통령(5선)
- 1979. 11. 건국훈장 대한민국장 추서

저서: 『지도자의 길』 『우리 민족의 나갈 길』 『국가와 혁명과 나』 『민족의 저력』
　　　 『민족중흥의 길』

참고문헌
『세계대백과사전 30권』 (발행인: 고정일, 동서문화사 1999. 08)
『박정희 '왜' 위대한 대통령 인가』 (송창달 지음, 그린비전코리아 출판사 2012.10)
『불굴혼 박정희 10권』 (고산 고정일 지음, 동서문화사 2014. 05)
『박정희와 개발독재시대』 (지은이: 조희연, 2007. 8월)

참　　고
●대통령 연설 기록관
●유튜브, 포털사이트 Daum, Naver, Google 등
●유튜브: "밝은해 TV", 자유세상 방송국 등

저　자: 최 인 영
발행인: 최 임 헌
발행처: 하순야下順也 출판사
발행일: 2026년 1월 2일
사업자등록번호: 25100-2023-000125

ISBN: 979-11-996688-0-5　03000

프롤로그

　필자가 박정희 대통령의 업적을 정리하다 보니 박정희 대통령을 영웅이라 칭하기에는 인격적 위상이 너무도 걸맞지 않았다. 따라서 성웅의 반열에 올리며 내용을 정리하고자 한다.

2024년도 노벨 경제학상 수상자들이 하나같이 입을 모아 높게 평가하는 것은 대한민국의 경제발전이다. 그것은 박정희 대통령의 헌신적인 조국과 민족을 위한 만년대계의 경제정책이 없었다면 실현될 수 없었다는 것을 인정한 것이다.

2024년 노벨 경제학상의 영예는 '대런 아제모을루' MIT 교수와 '사이먼 존슨' MIT 교수·제임스 로빈슨 시카고대 교수에게 돌아갔다. 이들은 개인의 권리가 보장되고 법치주의가 잘 지켜지는 민주주의 체제가 경제 번영으로 이어진다는 사실을 입증했는데 이 연구 결과가 노벨 경제학상 수상으로 이어진 것이다. 이들은 국가의 번영을 결정하는 제도를 2가지로 정의했다.

　① 포용적제도(inclusive institutions), ② 착취적제도(extractive institutions)가 그것이다. '포용적 제도(inclusive institutions)'는 법치와 정치적 자유를 존중하며 다수에게 경제적 기회를 제공해 장기적인 경제 성장을 이끈다. 반면 '착취적 제도(extractive institutions)'는 소수가 권력과 부를 독점하고 다수의 기회를 억압하며 국가의 장기적인 번영을 저해하는 체계이다. 국가가 번영하느냐 못하느냐를 결정하는 제도를 두 가지 용어로 정의한 것이다.

이들은 국가의 정치적·경제적 제도가 사회의 경제적 성공과 실패를 결정짓는 주요 요인임을 강조하며 16세기 유럽의 식민지화 과정에서 도입된 각각의 제도가 각국의 경제적 결과에 어떻게 영향을 미쳤는지를 분석했다. 특히 착취적 제도를 채택한 국가가 빈곤과 불평등의 악순환에 빠졌다는 점을 밝혀냈으며, 포용적 제도를 도입한 국가는 경제적 번영을 이룰 수 있었다고 주장했다.

스웨덴 왕립과학원은 '법치주의가 약하고 인구를 착취하는 제도가 있는 사회는 성장이나 긍정적인 변화를 이루기 어렵다'. 며 이번 '수상자들의 연구는 이런 현상의 이유를 이해하는 데 중요한 기여를 한다.'라고 수상 이유를 설명했다.

이번 수상자들 중 대런 아제모을루 MIT 교수는 '남북한은 제도의 역할을 훌륭하게 보여주는 사례'라고 말하며 남한과 북한이 분단되기 이전은 비슷한 수준이었지만 시간이 지나면서 경제 격차가 열 배 이상으로 벌어졌다'라고 설명했다. 이것은 이들의 연구 중 가장 중요한 발견 중 하나이다.

사이먼 존슨 교수는 수상 소감에서 '한국의 경제발전은 국가 성공의 대표적 사례'라면서 1960년대 가난과 독재를 겪었던 한국이 민주화를 통해 경제적 기적을 이룬 과정을 높이 평가했다. 특히 존슨 교수는 한국을 '포용적 제도가 제대로 작동한 국가'라면서 한국의 정치적·경제적 발전이 그의 연구에 큰 영감을 주었다.'고 말했다.

지금도 살아서 존재하는 어떤 사람이 말하길 그 당시는 누가 대통령을 해도 경제를 이루어낼 수 있었다고 말하지만 지금의 상황을 보면 얼마나 허무맹랑한 '아무말 대잔치'인지가 확인되었고 또 어떤 이는 '국민들이 한 것이지 박정희 대통령이 한 것이 아니다.'라고 말하지만 그런 지도자가 없이는 한 걸음도 나아갈 수 없다는 것을 모르고 한 말일까? 아니면 알고 있으면서 한 말일까?

지도자들을 보라, 박정희 대통령이 해놓은 업적을 어떤 이유에서인지 잘 몰라도 그냥 파괴하다시피 하는 것을, 그것도 모자라 박정희 대통령이 일구어 놓은 업적 아래서 즐거이 먹으며 생활하는 후세들에게 저주와 악담·욕설을 하도록 가르쳐 놓고 거기다 해놓은 것도 하나같이 지키지 못하며 하나하나 말아먹고 있으면서 무슨 말씀을 그리들 쉽게 하는지?

지나고 나면 정신적·육체적 건전한 성장을 위한 것이었음 에도 불구하고 군대식 훈육적·동원체제식 교육이라고 억압적인 심리를 건드리는 용어를 써가며 부정적인 측면을 조장하고 있는 책이 조ㅎㅇ님의 '박정희와 개발 독재시대'이다.

어린 나이에 자고 싶고·먹고 싶고·놀고 싶은 시절, 하기 싫은 것을 하라는 말을 들었을 땐 얼마나 반감이 생기겠는가, 젊은 사람들의 이유 없이 꾸겨지는 감정을 건드리며 생각하는 척·위로하는 척·은근슬쩍 반항심을 부추기는 용어를 써가면서 젊은이의 가슴을 돌발하는 저네들의 내심을 나는 도저히 이해하기 어렵다.

어떻게 살아야 잘 사는 것인가? 이렇게 살아도·저렇게 살아도 실패하면 실패하는 대로 실패할 수밖에 없는 이유가 있고·성공하면 성공하는 대로 성공할 수밖에 없는 이유가 있을 것임에 어떻게 하든 우리의 삶은 공·과로 나누어지고 나눌 수밖에 없지만 우리는 그래도 그런 와중에 부정적·긍정적 분석을 안 할 수 없다.

필자는 조ㅎㅇ의 저서 '박정희와 개발 독재시대'를 거론하지 않을 수 없는 몇 가지를 나름대로 정리해 보고자 한다.

그는 '박정희 대통령'의 문제점과 부정적인 측면을 우선 적으로 고려하다 보니까 따라오는 긍정적인 평가에 끝내 인색했음을 지적하지 않을 수 없다.
먼저 민주주의를 하자는 운동권을 이해하고자 민주주의를 하기 위해선 꼭 필요한 경제적 바탕이 뒷받침 되어야 우리가 원하는 자유민주주의를 실현할 수 있음을 그는 끝내 말하지 않은 것이다.

경제가 중요하다는 것을 말하지 않은 것이 아니라 중요하다고 말하면서도 자유민주주의를 하기 위해선 경제적 여건을 갖추어야 된다는 박정희 대통령의 지론을 외면하면서 민주 투사들의 투쟁을 비중 있게·상세하게 다루었다는 것이다. 조ㅎㅇ님의 실수일까? 아니면 거기까지 생각이 미치지 못했을까? 내가 보기엔 그것들은 아니고 단지 거론하고 싶지 않았던 것 같다고 말하고 싶다. 그것이 아쉽다.

그리고 인물평을 안 할 수 없는 내용 과정 중에서 박정희 대통령의 훌륭한 인격적 됨됨이를 간과하고 가볍게 넘어갔다.

그분의 불타는 투지를 대신해서 마피아 두목에 비유하고 보스적 기질을 말하면서 그분의 검소함을 말하지 않았고 엽색 행각을 말하면서 국민을 진정으로 사랑한 분임을 알지 못했고 의료 복지를 위해 건강보험을 마련한 것은 나몰라라 하였고 우리 강산 푸르게 푸르게 가꾸고자 한 집념에 대해선 한마디도 없었고 서민적 모습에 대해선 막걸리 마시는 한 구절로 그냥 끝내 버렸다.

조ㅎㅇ님은 다양한 박정희로 상상되어야 보수 내부가 성공할 수 있다고 말하면서 폭력적·위선적·이중적인 선입견을 심어주고자 다양한 얼굴의 박정희로 정리한 것 같다. 즉 민주운동 투사들에게 서운하게 비치지 않을 정도로 그리고 보수의 눈높이를 걱정하며 좌파 입장에서 극도로 걸러서 정제된 글을 쓴 것이다.

김ㅇㅅ 정권은 앞서 이루어놓고 간 대통령들의 업적을 감당하지 못해 IMF를 맞이했고 김ㄷㅈ 정권 역시 경제는 커녕 민주주의도 이루지 못했으면서 개인의 야심에 빛나는 노벨상만 챙겨갔다. 그것도 박정희가 이루어놓은 경제 대국이란 국위를 앞세워 막대한 보상을 치르면서 말이다.
핵 개발하는 북한에 퍼주기식 햇볕정책을 펴면서 '북한이 핵 개발하면 내가 책임지겠다.'[1]는 말만 늘어놓고 저세상으로 가버렸으니 이제는 책임지고 싶어도 질 수도 없는 셈이다.

그러면 김ㄷㅈ 정권은 불로초라도 먹으면서 영원히 살아 있을 요량이었겠는가? 아니지 않은가? 그는 아마 그 말에 대한 책임이 고조될 때는 이 세상에 살아있지 않을 것임을 본인도 알고 있었기에 자신 있게 뱉어낸 말이 아닌가? 생각된다.

박정희 정권은 밤낮으로 이 나라를 반석 위에 올려놓으려고 애쓰던 시절 '독재자'라고 몰아붙이는 사람들을 향해 **'내 무덤에 침을 뱉어라'**는 말로 대신하면서 후세를 위해·우리를 위해·가족의 희생까지도 감내하면서·있는 욕·없는 욕·다 먹으며 세계 속의 우리나라로 만들어 놓았다.

지금까지 추적하며 조사해도 개인을 위해선 어떤 것도 취하지 않았고 축적하지도 않았다. 박정희 정권은 개인을 위해 무엇을 챙겨갔는가? 욕먹음과 가족의 희생밖에 없지 않은가? 이런 분을 욕하며 욕되게 한다면 하늘이 용서치 않을 것임을 우리는 알아야 할 것이다.

박정희 정권은 뭔가 해놓고 욕먹었고 숨겨놓은 어떤 비자금도 지금까지 아무것도 나오지 않았다. 대통령을 했다면 모두가 다 애국자에 해당하는가? 나름대로 열심히 하느라고 했겠지만 '박정희 대통령'만큼 조국과 민족을 사랑한 흔적을 남겨 놓았는가?

이제는 박정희 대통령에 대해 더 이상의 비속한 말로 비하하지 말아야 할 것이다. 우리가 그래도 끼니 걱정을 하지 않게 된 것은 박정희 정권 그 시대의 주역들 덕이 아니던가!

그렇게 갈망하던 '민주주의'마저도 이루지 못한 상태에서 급기야 나라가 더욱 혼란에 빠져드는 작금에 와서 독재라고 부르던 그 시절로 인해 오늘 우리가 풍요로움을 누리고 있지 않은가? 그것은 모두 박정희 정권이 이루어놓고 간 흔적이라고 아니할 수 없으니 부정하는 나의 선배나 또래가 있다면 언제나 마주하는 토론을 피하지 않겠다.

왜 나의 선배나 또래냐 하면 그 시절 초근목피로 주린 배를 채워가던 스토리가

---

1)1999년 김대중 대통령 재임 시절 말함. "북한은 핵 개발할 능력도 없고 ~ 북한이 핵 개발하면 내가 책임지 겠다." 출처: Google, 대한민국상이군경회.

우리에게는 있기 때문이며 4월 5일은 식목일로서 나무 심으러 다니던 어제가 있었기 때문이다. 후배들은 알겠는가? 알아도 누가 아는 체하고 싶겠는가? 우리 또래나 선배가 아닐진대 말이다.

사실 아는 사람만 아는 말이지만 좌파의 수장 백기완은 이 세상을 하직하면서 박정희 대통령과 같은 독재는 할수록 좋은 것이라 했다고 한다.[2]

다른 것은 몰라도 박정희 대통령의 여자관계 문제에 대한 좌파들의 트집은 정말 그들에 비유하면 '공연한 생트집'이라는 생각이 든다. 우리 인간은 성욕·색욕이 본능적인 감정으로 잠재되어 있음을 모르는 이 없거니와 특별히 박정희 대통령께 잣대를 들이대며 그마저 완벽하지 못했음을 지적하는 것은 무슨 이유에서인가?.

10월 26일 서거 당시 함께 앉아 있었다는 두 여인 중 누구도 박정희 대통령의 엽색에 관한 말은 하지 않았다. 아니 못해서가 아니라 그런 말을 할 수 있는 빌미를 찾지 못했기 때문이라고 생각한다. '지금은 말할 수 있다.'는 세상에 살면서 무엇이 두려워서 말을 하지 못할까? 그것은 없었기 때문이다.

좌파 자신들은 어떠한가? 정말이지, '남의 눈에 티끌은 보면서 자기 눈의 대들보는 보지 못한다.'는 말이 바로 그 사람들을 가리키고 있음이다. 자유민주주의라는 뚜렷한 민주주의는 외면하며 말로만 더 민주주의를 한다는 허울뿐인 민주주의를 한답시고 얼마나 많은 세월 국민을 조롱하는가?

박정희 대통령은 일반적인 민주 지도자와는 달랐다. 진정 어린 '자립경제'와 '자주국방'을 동시에 지향해 오신 박정희 대통령은 애민 주의자로서 권위주의적인 리더십의 소유자였다. 박정희 대통령께서 해오신 모든 정책은 오로지 민족과 국가를 위해서만 하신 정책이었다.

따라서 우리 민족의 성향을 누구보다 잘 알고 있었던 분이 박정희 대통령이기에 우리 민족에게 가장 적합한 '한국적 민주주의'를 실행하고자 애를 쓰셨다는 생각이 들며 '한국적 민주주의'야 말로 우리 민족에게 딱 맞는 사회제도가 아닌가 한다? 왜냐하면 유신헌법이 통과된 그때 빈번하게 일어났던 선동이나 데모를 제외하면 가장 안정적이었고 가장 많이

---

2) 백기완 선생님은 박정희 대통령 독재는 할수록 좋은 것이라 말했지만 이 세상에 할수록 좋은 독재란 없다. 박정희 대통령은 국민의 안위와 경제 부흥을 위하여 혁신적으로 결단하는 정치를 하셨지, 개인의 사리사욕을 위해 독재를 하신 분이 아니므로 박정희 대통령은 분명 '혁재자'이지 독재자는 아니다.
혁명: Revolution + 독재자: Dictator. 혁재자: Revolator. (사전에는 없음)

발전했기 때문이다.

1961년 5.16 혁명 공약을 발표하고
- 1962년의 새 아침 박정희의장 정부 시정 방침을 말씀하시다.

박정희 국가재건최고회의장

여러분 새해 안녕하십니까

　지금부터 1962년도 정부의 시정 방침을 말씀드리겠습니다.

친애하는 국민 여러분, 지난 7개월은 실로 우리 역사상 새로운 전진을 마련하는 것이었습니다. 국제적으로는 미국을 비롯한 민주제 우방으로부터 진정한 자유민주주의를 재건하려는 우리의 진지한 노력과 공산주의 침략으로부터 국가와 민족을 수호하려는 우리의 결의에 대한 깊은 이해를 획득하였던 것입니다.

또한 국내적으로는 부패와 구악을 일소하고 신실한 기풍을 진작하였으며 효율적인 행정 분야에 기반을 마련하고 경제개발 5개년 계획을 책정하여 그 강력한 실천을 위한 준비를 완료하였던 것입니다.

이제 우리는 이상과 같은 국제적·국내적 여건을 토대로 힘찬 건설을 시작할 1962년도를 맞이하게 된 것입니다. 금년도의 정부는 다음의 말씀 드리는 바와 같은 시책을 강력히 추진함으로서 혁명 공약을 어김없이 실천할 것입니다.

1. 반공 태세 강화에 대해서

　진정한 자유민주주의 체제를 확립하기 위해서 반공 이념을 수호할 뿐만 아니라 그 실질적인 성향에 총력을 집중할 것이며 이를 위해서 일체의 용공 세력을 분쇄하고 반공 체제의 입체적인 기능을 발휘하기 위한 범국민적인 운동을 전개할 것입니다. 또한 국방 면에 있어서는 현재의 병력 수준을 계속 유지하며 장비의 현대화로 국방력의 강화를 기하고 우방들과의 군사적인 유대를 더욱 강화 함으로써 직접적 침략으로부터 국가를 방어할 뿐만 아니라 모든 형태의 간접적인 침략을 분쇄하기 위한 역량과 체제를 강화할 것입니다.

2. 외교 문제

　대외 정책에 있어서는 혁명 공약에 명시한 바와 같이 유엔헌장의 정신 및 국제협약을 충실히 준수할 것이며 미국을 위시한 자유우방과의 유대를 가일층 강화할 것이고 자유민주주의 원칙에 입각한 국토통일을 거족적으로 추진할 것입니다.

격동하는 내외정세에 적응할 수 있는 외교 체제를 완비하여 자주 외세의 기반을 확립할 것이며 종래의 고식적인 태도를 지양하고 특히 유엔 및 비공산 국가에 대한 외교활동을 적극화할 것입니다.

이와 동시에 경제개발을 뒷받침하기 위한 강력한 경제외교를 전개하여 해외시장 개척과 외자의 도입을 장려할 것입니다. 한일간의 교섭은 계속 추진하되 현안문제가 타결된 연후에 국교를 정상화하고 경제협력 문제는 그 후에 토의하겠다는 우리의 방침에는 하등의 변동이 없습니다.

3. 행정 체제의 정비에 대해서

민주적인 국가 행정 체제를 확립하기 위해서 관료주의와 중앙집권주의를 지향함을 목적으로 하여 행정조직을 능률적이고 경제적이며 봉사 정신을 발휘하도록 정비 조정할 것이고 인사 제도를 확립함으로써 직업 공무원제도를 실현하여 민주적 공무원으로서의 책임감과 기강을 바로잡는데 힘쓸것입니다.

또한 각종 공무원의 특기와 직위 및 책임에 상응하는 교육제도를 확립하여 공무원의 질적 향상을 기할 것이고 행정 체계를 정비하고 사무 장비를 현대화하여 행정사무의 간소화와 유일의 향상을 도모할 것입니다.

새해부터는 우리의 군색한 재정에서도 공무원의 처우를 대폭 개선 함으로써 공무원의 사기를 진작하고 생활과 신분의 보장을 예의 강구 함으로써 부패의 구실을 제거할 것입니다.

4. 사회정의 구현에 대해서

국가사회 생활의 건전한 발전을 위한 모든 법령을 정비하여 사법 분야와 재판 및 검찰 업무의 적정을 기함으로서 국민의 권리보장과 준법정신을 앙양케 할 것이고 형사정책의 합리적인 시행과 행정의 효율적인 보람을 기하여 사회정의를 구현할 것입니다.

치안에 만전을 기하고 사회악을 조성한 각종 범죄를 미연에 방지하기 위해서 경찰 장비의 현대화와 과학적인 수사 방법을 발전시키는 동시에 경찰 행정의 민주화를 도모함으로써 명랑한 사회질서를 유지하도록 노력을 할 것입니다.

또한 혁명재판의 결말을 조속히 지음으로써 이로 우리가 일어서 걸기하게 된 구악의 소탕에 단락을 짓고 희망에 찬 새로운 국가사회의 기강 확립에 매진할 것입니다.

5. 자립경제 확립을 위한 경제시책

혁명정부는 지난 반년 동안 경제적 침체와 불안을 제거하기 위해서 전력을 다하였으며 그 결과 단시일 내에 기적적으로 안전과 회복을 결의했던 것입니다. 우리는 생각할 수 있는 모든 타당한 정책을 과감하게 실천 함으로써 위기를 극복하고 경제계의 도전을 기했던 것입니다. 이렇듯 첫 고비를 넘긴 우리는 새해를 맞이하여 또다시 새로운 시련에 직면하고 있는 것입니다.

즉, 혁명정부는 국민을 기아로부터 해방시킨다는 공약을 어김없이 실천하기 위해서 경제개발 5개년 계획을 강력히 추진할 것을 결정하였고 금년은 이 역사적 과업을 실천에 옮겨야 할 바로 첫해라는 것을 국민 여러분에게 엄숙히 선언하는 바입니다.

연평균 성장률 7.1%나 되는 경제발전을 계획하고 있는 이 의욕적인 사업을 착오 없이 착실하게 수행하기 위해서 혁명정부는 다음과 같은 원칙과 대강을 그 계획 속에 포함시키고 있는 것입니다.

① 한국 경제발전의 궁극적인 목표를 공업화에 두고 계획 목표를 달성할 때까지는 단계적인 경제정책을 쓰기로 한 것입니다.

② 제1차 년도에 있어서는 공업화를 위한 기반을 구축할 것이며 이를 위해선 기간공업과 전력·석탄 등의 에너지 부문과 산업 인구의 60% 이상을 차지하고 있는 농·수산 부문의 개발에 계속 주력을 할 것입니다.

농림수산 분야에 있어서는 이 분야의 생산증대가 무엇보다 긴급한 점에 비추어서 영농·축산·어로 자금을 적기에 과감히 방출해서 생산증가와 농어촌의 경제향상을 이룩하도록 하고 특용작물의 증산·유추 농업의 장려·수산업의 진흥을 통해서 농어민 소득향상에 중점을 둘 것입니다.

한편 농어촌 협동조직을 강화하고 농경지의 확장과 목초지의 개척을 기하고 경제림 및 부락 연료림의 조성을 위주로 하는 방향으로 산림 행정을 시정할 것입니다.

③ 상공부문에 있어서는 시설적 종목인 화학비료·시멘트·종합 제철 및 전류 등 분야의 건설에 착수하고 전원개발과 석탄 증산에 힘쓰되 기존 시설의 확장 화력발전소의 신설 수력발전소의 건설 계획에 착수할 것이며 국제수지를 개선하기 위해서 수출 영역을 진흥시키는 동시에 주한 외국군에 대한 군납 및 용역 제공을 확대하도록 노력을 할 것입니다.

④ 재정 부문에 있어서는 자진 납세를 촉구하는 방향으로 세제를 정비하여 인정과세의 폐단을 지양하고 밀수의 방지 및 단속 책을 강화할 것입니다. 산업자금의 원활한 공급과 퇴직자금 및 영세자금의 동원을 위해서는 국민제도를 정비하고 저축증강책을 기하며 보험·증권시장의 건전한 육성책을 강구 할 것이며 예산 및 회계

제도를 개선해서 국가 경비의 남용을 방지하고 국가 관리 기업체의 합리적인 운영을 기할 것입니다.

경제개발 5개년 계획을 성공적으로 이끌기 위해서 공익성을 띤 주요 기업에 대한 불가피한 정부 관할을 제외하고는 창의를 최대한으로 존중하는 자유기업의 원칙을 준수할 것입니다. 이 계획을 실천에 옮길 때 달성될 수 있는 제1차 년대의 경제성장률은 5.7%이며 이를 산업별로 구분하면 제1차산업이 5.3%·제2차산업이 11.1%·제3차산업이 3.8%로 되어 있는 것입니다.

이러한 성장률은 결코 만족스러운 것은 아니지만 구조적인 실업자를 흡수하고 국제수지를 점차 적으로 개선할 것을 확신하는 바입니다. 그러나 그와 같은 목표를 달성하기 위해서는 막대한 외자와 내자를 소요하게 된다는 어려운 문제에 우리들은 봉착하게 되는 것입니다. 우리가 눈앞에 직면해 허덕이고 있는 빈곤을 구축하기 위해서 기어이 이 계획은 성취시켜야 할 것이고 이를 성공적으로 이끌기 위해서는 내자와 외자의 조달 도입에 있어서 국민 여러분들의 절대적인 협력을 구하는 소이도 바로 여기에 있는 것입니다.

국민 각자의 내핍과 저축을 강조하는 것도 내일의 보다 나은 생활을 위하며 외자도입을 위한 입법 조치를 완료하고 모든 경제 여건을 구비해 놓음으로서 기업가의 의욕을 돕는 소이도 또한 여기에 있는 것입니다.

모든 기업가의 개인적인 이익 추구가 곧 국민경제 발전에 기여하게 될 것임에 비추어서 모든 내외자본의 조달 도입에 전 국민의 분발을 바라 마지않는 바입니다. 국민 여러분이 바치는 정성 어린 세금을 낭비와 협잡 없이 예산에 규모 있게 편성하고 우방 원조를 합리적으로 운영 관리할 때 적임자의 효과는 틀림없이 보장될 것이며 도시에는 공장이 줄기차게 건설될 것이고 농어촌에는 반드시 생활에 여유를 되찾게 될 것을 믿어 마지않는 바입니다.

6. 국민교육과 사회정책 진작에 대해서

건설하기에 적합하도록 교육제도를 쇄신하고 문교정책을 조절하여 민족정신을 고취할 것이며 생산기술교육을 강화할 것입니다. 의무교육에 있어서는 적령 하에 완전 취학을 기할 것이며 중·고·대학생의 정원은 가급적 국가적인 수급 계획에 따라서 책정할 것입니다.

혁명 과업 수행 대열의 민족의 총 역량을 집중시키기 위해서 국민조직과 국민훈련을 강화하여 승공 민주 이념을 확립할 것이고 국민 도의와 민족 정의를 강행하여 국민정신을 진작하기 위한 범국민 운동을 전개할 것입니다. 국민의 지식수준 향상과 민주 사상의 고취를 위해서 전국적인 문맹 해소와 계몽운동을 촉진할 것이고 이에 따라서 근로정신을 위시한 도의 진작에 치중할 것입니다. 국민 보험을 위해서 위생 및 체력 관리를 합리화할 것이고 의료 균전 시책을 수립할 것입니다. 부조와 보험을 기간으로 하는 사회보장제도의 기틀을 마련하여 국민 생활 향상과 복지사회 건설을 또한 기할 것입니다.

이와같은 국민교육과 사회의 보장 시책은 단기적으로는 평가를 불허하므로 가능한 한 졸속주의와 급진적 개혁은 이를 신중히 다루어 나갈 것입니다. 끝으로 지난 8월 12일 선언한[3] 바와 같이 국민 여론을 충분히 반영시켜서 헌법 및 선거법의 개정을 위시한 민정 이양의 사전 준비를 우리들은 추진할 것입니다.

우리는 지난날의 실패를 거울삼아 자유민주를 이기와 방종과 혼동해서는 안 될 것입니다. 우리가 염원하는 자유민주주의 사회를 이룩하기 위해서 혁명정부가 언제나 주창하는 국민 도의와 국가 경제가 무엇보다도 앞서서 시급히 재건되어야 할 것이고 이를 위한 이상과 같은 제1차 계획 년도에 모든 시책이 정부의 불퇴전의 결의와 과감한 실천과 국민의 신뢰와 단결과 협력으로서 기어이 성취될 것을 확신해 맞이 않는 바입니다.

친애하는 동포 여러분, 조국은 우리에게 단결과 봉사와 전진을 요구하고 있는 것입니다. 우리 모든 국민들이 각자가 처해있는 위치에서 여하이 하면(어떻게 하면) 조국에 최대 봉사를 할 수 있는가를 스스로가 모색하고 실천하는 길만이 우리에게 전진을 약속하는 유일한 길이라는 것을 다시 한번 강조하고 또한 호소하는 바입니다.

> 1962년 박정희 국가재건최고회의장이 발표한 혁명정부의 시정 방침을 읽고 60여년이 지난 오늘에 와서 확인해 보았을 때 99.999%를 달성하셨다는 것을 확인할 수 있다.

---

3) 1961년 8月 12日 : 박정희 의장이 '정권 이양시기'에 관한 특별성명을 발표함

· 1962년 초 박정희 국가재건최고회의 의장은 최고회의 접견실에서 새 하례객들을 맞이했다. 1월 4일 국가재건최고회의 의장은 전국 시찰을 감행하였다.

「제가 여기에 박정희 국가재건최고회의 의장의 1962년 동정을 싣는 것은 얼마나 바쁜 일정을 보내셨는지를 말씀드리고 싶어서입니다. 즉 권력에 대한 욕심으로 혁명한 것이 아니라는 박정희 국가재건최고회의 의장의 심중이 가장 잘 나타나 있기 때문입니다.」

· 1962년도 박정희 의장의 초도순시
- 1월 말 중앙관상대를 시찰.
- 2월 초 울산 공업센타 기공식에 참석함.
- 경기도 광주군 국가재건최고회의 박정희 의장, 5.16이후 9개월간의 실적과 민정의 실태를 파악하기 위해 2월 9일 지방 시찰에 나섬. 먼저 광주군 일대를 시찰·가나안 농군학교 시찰.

- 충남 대전 도정 현황을 청취한 박정희 의장은 구호양곡을 속히 공급하도록 지시. 국내 특수공장의 하나인 한국 인형공장을 둘러봄. 환영나온 주민들과 정담을 나누고

- 부여에서는 군청과 농협을 시찰, 박물관과 부소산도 둘러봄.

- 전라북도 전주, 생사 수출 계획을 늘리도록 지시, 양잠을 권장하기로 하고 전주 시내 호암부락을 시찰하고 마을 환경개선 사업에 큰 관심을 가지기도 했다.

- 전라남도 도청 농수산물 검사에 공정을 기하라고 지시, 농수산물 가공처리 공장을 많이 세우길 지시, 상무대 종합 연병장에도 들림-
'우리 군인은 신뢰받는 군인이 되어야 함.'을 강조.

- 담양군 대추리에 들림. 죽세공으로 마을소득을 높이고 있는 부락민들을 격려함. 그리고 지난해 막심한 수해를 입었던 남원군 효기리에 들러 하루라도 앞당겨 수해 복구를 서둘러라고 지시함.

- 여수에 들린 박 의장은 6년 동안 배를 저어 딸을 육지로 통학시킨 어머니 박선애 씨를 표창하고 육영수 여사가 보낸 선물도 전달. 여수세관을 시찰한 박 의장은 밀수 근절에 철저히 하라고 지시.
- 해군 구축함 임진호로 여수를 출발 경남으로 향함.
- 경상남도 진주, 박 의장은 남강 댐 공사 현장을 시찰 후 촉석루와 논개 사당도

시찰하고 기념식수도 함.

- 사천군 사조리, 박 의장은 이곳에서 잘살기 위해 노력하고 있는 부락민들의 손을 잡고 그들을 격려했다.
- 사천 비행장에서 비행기를 타고 경북 영천으로 감.

- 경상북도 시찰을 끝으로 지방 시찰을 모두 마침. 9일간의 지방 시찰을 마친 박 의장은 서울에서 긴급 지방 장관 회의를 주제하고 지방 공무원에 대한 교육 훈련이 필요하다고 강조하고 농촌 개발을 위해 융자 지원하라고 지시함.

- 3월 24일 국가재건최고회의 본회의에서는 사임한 윤보선 전 대통령의 뒤를 이어 박정희 의장이 대통령 권한을 대행하게 했음.

- 3월 28일 박 의장은 청와대에서 권한대행 후 처음으로 주한 외교사절을 접견하고 우리나라와 자유 우방국과의 유대를 더욱 공고히 함.

- 5.16혁명 1주년 기념 산업박람회가 4월 20일 경복궁에서 개관되었음.
해방 후 최대규모로 개최된 이 산업박람회는 박정희 의장이 개관 테이프를 끊음으로서 문을 열었는데 우리나라 산업의 축소판이 이곳에 마련되어 온 국민의 관심거리가 된 바 있음.

- 박정희 의장은 대통령 권한대행 이후 처음으로 모심기 대회에 참석, 농민들의 어려운 일을 속히 해결해 주도록 관계관에게 지시했음.

- 1962년 8월 15일 광복 17주년을 맞은, 이날 기념식에 참석한 대통령 권한대행 박정희 의장은 기념사를 말씀하셨다. "조국과 민족과 문화유산을 도로 찾았던 이 뜻깊은 오늘 광복절을 맞이하여 우리들은 순국선열의 유훈을 받들어 구국 성명의 대열로부터 더욱 공고히 뭉쳐서 내일의 번영과 후세의 영광을 위해서 이 뜻깊고 보람 있는 재건국 관철에 총력이 있기를 다시금 다짐하는 바입니다." 기념사를 마친 박정희 의장은 546명의 유공자들에게 포상을 했습니다.

- 8월 하순 박 의장은 호남지방의 모범 농촌 시설에서 우리 농민들이 빈곤과 절망에서 벗어나려는 모습을 보고 농촌 재건에 큰 관심을 보였습니다.
- 9월 초 출력 500kW의 MBC 남양 송신소 준공식에 참석한 박정희 의장.

- 건군 14주년을 맞은 국군의 날, 이날을 기념하기 위한 각종 가장행렬 중 인기 코메디언의 행진이 가장 이채를 띠었습니다.
- 다음날 박 의장 내외분은 한강 상공에서 베푼 우리 공군의 공중 전시를 참관했음.

- 10월 초순 우리나라 국가원수로서는 처음 울릉도를 시찰한 박정희 의장.

- 11월 5일 '헌법 개정안'이 발의 공고되었음. 박 의장은 헌법 개정안 제안에 즈음해서 성명을 발표하고 이 개정안은 우리들과 우리들 자손이 영원한 영광을 누릴 수 있게 하려는 지성에서 마련된 것이라 밝히면서 국민의 깊은 이해와 협조를 당부했다.
- 11월 초 박정희 의장은 말레이시아 연방의 압둘 라쟈크 부수상의 예방을 받았다.

- 울릉도 어린이들의 서울 나들이, 울릉도 방문 때 낯익은 섬 어린이들이 청와대로 박 의장 내외분을 방문했음.
- 12월 6일 최고회의는 그동안 공고되어온 '헌법 개정안'을 의결했음.
- 12월 초 일본 여당인 자민당의 부총재 오오노 반부크 씨가 우리나라를 방문, 박정희 의장을 예방했음.

- 제3공화국의 기틀이 될 '헌법 개정안'의 가부를 묻는 우리 역사상 최초의 국민투표가 1962년 12월 17일 전국 7117개 투표소에서 일제히 실시됐음.
그 결과 총투표수의 78.78%의 찬성을 얻어 헌법 개정안은 새 나라의 기본법으로 확정되었던 것임.

- 12월 6일 박 의장은 새로운 헌법에 서명했습니다.
- 12월 27일 새 헌법 공포식을 가졌음.
- 12월 하순 박정희 의장은 여러 최고의원들과 같이 전방 장병들을 찾아 위문품을 나누어 주고 그들의 노고를 치하했음.

- 12월 말 나주에 있는 호남 비료공장의 준공식에 참석한 박정희 의장.

62년 국가재건최고회 의장으로서 초도순시 일정을 시작하여 서거하는 79년까지 오로지 조국 근대화 · 민족중흥 · 자주국방을 위해 바쁜 일정을 보낸 박정희 대통령.

· 1963년 12월 17일 제3공화국 5대 대통령 취임사

「1963년 10월 16일 투표한 결과를 보면 서울·경기·강원·충북·충남에서 다수 득표한 윤보선을 경북·경남·전북·전남·제주도에서 압도하여 박정희 대통령이 2만표 앞서서 당선되었다.」

단군 성조가 천혜의 이 강토 위에 국기를 닦으신지 반만년, 면면히 이어온 역사와 전통 위에 이제 새 공화국을 바로 세우면서 나는 국헌을 준수하고 나의 신명을 조국과 민족 앞에 바칠 것을 맹세하면서 겨레가 쌓은 이 성단에 서게 되었습니다.

나의 사랑하는 3천만 동포들이여! 나는 오늘 의로운 제3공화국 대통령에 취임하면서 이 중대한 시기에 나를 대통령으로 선출해주신 국민 여러분에게 감사드리며 보람 있는 이날의 조국을 보존하기에 생명을 바치신 순국선열과 공산 침략에서 나라를 지켜온 충영스러운 전몰장병 그리고 독재에 항거하여 민주주의를 수호한 영적인 4월 혁명의 영령 앞에 나의 모든 영광을 돌리고자 합니다.

한편 나는 국내외로 매우 중요한 이 시기에 대통령의 중책을 맡겨둠에 그 사명과 책무가 한없이 무거움을 깊이 공감하고 자주와 자립과 번영의 내일로 향하는 민족의 우렁찬 전진의 대오 앞에 겨레의 충성스런 공복이 될 것을 굳게 다짐하는 바입니다.

아시아의 동녘에 금수강산이라 불리우는 한반도에 선조의 거룩한 장국의 뜻을 받들어 찬란한 문화로 자라난 배달의 겨레가 5천년의 역사를 지켜온 이 땅이 바로 우리들의 조국입니다. 한 핏줄인 이 민족의 가슴속에 붉은 피 용솟음치는 분발의 고동과 약진의 맥박은 결코 멈추지는 않았던 것입니다.

반세기의 고된 역정은 밟았으되 일본제국주의에 항쟁한 3.1 독립정신은 조국의 광복을 쟁취하였고 투철한 반공 의식은 6.25 동란에서 공산 침략을 분쇄하여 강토를 보위하였으며 이와같은 민주적 신념은 4월 혁명에서 독재를 물리치고 민주주의를 수호하였고 이어 5월 혁명으로 부패와 부정을 배격함으로서 민족정기를 되찾아 오늘 여기에 우람한 새 공화국을 건설하기에 이른 것입니다.

그러나 오늘 당면한 현실은 결코 목적지 도달의 안도가 아니며 험준한 여정의 새로운 출발인 것입니다. 4월 혁명으로부터 비롯되어 5월 혁명을 거쳐서 발전된 1960년대 역사의 필연적 과제는 정치·사회·경제·문화 모든 분야에 걸쳐서 조국의 근대화를 촉성하는 것이며 이를 위해서 우리는 조성된 계기를 일신함이 없이 성공적

으로 이 과업을 성취시키는데 온 국민적인 노력이 있어야 할 것입니다.

이제 여기에 3.1정신을 받들어 4.19와 5.16혁명의 이념을 계승하고 당위적으로 제기된바 민족적인 모든 과제를 수행할 것을 목표로 나는 오늘 이 뜻깊은 자리를 빌어서 일대 혁신운동을 제창하는 바이며 아울러 이에 범국민적 혁명 대열의 적극적 호응과 열성적인 참여 있기를 호소하는 바입니다.

인간사회에는 피땀 어린 노력의 지불 없는 진보와 번영이란 존재하지 않는 것입니다. 격동하는 시대 전환의 시점에 서서 치욕과 후진의 굴레를 벗어나기 위해서 오늘의 세계에 생존하는 우리들의 생명을 건 희생적 노력을 다하지 않는 한 내 조국 내 민족의 역사를 뒤덮은 퇴영의 먹구름은 영원히 거두어지지 않을 것입니다.

정치적 자유와 경제적 자유·사회적 융화·안정을 목표로 대혁신 운동을 추진함에 있어서 우리는 먼저 개개인의 정신적 혁명을 전개하여야 하겠습니다. 국민은 한 개인으로부터 자주적 주체 의식을 하명하여 자신의 운명을 스스로 개척한다는 자립·자주의 정신을 확고히 하고 이 땅에 민주와 번영·복지사회를 건설하기에 민족적 주체성과 국민의 자발적 적극 참여의 의식 그리고 강인한 노력의 정신적 자세를 바로잡아야 하겠습니다.

불의와의 타협을 배격하며 부정부패의 소인을 국민 스스로가 절개 청산해야 하겠습니다. 탁월한 지도자의 정치적 역량이 그의 유능한 정부라 할지라도 국민 대중의 전진적 의욕과 건설적 협조 없이는 국가사회의 안정도 진보도 기대할 수는 없는 것입니다. 오늘의 시점에서 우리들 최대의 적은 상대의 정적이나 대립 정당도 아니며 바로 비협조와 파쟁으로 인한 정치적·사회적 불안정 그 자체인 것입니다.

나는 여기에 대혁신 운동의 정치적 목표의 일원으로서 정치적 정화 운동을 통한 새로운 차원의 정치 활동량 양상을 시현하고 국가 공동 목적을 위한 협조의 전통을 세워나가고자 합니다.
우리는 오늘 여기서 중단도·후퇴도 지체의 여유도 없는 것입니다. 방관과 안일·요행과 기적을 바라며 공론과 파쟁으로 끝끝내 국가를 쇠잔케 한 곤혹의 과거를 되풀이할 수는 없는 것입니다.
　민주주의 정치제도 운영에 역사가 얕다거나 시행착오라고 하기에는 너무나도 막중한 부담과 희생을 지불한 우리들이기 때문에 여기에 또다시 강력 정치를 빙자한 독재의 등장도 민주주의를 도용한 무능 부패의 재연도 단연 용납될 수 없는 것입니다. 여하한 이유로서도 성서를 읽는다는 명목 아래 촛불을 훔치는 행위가 정당화될 수는 없는 것입니다.

새 공화국의 대통령으로서 나는 국민 앞에 군림하여 지배하려 함이 아니요, 겨레의 충복으로서 봉사하려는 것입니다. 시달리고 피곤에 지쳐가는 동포를 일깨워서 용기를 돋구워 주며 저의 깊은 대중의 보스로서 격려와 의논과 설득으로서 분열과 낙오 없는 대오의 향도가 되려고 하는 것입니다.
그리하여 국민이 지어준 멍애를 성실히 메고 이끌어 나아감으로써 고난의 가시밭을 헤쳐서 새 공화국의 진로를 개척해 나갈 것입니다.

오늘날의 민주주의는 선거에서 패배한 소수자의 의견을 존중하고 또 그를 보호하는 데 더욱 의의가 있는 것입니다. 선거에서 승리한 집권당이 평면적 중 다수식 의결 방식을 근거로 만연 우월의식에서 독선과 횡포를 자행하거나 소수의 의사를 유린할 때 이 나라 민주주의 전대에는 또 다른 비극의 씨가 싹트기 시작할 것입니다.

또 일방 진보한 관록이나 허명한 권위 의식에서 애국을 망각한 소아병적 도발로 정쟁을 벌이고 정국을 어지럽게 하며 사회를 혼란 시킨다면 이 나라는 또다시 역사의 뒤로 후퇴하는 슬픈 결말을 초래할수 밖에 없을 것입니다.

자제와 책임을 수반하는 민주적 정치 질서를 확립해 가면서 대중의 이익에 벗어나는 시책이나 투명치 못한 정치적 처사에 대하여는 정당한 비판과 당당히 반대할 수 있는 자유가 최대한 보장되어야 할 것입니다.

그리하여 본인과 새 정부는 정치적 행동 양식에 있어서 보다 높은 연립적 규범을 확립하고 극렬한 증오감과 극단적 대립의식을 불식하고 여·야의 협조를 통해서 의정의 질서와 헌정의 상비를 바로잡을 것이며 유혈 보복으로 점철된 역사적 당위성을 청산하고 평화적 정권교체를 위한 복수정당의 발랄한 경쟁과 신사적 정책대열에 정치풍토 조성에 선도적 역할을 다할 것입니다.

20세기의 초엽으로부터 시작된 험난한 역정과 살벌한 시류·일제의 병합과 40년의 식민지 통치·종전과 더불어 밀려온 퇴폐한 외래 풍조의 급격한 침투·6.25 전란과 혼돈·궁핍 속의 2차례에 겪는 혁명·이 얼룩진 반세기는 이 나라 사회의 전통적 미풍과 양속을 짓밟아 버리고 도의는 타락되고 사상 분열과 정치적 대립 그리고 사치와 낭비·허영과 안일·반목과 질시 속에 사회는 망상적으로 불안해졌으며 민심은 각박해지기만 했던 것입니다.

이에 대혁신 운동은 대중사회의 저변으로부터 사회적 청조淸操 운동의 새 물결을 이끌어 들여서 이 모든 허영과 악풍을 개조하고 선대가 평화 속에 이루었던 전원적 향토를 되찾아서 선린과 융화의 새 사회 건설을 촉진시켜 나갈 것입니다.

그리하여 신의와 건전한 상식이 지배하며 노력과 댓가가 상등하는 균형잡힌 사회·성실한 근로만이 명예롭게 살 수 있는 사회를 이룩할 것입니다.
민주정치는 몇 사람의 지도자나 특수 계층의 교도에 의해서 가능한 것이 아니라 개인의 자각과 책임 그리고 사회의 타협과 관용을 통한 사회적 안정 속에서 이루어지는 것입니다.

국민은 질서 속에서 살며 정부로부터의 시혜를 기대하기에 앞서서 스스로 의무를 다하며 때늦은 후회 이전에 현명하고 용감하게 권리의 자유를 도모하기에 힘써야 할 것입니다.

또한 애국적 안목과 이성적 통찰로서 '초가삼간'을 다 태워 버리는 우를 범하는 일이 있어서는 아니 되겠습니다.
질서와 번영 있는 사회·영광된 새 공화국 건설의 기치를 높이 들고 다시는 퇴영과 빈곤이 없는 내일의 조국을 기약하면서 나는 오늘 사랑하는 동포 앞에 다시 한번 민족의 단합을 호소하는 바입니다.

지금 우리는 조국의 근대화라는 막중한 과업을 앞에 두고 불화와 정쟁과 분열로 정체와 쇠잔을 되풀이할 것인가 그렇지 않으면 친화와 협조와 단합으로서 민족적인 공동의 광장에서 새로 대오를 정비할 것인가 하는 것입니다. 또한 한 핏줄의 겨레인 우리는 이미 운명을 함께하는 같은 배에 타고 있는 것입니다.

파쟁과 혼란으로 표류와 난파를 처리하는 것도, 협조와 용기로서 희망하는 것도 결심에 달려있는 것입니다. 동포 여러분들의 현명한 결단과 용맹을 촉구하는 바입니다.
　친애하는 애국 동포 여러분, 오늘 역사적인 새 공화국 탄생에 성령이 임해서 이날의 환희를 함께하지 못하고 자칫하면 우리의 머릿속에서 소원해 가기 쉬운 북한에 있는 1천만 동포의 노예 상태에 대해서 이 땅에서 자유를 향유하는 우리들의 경각을 높이고자 하는 바입니다.

본인과 새 정부는 안으로는 하루속히 건실한 경제 사회적 토대를 이룩하고 현 군사적인 유지와 발전을 포함한 단합된 민족의 힘을 결속할 것이며 밖으로는 유엔과 자유우방 그리고 전 세계 자유 애호 인민들과의 유대를 공고히 하여 여하한 상황과 조건하에서도 공산주의에 대항·승리할 수 있는 민족적 역량과 민족진영의 내실을 기해서 우리의 숙원인 민족 통일의 길로 매진할 것입니다.

나는 이 자리에서 우리가 당면한 현실적인 모든 문제를 일일이 논급하지는 않겠습니다. 그러나 경제문제를 비롯한 난국 타개의 숙제는 이미 공약을 통해서 자청한 바 있으며 신정부는 이를 위해서 능률적 태세로서 문제 해결에 임할 것입니다.

시급한 민생문제 해결 그리고 민족 자립의 지표가 될 경제개발 5개년 계획의 합리적 추진은 중대한 국가적 과제로서 여야 협조와 정부 그리고 국민간의 일치 단합된 노력으로서 그 성과를 기대할 수 있을 것입니다.

우리는 우리가 세운 목표를 향하여 인내와 자중으로 성실하고 근면하게 살아나가는 근로정신에 소박한 생활인으로 돌아가서 항상 성급한 기대의 이면에는 명심하고 착실한 성장을 꾀하는 경제하는 국민이 되어야 하겠습니다.

이제 여기에 우람한 새 공화국의 아침은 밝았습니다. 혼돈과 방황에서 우리 모든 국민은 결연히 일어서서 생각하는 국민·일하는 국민·협조하는 국민으로서 우리는 일어서야 하겠습니다. 새로운 정신·새로운 자세로서 희망에 찬 우리의 새역사를 창조해 나갑시다.

끝으로 하나님의 가호 속에 탄생되는 새 공화국의 전도에 영광이 있기를 빌며 이 식전에 참석하신 우방 여러 나라의 친우들에게 충심으로 감사의 뜻을 표함과 아울러 애국 동포 여러분들의 건투와 행운이 있기를 축원하는 바입니다.

《국민교육헌장》

　우리는 민족중흥의 역사적 사명을 띠고 이 땅에 태어났다. 조상의 빛난 얼을 오늘에 되살려, 안으로 자주독립의 자세를 확립하고, 밖으로 인류공영에 이바지할 때다. 이에, 우리의 나아갈 바를 밝혀 교육의 지표로 삼는다.

　성실한 마음과 튼튼한 몸으로, 학문과 기술을 배우고 익히며, 타고난 저마다의 소질을 계발하고, 우리의 처지를 약진의 발판으로 삼아, 창조의 힘과 개척의 정신을 기른다. 공익과 질서를 앞세우며 능률과 실질을 숭상하고, 경애와 신의에 뿌리박은 상부상조의 전통을 이어받아, 명랑하고 따뜻한 협동 정신을 북돋운다.

　우리의 창의와 협력을 바탕으로 나라가 발전하며, 나라의 융성이 나의 발전의 근본임을 깨달아, 자유와 권리에 따르는 책임과 의무를 다하며, 스스로 국가 건설에 참여하고 봉사하는 국민정신을 드높인다.

　반공 민주 정신에 투철한 애국 애족이 우리의 삶의 길이며, 자유세계의 이상을 실현하는 기반이다. 길이 후손에 물려줄 영광된 통일 조국의 앞날을 내다보며, 신념과 긍지를 지닌 근면한 국민으로서, 민족의 슬기를 모아 줄기찬 노력으로, 새 역사를 창조하자.

1968년 12월 5일 대통령 박정희

・다음은 1997년 10월 6일 경향신문에 나온 내용이다. 역대 대통령 리더십에 대해 총 전문가 30인이 평가한 기사의 내용 중 박정희 대통령의 업적 30가지를 정리하였다.

1. 대한민국 최초의 '주민등록증' 제도실시

　체계적으로 정리되어 지금까지 이어져 내려온 주민등록증 제도의 전통은 '박정희 대통령' 시대부터 시작된 것.

2. 최초의 '의료 보험제도' 실시

　친노동 계급적 성격의 노동자와 서민을 위한 제도들이 '박정희 대통령' 시대 때 도입이 됨. (의료보험, 산재보험과 생활보호 등)

3. '그린벨트' 설치로 세계 4대 조림 성공국 반열에 오름

도시의 무분별한 확장을 막고 난개발을 방지하는 중요한 방어책이 되어 왔다. 그린벨트는 오늘날 '세계적으로 성공한 자연환경보전 사례의 하나'로 꼽힌다.

4. '학원-과외' 전면금지 조치로 교육의 평등을 실현

계층의 대물림 현상을 완화하여 1976~80년생의 계층 간 이동이 가장 활발했다.

5. 1979년에 88올림픽 유치를 위한 계획을 수립 및 구성

'박정희 대통령'이 1977년부터 준비 작업을 해왔고 이는 경제개발 및 나라 전반적 개발을 이끌어 냈다.

6. 브로드웨이 "인류를 위해 공헌한 외국인" 카퍼레이드

역사적으로 인류를 위해 큰 공헌을 한 인물들을 위해 베풀어지는 영광의 카퍼레이드에 이승만에 이어 한국인으로는 2번째로 초대받았다.

7. 4대강 다목적댐 준공

홍수와 가뭄, 환경을 대비해서 4대강 다목적댐을 준공.
4대강은 한강·금강·영산강·낙동강이다.

8. 제주도 감귤 사업을 조성·공격적 투자 전략으로 도로·항만 등 국제적인 관광지로서의 입지를 구축

획기적인 투자로 80만 평의 중문관광단지[4]가 들어서게 되었고 제주도 경제의 밑바탕이 된 감귤 산업은 박정희 대통령이 일본에서 감귤나무를 들여오라고 명령을 하면서 시작된 것이다. 그 결과, 1978년에 드디어 제주도가 우리나라의 대표적인 관광지로 조성되면서 관광객 100만 명이 돌파하였다.

9. 고속도로 건설 프로젝트

전국 일일생활권이 가능해진 사회·경제발전의 획기적 계기가 된 '고속도로 건설'은 단군 이래 최대 토목공사라고 불렸고, 근대화의 성공적 진전을 상징하는 사례다.

10. 농촌의 진흥과 국민의 근면·자조·협동 정신을 일깨운 농촌혁명 "새마을운동"

우리나라는 보릿고개를 청산하면서 산업혁명과 농업혁명을 단시일에, 그리고 동시에 성공시켰다. 이 '새마을운동'이 범국민적 근대화 운동으로 조직되어 1970년대의

---

4) 제주 서귀포시 중문관광로 224

경이적인 경제 성장을 가능케 한 원동력이 되었다.

11. 자동차 산업 육성

'박정희 대통령'은 <자동차공업발전법>을 만들어 완성차 수입 금지·국산화 정책·수출 산업화 정책 등과 함께 자동차 산업을 활성화했다. 먹고 살기도 힘든 시기에 이미 앞날을 내다보고 고속도로에 이어 자동차 산업을 육성하여 우리나라의 효자산업으로 성장시켰다.

12. '화교' 억제정책을 통해 서민들의 골목상권을 지키고 경제적인 자립과 자주성을 수호

부동산 취득제한·거주자격 심사강화·세무조사 등의 화교정책으로 한국의 화교들이 성장하지 못하도록 발목을 잡아 화교들은 부동산 취득 등 부의 축적 수단이 원천적으로 봉쇄되어 한국에 자리를 잡지 못하게 되었다.

13. 베트남전 파병을 통해 막대한 군사적·경제적 이익을 통한 '베트남 특수'를 누림

베트남 파병은 베트남 특수 '한강의 기적'이라는 경제적 신화를 만드는 데에 충분했다. 경제적 실리 이외에도 1950년 6월 25일에 일어난 6.25사변에서 막대한 비용과 군사를 지원한 미국이 사상 처음으로 지원을 받은 한국 정부를 외교적 동반자로 생각하기 시작했다는 점에서 중요하다.

14. '식량 자급'으로 가난을 해결하고자 다수확품종인 통일벼를 재배하여 녹색혁명을 이뤄냄

1971년에 농촌진흥청이 개발한 다수확품종인 '통일벼' 재배가 시작되어 1974년에는 쌀 생산량이 3000만석을 돌파·쌀 수입을 끝냈으며 1975년에는 마침내 쌀 자급이 달성되었다.

15. 훗날 2차례 남북정상회담의 기반을 닦은 남북적십자회담·7.4남북공동성명 등의 대북정책+강력한 자주국방

북한과의 체제경쟁 속에서도 남북한 선의의 경쟁을 촉구한 7.4남북공동성명과 이에 따른 남북조절위원회 회담 그리고 1973년 평화통일외교정책선언과 6.23선언·1974년 남북불가침협정 체결을 제의했다.

16. 한일협정 체결을 통해 얻어낸 막대한 청구 비용으로 1960년대 경제발전의 토대를 닦음

당시 한국과 일본의 국교 정상화는 1960년대 한국경제를 경이적으로 발전하도록 이끈 견인차였다. 당시 한국의 총 외환보유고가 2억~3억 달러에 불과했다는 점을 감안 한다면 일본에서 유입된 자본은 엄청난 금액이었고, 덕분에 수교 이듬해인

1966년에 무려 12.4%라는 놀라운 경제성장률을 달성한 것이다. 이것은 한일 국교 정상화의 결과물이었다.

17. 경제적 자립위해 '산업의 쌀'인 철강산업을 육성시켜 세계적 규모의 철강업체 기반을 다짐

'박정희 대통령'은 포항제철을 강하게 추진하면서 결국에는 지금과 같은 세계적인 규모의 철강업체를 만드는 데에 기반을 닦았다. 이 세계적인 포항제철은 박정희 대통령의 말 한마디에서 시작됐다.

18. 2001년~2012년까지 세계 1위를 놓치지 않았던 대표적인 조선산업의 기반을 다짐

정주영 회장은 조선산업을 위해 해외로 나가 기술 제휴와 차관 도입에 나섰으나 미국·일본·캐나다 등의 회사는 냉담하게 그를 돌려보냈고 이에 포기하려고 했다. 하지만 '박정희 대통령'은 포기한다면 국가사업에 있어 현대건설에 도움을 주지 않겠다는 배수진을 치게 하여 정주영 회장은 계속 시도하였고, 드디어 영국에서 차관을 빌려왔다. '박정희 대통령'의 집념과 정주영의 추진력이 결합 되었기에 오늘날의 조선산업이 가능했던 것이었다.

19. 울산 공업단지 조성·경공업·중화학 공업을 통한 경제개발의 기틀을 다짐

공업단지의 신호탄으로 경공업을 하던 공업단지에서 이제는 더 나아가 중화학 공업이라는 한층 성장 된 공업단지로 조성되어 경제발전의 견인차 역할을 하게 된 것이었다.

20. 서민들의 원활한 교통을 위해 서울지하철 1호선 개통

지하철 개통은 새로운 주거지역이 개발되고, 또 대단위 주택단지가 건설되고 또 도시기능의 분산이라는 막대한 경제적 효과를 창출하였다.

21. 세계에서 1위를 지키고 있는 대한민국의 효자산업인 '반도체' 전자공업의 기반을 다짐

'박정희 대통령'은 철강·조선·자동차·반도체 등의 기간산업을 정부 주도형으로 기획하고 육성하였다. 중공업·선박·화학·자동차·반도체·소비재·전자제품에 집중적으로 투자하여 경공업과 중화학 공업을 동시에 이룬 것이었다.

22. 외세에 의존하지 않고 '자주국방'을 통한 철통같은 국가안보를 계획 하여 실현함.

'박정희 대통령'은 중화학 공업화를 통해 방위산업을 육성하고 그것을 바탕으로 한국군의 현대화와 자주국방을 달성해 북한의 위협과 주한미군 감축에 대비하고자 했다.

23. 독립한 140여개 국가들 중 유일하게 과학진흥계획을 수립 및 세계적인 과학국가 기반을 조성

경제개발 계획과 더불어 과학 기술진흥 5개년 계획을 수립했다. '박정희 대통령'의 과학기술 육성 정책은 1966년의 한국과학기술연구원(KIST) 설립, 1967년의 과학기술처 발족, 과학기술진흥법 제정, 1971년의 한국과학기술원(KAIST) 설립 등으로 이어졌다.

24. 지금의 대한민국을 위해 헌신한 역사적 인물들에 대한 숭고한 기념사업을 정부 주도로 추진

'박정희 대통령'은 조국에 헌신했던 위인들을 기리고자 과거 애국을 했던 분들과 관련된 역사적 사실에 많은 투자를 하여 사업을 진행 시켰다. (안중근기념관/충무공현충사/강감찬 등)

25. 현재 세계적인 강남스타일의 중심지인 한강이남 개발, 즉 강남 일대를 개발하는 사업실시

'박정희 대통령' 정부는 저곡가 정책을 통해 도시화를 진행 시키고, 산업 용지를 적극적으로 개발 및 공급하였다. 당시 강남의 사유지 소유자들은 부가가치를 위해 당시 허허벌판이었던 강남땅에 학교·공원 등의 시설을 짓고 그 대금으로 토지를 공공용지로 바꿨다. 이들 중 일부는 체비지로 설정되어 재산가들에게 팔렸고 이렇게 모인 자금으로 경부고속도로 등 도시기반시설 사업이 진행됐다.

26. 전국에 있는 호국 문화유산과 같은 우리나라의 중요한 문화재들을 발굴하고 정비

'박정희 대통령'은 우리나라의 호국 문화유산에 관심을 가지고 당시 수원성이라 불렀던 우리 역사의 자랑을 완벽하게 복원시켰다. 이외에도 현재 존재하는 대다수의 문화재가 '박정희 대통령' 때 복원되었다.

27. 야간중학 개설·중학 입시시험 폐지·고교평준화와 같은 현대식 교육체계의 기반을 조성

정치의 최우선 과제를 교육에 두었으며, 과학 기술교육의 진흥을 목적으로 실업계 학교 장려와 1973년부터 대덕연구단지 조성사업을 추진하였고, 한국 정신문화 연구원을 설립하여 한국학 및 한국문화 연구의 본산을 조성하였다.
그런가 하면 1964년 1월 4일 시도 단위 교육자치제를 실시하여 시도 교육청에 교육행정권을 위임하기도 했다. 1968년 7월 15일, 71년까지 중학교 입시시험을 폐지하는 등 입시개혁안을 발표하는 반면, 10월 14일 대학교 입시 예비고사제를 69년부터 실시하게 하였다. 또한 공단 근로자를 위해 야간중학 개설을 지시하였다.

28. 오일쇼크가 발생하자 이를 타개하기 위해 실리적으로 중동국가와 교류, '중동 특수'를 누림

'박정희 대통령'은 국내기업들의 중동 진출을 적극적으로 지원하고 또 권장했다. 이러한 배경에서 1973년 6월에 삼환기업을 시작으로 사우디아라비아의 카이바·알울라 간 고속도로 공사를 수주한 것을 비롯해 토목·건축 분야를 중심으로 중동 진출이 시작되었으며, 이를 발판으로 삼아 그동안 외화 보유에 어려움을 겪던 한국경제는 상당한 힘이 생기게 되었다.

29. 외국에 대한 적극적인 외교를 통해 한국의 존재를 세계에 각인시켜 동반자로서 입지를 구축

국익을 우선시하며 위기를 타개하고자 새롭고도 파격적인 외교를 시도했다는 것이며, 제3세계에 대한 외교활동도 역시 강화했다. 또한 아시아의원연맹 총회를 서울에서 개최하기도 했고, 이러한 결과로 1979년 11월 30일에는 수교 국가가 무려 117개국으로 증가하는 쾌거를 거두었다.

30. 마지막

국민에게 '우리도 할 수 있다'·'하면 된다' 라는 긍정적인 리더십을 통해 국민들에게 자신감을 심어준 지도자가 '박정희 대통령'이시다.

目 次

박정희 대통령의 내력

제1장 혁명과 조국 근대화
- 부국강병富國强兵의 꿈 -

7. 건설과 도시계획

제3장 교육과 민족중흥·호국...

2. 호국을 유신으로

3. 비자금

출처 : 월드코리안 (https://www.worldkorean.net/news/articleView.html?idxno=48885)

'내 一生 祖國과 民族을 위하여'

Ⅰ장

'혁명과 국가개혁'

제1장 혁명과 조국 근대화
- 부국강병富國强兵의 꿈 -

1. 5.16혁명은 무혈혁명이다.

　5.16군사혁명은 1961년 5월 16일 육군 소장 박정희(朴正熙, 1917~1979)를 중심으로 한 일단의 정군파(整軍派) 세력이 제2공화국 장면(張勉)의 정부로부터 정권을 이양받은 군사혁명이다.

「나는 사람들이 한 번도 치우려 하지 않은 겹겹이 쌓여 있는 쓰레기더미 한가운데 서 있는 것 같았다. 나는 오염된 지역 전체를 삽으로 퍼내듯이 모든 사회악을 뿌리 뽑겠다고 결심했다. 나는 홍수에도 견딜 수 있는 튼튼한 집을 짓겠다고 다짐했다.

우리는 헌정 제도를 운영하면서 과거의 행동을 겸허히 반성해야 할 것이다.

지나친 비능률을 민주주의라는 이름으로 정당화하지 않았을까? 때때로 자유와 방종을 혼돈하고 있지는 않았을까? 질서와 기강을 확립하려는 노력을 독재라는 이름으로 비난하지 않았을까?

파쟁과 갈등을 민주주의로 착각하지 않았을까? 진정한 자유민주주의란 탄탄한 경제적 바탕 없이는 성취할 수 없다. 경제는 인간 생활에 있어서 정치나 문화보다 중요하다. 민족 우선주의 정책과 경제 제일주의 정책을 우리 사회의 새로운 리더십의 핵심으로 삼아야 한다. 경제 제일주의, 건설우선주의, 그리고 노동의 신성시 등의 가치는 더욱 고양되고 북돋아져야 한다. 혁명의 기본적 요소는 한국의 산업혁명을 단행하는 것이다. 나의 주된 관심사는 경제혁명이었다. 인간은 우선 먹고·숨 쉬고 나서야 비로소 정치·사회·문화에 관심을 가질 수 있다. 이를 위해 나를 민족의 제단에 바친다.」[5]

〔1. 배경〕
　사회적·정치적·경제적으로 국가의 피폐疲弊 근본 원인은 4.19의거 이후 이승만 정권 대체 세력인 민주당 정권의 무능과 부정부패 및 구태의연한 파벌싸움이라 할 수 있다. 이로 인해 피폐해진 민족의 삶을 구제하고자 일으킨 것이 5.16혁명이다. 장면 내각은 자유민주주의 이념 아래 사회·경제적 발전을 도모하려 하였으나 구정권에 대한 미흡한 청산과 당내 신·구파 분열로 말미암아 국민의 신망을 잃어가고 있었다.

---

5) 불굴의 박정희: 제 4권　p. 332. 저자, 고산 고정일 2014.5

여기에 민중의 성급한 정치적 요구와 권리 주장으로 데모만능주의가 팽배하여 4월 19일 부산 학생들이 국회의사당에 진입하는 등 지속되는 혼란과 또한 민족주의와 통일운동을 틈탄 혁신 세력들이 정치를 세력화하고 북한이 이에 호응하자 군부의 위기감이 높아졌다.

국민에게

황파에 시달리는 삼천만 우리 동포 언제나 구름개이고 태양이 빛나리,
천추에 <한>이 되는 조국 질서 못 잡으면 내 민족 앞에 선혈(鮮血)바쳐
충혈원혼(充血冤魂) 되겠노라.

향토 선배에게

영남에 솟은 영봉 금오산아 잘 있거라.
삼차 걸쳐 성공 못한 흥국일념興國一念 박정희는
일편단심 숨은 결의 소원 성취 못하오면
쾌도할복快刀割腹 맹세하고 일거귀향 못하리라

이 글은 61년 5월 박정희 대통령께서 제2군 부사령관으로 재직 중 군사혁명을
하기 위하여 비행기 편으로 상경 중 구미 금오산 상공을 지나면서 쓴 글이다.

한편 군부 내에서는 6.25사변 이후 부패하고 정체된 군 수뇌부에 대해 하급 장교들의 불만이 누적되어 있었다. 김종필(金鍾泌)등 육사 8기생 8명이 연판장(連判狀)을 작성하는 이른바 하극상 사건을 일으키는 등 미군정 이후 이승만 정권을 거치며 정치화된 군부내 세력은 박정희를 중심으로 혁명을 준비하고 있었다.

6.25 사변 중 전시수도였던 부산에서부터 싹트기 시작한 모의는 3.15 부정선거를 계기로 송요찬(송요찬(宋堯讚, 1918~1980)) 육군참모총장이 미국을 방문 중인 60년 5월 8일을 1차 거사 일로 잡았으나 4.19가 터지자 일단 잠복하였다.

61년 4.19 1주년을 맞아 파다하게 퍼졌던 <3·4월 위기설>에 대비하여 장면 정권이 군부대를 동원하여 폭동을 진압할 경우 이를 역이용하기로 하였으나 무위로 돌아갔다. 그 직후 5월 12일을 거사 일로 정하고 기다리던 중 혁명 세력의 이종태(李鍾泰) 대령이 동지를 포섭하다가 기밀이 누설되어 또다시 중지되었다.
이러한 혁명기도 정보가 여러 차례 정보기관을 거쳐 현석호(玄錫虎) 국방장관과 장

면 총리에게까지 알려지고 급기야 육군방첩대가 내사를 시작하자 혁명 세력은 급히 5월 16일을 거사 일로 잡았던 것이다.

거사를 불과 몇 시간 앞두고 거사 사실이 누설되어 장도영(張都暎) 육군참모총장이 반란 주동자 체포 및 반란군 진입 저지를 명령했으나 체포 명령을 받은 지휘관이 혁명 세력에 설득당하여 합류함으로써 거사는 차질없이 진행되었다.

평소 박정희 소장으로부터 혁명의 계획을 들은 그때의 장도영 참모총장은 긍정도 부정도 않으며 될까? 반신반의하며 적당하게 농담 삼아 받아넘기면 그냥 두겠지 하는 기대감으로 대해왔다. 장도영 참모총장 입장에서는 어떤 확실한 증거나 실체를 잡지 못한 상태에서 괜하게 사건을 크게 확대시켜 부하들을 곤혹스럽게 하고 싶지 않았던 이유도 있었던 것이다.

혁명군은 혁명 당일까지도 계속 혁명을 저지하며 돌아오라는 장도영 참모총장이 있는 육군본부로 들어가 우리는 비장한 각오로 혁명을 시작했으며 이미 죽음을 각오 했다는 박정희 소장을 비롯한 혁명 주동자들은 굳은 결의로 장도영 참모총장을 설득하는데 집중하였으나 뜻대로 잘되지 않았다.

혁명 주도 세력은 혁명을 부정하고 거부하면서도 적극적 저지를 하지 않은 장도영 참모총장 이름으로 비상계엄을 실시하였다. 즉 박정희소장 입장에서는 적극적 저지를 하면서 피를 흘리지만 않아도 이는 성공이라 생각하고 추진했던 것이다.

훗날 18년 후, 성공한 5.16 혁명정신은 '유신이념'의 정신으로 결실을 맺고자 했지만 박대통령의 기대에 미치지 못한다.

〔2. 경과〕

혁명 실전에 임한 혁명군에게 박정희 소장은 다음과 같이 당부를 하였다.

첫째, 무고한 사람을 다치게 하지 말 것.
둘째, 문제를 순리대로 풀어갈 것.
셋째, 시민들에게 친절할 것. 등 이 3가지만은 꼭 지킬 것을 당부하였다.

해병대·공수단·제23사단에서 출동한 혁명군은 2군 부사령관 박정희 소장의 지휘 아래 16일 새벽 3시경 한강 어귀에 이르렀고 약간의 총격전 끝에 서울 시내에 무혈 입성하였다. 혁명군이 문래동 제6군관구 사령부에 진입하자 혁명군을 체포하러 나온 이광선 대령을 설득하여 혁명군에 합류시킴으로써 사실상 제6군관구사령부를 접수하였다. 이로써 제6군관구 사령부는 혁명의 완성지가 된다.
중앙청·중앙방송국 등 중요 목표지점을 일거에 점령한 혁명 세력은 5시 첫 방송을 통해 거사의 명분을 알리는 한편 6개 항의 '혁명 공약'을 국내외에 선포했다.

혁명 공약은 다음과 같다.

《5.16 혁명공약》

① 반공을 국시 제일의(第一義)로 삼고 지금까지 형식적이고 구호에만 그친 반공 태세를 정비·강화한다.
② 유엔헌장을 준수하고 국제협약을 충실히 이행할 것이며 미국을 위시한 자유우방과 유대를 더욱 공고히 한다.
③ 이 나라 사회의 모든 부패와 구악(舊惡)을 일소하고 퇴폐한 국민 도의와 민족정기를 바로잡기 위하여 청신한 기풍을 진작시킨다.
④ 절망과 기아선상(飢餓線上)에서 허덕이는 민생고를 시급히 해결하고 국가 자주경제 재건에 총력을 경주한다.
⑤ 민족의 숙원인 국토통일을 위하여 공산주의와 대결할 수 있는 실력배양에 전력을 집중한다.
⑥ 이와 같은 우리의 과업이 성취되면 참신하고도 양심적인 정치인들에게 언제든지 정권을 이양하고 우리들은 본연의 임무에 복귀할 준비를 갖춘다.

또한 이날 '군사혁명위원회'가 조직되어 입법·행정·사법 3권을 통합·장악함과 동시에 포고령으로 전국에 비상계엄을 선포한다고 밝혔으며 장도영 육군참모총장이 군사혁명위원회 위원장에 취임하였다.

한국군 작전지휘권을 가지고 있던 C.B.매그루더 유엔군 사령관이 군사혁명 반대 성명을 발표하여 한때 난관에 부딪쳤으나 윤보선(尹潽善, 1897~1990) 대통령이 국군 통수권 발동을 포기·사실상 추인함으로써 군사혁명은 기정사실로 받아들여졌다.
이어 18일·피신해 있던 장면 총리가 국무회의를 열고 내각 총사퇴를 결의한 뒤 군사혁명위원회에 정부를 이양하였다.

이로써 장면 정권은 집권 9개월 만에 단명으로 끝났다. 같은 날 미국 국무부에서도 한국 군사혁명위원회의 지도자가 반공 친미적임을 지적하고 군사혁명을 사실상 승인함으로써 5.16은 명실공히 성공을 거두었다.
19일에는 군사혁명위원회를 '국가재건최고회의'로 개칭하고 의장에 장도영·부의장에 박정희 등 30명의 혁명위원을 선임하였으며 혁명내각을 조직·군정을 시작하였다. 6월 6일 '국가재건비상조치법'을 공포하여 혁명 기간 최고통치기관인 '국가재건최고회의'의 법적 근거를 마련하였고 강력한 권력 집중주의를 채택하였으며 헌법에 규정된 국민의 기본 권리도 혁명 과업의 수행에 저촉되지 않는 범위 안에서만 보장하는 등 헌법의 일부 효력을 정지시키기도 했다.

〔참고 1 혁명 공약 ⑥〕

1961년 8월 11일 박정희 소장은 '국가재건최고회의 의장'이 되면서 밝혔던 민정 이양 스케줄은 다음과 같이 착착 진행되었다.

① 1963년부터 정치활동을 허용.
② 1963년 3월 신헌법 제정하고.
③ 1963년 5월 총선거실시.
④ 1963년 여름 민정 복귀한다.

혁명 공약 ⑥을 실현하기 위해 1963년 2월 27일 세종로 시민회관에서 정당 모임을 개최하였다. 박정희 의장은 민정 이양을 위해 개최한 자리에 모여든 면면을 들여다 보는 순간 아연실색하지 않을 수 없었다.
박정희가 본 이들의 면면은 목숨 걸고 쏟아부었던 혁명 2년의 노력이 한마디로 허사가 될 것이 불 보듯 뻔하게 보였다. 1945년 8월 15일 해방 직후에는 700여개 정당이 있었다더니 지금은 70개 정당? 그 짝에서 벗어나지 못하고 있었던것이다.

늑대 근성의 정치꾼들에게 나라를 맡겨놓았다가는 다시 또 자유당 정부 시절로 돌아가 국민들이 도탄에 빠질 것이 뻔하여 고민하지 않을 수 없었다. 지금껏 박정희 의장의 가슴속에는 약속은 지켜야 한다는 것으로 살아왔지만 국민과의 약속을 지키려 하다간 혁명의 의미도 없지만 남북이 대치하고 있는 조국은 또다시 자멸하게 될 것 같았다. 고뇌의 시간을 보낸 박정희 의장은 드디어 굳게 결심한다. 군을 떠나기로..

혁명정부는 절도 있는 법령 정부로 독립된 법치국가로서의 모습을 새롭게 가다듬었다. 모든 법령은 헌법을 기본으로 하며 아래 법령으로 법률·대통령령 및 총리령·부령을 갖춘 법체제가 굳게 서게 되었다.

박정희는 김종필과 함께 '조국 근대화와 민족중흥'이라는 큰 기치 아래 혁명 과업을 추진하면서 시행착오 또한 여러 번 겪지 않을 수 없었다.

1961년 12월 26일 헌법이 공포됨으로써 대한민국 제3공화국 시대가 문을 열었다. 1962년 11월 3일 전문 5장 121조 부칙 9조로 이루어진 헌법 개정안을 최종확정하고 5월 의결하고 12월 6일 개정안 전체를 통과시키고 12월 17일 국민투표로 확정되고 12월 26일 공포·27일부터 시행되었다. 이후 혁명정부는 군정 연장이냐 민정 이양이냐를 두고 고민하게 된다.

우여곡절 끝에 창당된 공화당은 군을 떠난 박정희를 대통령 후보로 선출하고 1963년 10월 15일 투표로 결정하였다. 윤보선은 충북·충남·서울·경기·강원에서 선전善戰하였고 박정희는 경북·경남·전북·전남·제주에서 상대 윤보선을 압도함으로써 제3공화국 대통령에 당선되었다. <지금 동·서로 나누어진 것과는 판이하게 다름.>

〔3. 시책〕

혁명정부의 우선적인 목표는 국민을 안심시키고 국제적으로 신망과 지지를 얻어내는 일이었다. 국내적으로는 4.19의 뒷마무리를 위해 부정선거 관련자 처벌·정치깡패 처단·부정 축재자 처벌 등 일련의 조치를 단행하고 사회질서와 행정기능·정치안정을 강조하면서 '정치활동정화법'을 제정하여 기존 정치인의 정치활동을 금지하였다.

또한 외교적으로는 미국이 혁명정부의 정치적 성격에 의구심을 품음에 대하여 혁신계와 용공 세력 및 중립화 통일론자를 검거하고 '반공법'을 제정하는 등 뚜렷한 반공 색채를 전면에 나타냈으며 '박정희 최고회의 의장'이 미국·일본을 방문하여 양국 정상과 정상회담을 가졌다.

경제면에서는 농어촌 고리채(農漁村高利債)를 정리하고 '화폐개혁'을 단행하여 서민경제에 활기를 불어넣었으며 한국경제의 자력갱생을 위해 경제개발 5개년 계획을 수립하고 증산·수출·건설을 경제의 3대 지표로 설정하였다.

사회면에서는 사회악 일소를 위해 병역기피자·밀수조직·조직폭력배 등에 대해 강력한 단속을 펼쳤고 언론정화를 위해 공보부를 신설하고 언론에 대한 검열을 실시하였으며 사회기강 확립과 국민정신 재무장을 위해 유달영(柳達永)·유진오(俞鎭午)를 중심으로 '국가재건국민운동'을 범사회적으로 전개하였다. 따라서 5.16 혁명은 '국민혁명'이었으며 조국 근대화를 위한 출발 혁명이었던 것이다.

〔참고2 5.16혁명 공약 실천방안〕

이념이 바로 혁명 공약의 기본정신이 되었다. 혁명 공약의 실천방안은 〈혁명 직후 긴급시책〉〈경과 시책〉〈영구 시책〉 등으로 구분되었고 정치·경제·외교·사회 등 각 분야에 걸쳐 44개 항으로 이루어져 있다.

① 국가재건최고회의 구성
② 국방력의 정비 강화
③ 반공태세의 실질적 정비 및 강화
④ 민족 자주 외교의 강화
⑤ 재건국민운동의 전개
⑥ 정치활동 금지와 정당 사회단체 해체
⑦ 폭력배 단속과 사회 강화
⑧ 교통질서 단속과 사회 정화
⑨ 병력기피자 처리
⑩ 밀수 근절과 세리 부패 방지
⑪ 관기숙정(官紀肅正)과 공무원 인사 제도의 개혁
⑫ 행정 관리 제도의 개혁
⑬ 공무원 처우 개선
⑭ 금융의 민주화
⑮ 부정 축재자의 처리
⑯ 원조 효율의 재고
⑰ 세제 개혁
⑱ 상업 유통 질서의 정화
⑲ 수리 사업의 혁신
⑳ 학원 정화와 대학 정비
㉑ 대외 선전 강화
㉒ 민족 예술 문화의 진흥
㉓ 언론계 정비 및 정화
㉔ 재정 투융자의 확대와 공정 집행
㉕ 증권시장의 육성
㉖ 중소기업의 육성
㉗ 국내 산업의 보호
㉘ 광산 개발의 촉진
㉙ 기간산업체의 운영과 건설 촉진
㉚ 동력 개발
㉛ 수출 진흥과 수입 시책
㉜ 농촌 재건과 농산물 증산
㉝ 비료 정책의 쇄신
㉞ 산림녹화 및 조림 사업 강화
㉟ 농협의 운영 쇄신과 확대
㊱ 수산 시책의 쇄신
㊲ 경제개발 5개년계획의 수립
㊳ 국토건설 사업의 확대 강화
㊴ 통화의 안정화
㊵ 물가의 조정
㊶ 정부 직할 기업체 운영의 합리화
㊷ 철도 건설과 철도운영합리화
㊸ 보건 위생 행정 및 사회 정책 쇄신
㊹ 근로자 권익 옹호와 노동 정책의 개선

<비하인드 에피소드 1 혁명의 결심>

박정희 소장6)이 대구 제2군 부사령관으로 재직시 시골 상모리 집으로 제사 지내러 가던 길이었다. 군인 지프차 뒤에는 육영수 여사와 딸 근혜와 근영을 태우고 집으로 들어가는 도로를 지나는데 나무 아래 정자에 모양새가 좀 이상한 4식구가 앉아 있었다. 그 모습을 본 박정희 소장은 도저히 그냥 지나칠 수 없어 차를 세우고 어디로 가는 길이냐며 물었다.

그러자 거기에 있던 남자(아이의 아빠)가 시골에서는 도저히 살 수가 없어 도시로 나가서 날품팔이라도 팔까 하고 가던 중이라고 했다. 보아하니 몰골은 몇 끼니를 굶었는지 조차 알 수 없을 정도로 퀭하게 패인 눈이며 아이 또한 힘없이 바라보는 눈동자에는 날 파리가 윙윙 주위를 맴돌도록 눈꼽과 찌든 땀이 멍울져 초췌한 정도가 애처로워 도저히 다시 쳐다볼 수가 없었다.

박정희 소장은 주머니에 손을 넣어 밥부터 먹으라고 짚이는 대로 몇 푼을 건네주니 한사코 안 받겠다며 손사래 치는 남자의 옆 꾸리에다 질러주고는 차를 타고 오면서 꼭 '혁명'을 하겠다고 결심했다고 한다.

〔4. 조직폭력과 깡패소탕〕

시책 중 가장 확실하게 진행했던 사실은 조직폭력배 소탕이었다. 당시의 조직폭력배는 일반 상인들에게나 서민들에게 매우 불편한 존재들이었다. 그러므로 박정희 의장 입장에서 생각하기에 질서를 잡아 나가기 위해선 매우 걸림돌이 되지 않을 수 없었을 것이다.

5.16 혁명을 주도한 '국가재건최고회의'7)는 제1공화국 당시 이승만 정부의 비호 아래서 혼란을 야기하였던 부정부패 사범들과 조직폭력배 그리고 반혁명 분자 등을 척결하는 혁명재판을 단행하지 않을 수 없었다.

그때 활개를 치며 뛰고 날던 이정재·시라소니·임화수·신정식 등이 교수형을

---

6) 소장: 별 2개의 계급.
7) '국가재건최고회의'는 5.16혁명 이후 국민 총선거에 의하여 국회가 구성되고 63년 12월 17일 제3공화국 정부가 수립될 때까지 국가의 최고 통치기관으로 존속하였다. 그 구성을 보면 20~32명 최고의원과 의장·부의장 각 1명을 두었고 대통령이 궐위 되거나 사고로 인하여 직무를 수행할 수 없을 경우에 '국가재건최고회의' 의장이 그 권한을 대행하고 국회의 모든 권한도 '국가재건최고회의'가 행사하였다.

당하면서 그 폭력배 조직들은 역사의 뒤편으로 사라지고 오로지 땀을 소중히 생각하고 열심히 땀 흘리며 일하는 시대가 비로소 열리기 시작했다.

'국가재건최고회의'는 1961년 5.16 직후에 설치되었던 '국가최고통치의결기관'이었다. 1961년 5월 16일 박정희 소장이 중심되어 이끄는 군(軍)의 일부 세력이 군사혁명을 일으켜 모든 정당·사회단체의 해산과 제2공화국의 헌정 중단을 가져왔다.

혁명의 주체세력은 군사혁명위원회(軍事革命委員會)를 조직하고 입법·사법·행정의 3권을 완전히 장악하여 국회와 지방의회를 해산시켰다. 곧이어 5월 19일 군사혁명위원회를 '국가재건최고회의'(國家再建最高會議)'라 개칭하고 20일에 혁명내각을 조직함으로써 군사 정부가 수립되어 이로써 '국가재건최고회의'는 군사 정부의 최고통치의결기관이 되었다.

6월 6일에는 '국가재건비상조치법'이 공포되었는데 이 법에 의해 국가재건최고회의는 국가의 최고통치기관으로 규정되어 법적 뒷 받침을 가지게 되었으며 헌법에 명시된 국민의 기본적 권리도 혁명 과업의 수행에 저촉되지 않는 범위 내에서만 보장하는 등 헌법의 일부 효력마저도 정지시켰다.

조직폭력·깡패소탕 이러한 이야기는 비록 역사적인 한 장면이라기보다는 시대를 넘어 입에서 입으로 쏠쏠하게 전해지는 이야깃거리에 불과할 수도 있겠지만 이 과정이 없이 박정희는 아무것도 할 수 없었을 것이며 오늘날의 이 안정된 치안도 이루지 못했을 것이다.

실제로 조직을 이끌어 가며 마음에 들지 않는 사람들을 제거해 나갔던 이정재는 공수 특전단 대원들의 감시를 받으며 그 당시의 못난 깡패들과 함께 '나는 깡패입니다. 국민들의 심판을 받겠습니다.'를 쓴 플래카드를 목에 걸고 서울 시내 한복판을 행진하며 조리돌림도 당했었다. 사형당한 8인을 소개하면 다음과 같다.

정치깡패 이정재·내무부장관 최인규·경무대 경무관 곽영주·정치깡패 영화계 임화수·밀수범 한필국·민족일보 사장 조용수·사회당 간부 최백근·폭력배 신정식이다. 여기서 〈에피소드〉로 이정재·최인규·곽영주·임화수·한필국·조용수·최백근·신정식 등 사형받은 과정을 소개해보면 다음과 같다.

(유지광은 사형에서 제외)

이정재 등 재판받는 사진
출처 : https://dvdprime.com/g2/bbs/board.php?bo_table=comm&wr_id=17293953
출처 : https://kiss7.tistory.com/237

〈비하인드 에피소드 2-1 이정재〉

경기도 이천에서 힘 쎈 씨름 선수로 힘을 자랑하던 이정재는 싸움도 싸움이지만 단정하고 묵직하면서도 위압적인 포스로 부하들을 제압한 이야기는 멋있는 폭력배의 이미지를 심어주기도 한다.
하지만 정치깡패 대명사로 불리던 이정재는 정치와 깡패조직 사이를 오가며 조직을 잘 관리하지 못했다.

이정재란 인물은 실제로 깡패들을 규합하고 독려하며 정치로 나가 애국의 주먹을 휘두르며 성공한 김두한을 부러워했다. 그러나 이정재는 여러모로 김두한에게는 미치지 못했다고 한다.
마지막까지 자신의 죽음을 실감하지 못했던 그는 얼굴에 보자기가 씌워지자 두려움에 떨리는 두 주먹을 뿔끈 쥐었다고 전해진다.

1961년 10월 19일 서대문 형무소에서 44세의 나이로 교수형을 당했으니 그때 5.16을 주도한 박정희 혁명 단원들은 국가를 하루빨리 안정시키고자 하는 여망으로 전광석화 속전속결로 진행 시킨 것이다. 이것은 단연코 박정희 소장이 아니면 할 수 없는 일임을 말할 수 있다.

〈비하인드 에피소드 2-2 최인규〉

경기도 광주군에서 1954년에는 낙선하였으나 1958년에는 자유당 소속으로 민의원에 당선되었다. 같은 해에 교통부 장관·1959년에는 내무부 장관에 기용되어 3.15부정선거를 총지휘했다고 알려진 사람이다.

1960년 4.19의거로 자유당 정권이 무너지자 3월 5일에 구속되었다. 조사한 결과 부정선거에 자유당 소속 정치폭력배들이 동원되었고 공무원들까지 조직적으로 개입하였음이 드러났기에 내무부장관 최인규는 사형을 선고받았다.

1961년 혁명재판부에서 3.15 정·부통령 부정선거를 지령한 혐의로 사형이 확정되어 12월 서울교도소에서 사형이 집행되었다.

〈비하인드 에피소드 2-3 곽영주〉

곽영주는 이승만 제1공화국 시절 경무대경찰서장으로 이승만의 신임을 받으며 절대권력을 누렸던 경찰관이다. 경기도 이천 출신으로 경찰에 들어가려고 무던히도 애를 썼다고 한다.

2번 낙방하고 3번 만에 간신히 수도 경찰학교에 입학한 곽영주는 이승만 정부가 수립되고 이승만 대통령 경호를 맡기 시작하면서 점점 총애를 받아 경무관으로 승진하였다.

선배인 정치깡패 이정재와 막역한 사이로 정치깡패를 비호하다가 5.16혁명이 일어나자 박정희 군사 정권에 회부 되어 권력남용과 시위대에 발포 명령을 내려 인명을 살상한 죄명으로 사형을 선고받았다.

〈비하인드 에피소드 2-4 임화수〉

이정재와 마찬가지로 역시 정치깡패로 알려진 임화수는 자유당 시절 영화계의 권력자로 군림하였다. 사형이 확정된 후 최후진술을 할 때 특히 어머니에게 죄송하다는 말을 남겼다고 한다.

임화수는 곽영주의 주선으로 경무대에서 대통령 이승만을 처음 만났을 때 큰절을 올리면서 아버님이라 부르고 싶다면서 눈물까지 흘렸다고 하며 이후 이승만 대통령께서는 임화수를 아들이라면서 좋아했다는 이야기는 유명하다.

그 시절 임화수는 초등학교도 다니기 싫어하여 중퇴한 무학력자이지만 극장 일을 하다 영화작업에 임하게 되었다. 그래서 소위 반공예술단을 연예인들로 조직하여 자유당 선거 운동으로 내몰기도 하였다.

이때 김희갑 선생을 구타하여 늑골 4개를 부러뜨린 사실도 있다. 임화수는 3.15부정선거에 개입한 사실과 고대생 습격 사건 등에 연류되어 혁명재판에 회부 되었다. 임화수는 살고자 모든 잘못을 이정재에게 미루었지만 결국은 이정재와 함께 사형을 당하고 말았다.

〈비하인드 에피소드 2-5 밀수꾼 한필국〉

밀수범 한필국은 이듬해 4월 26일 사형이 집행되었다. 밀수범 한필국은 사형이 임박했음에도 자신은 정말 억울하다는 말을 했다고 한다. 억울하다는 생각을 했을 법도 한 것은 혁명정부가 경제 부흥정책에 반하는 밀수야말로 엄벌에 처한다는 강한 의지를 보여주고자 한필국 자신이 본보기로 재수없이 찍혔다고 생각했던 것일 것이다.

〈비하인드 에피소드 2-6 민족일보 주필 조용수〉

조용수는 언론인이자 정치인이었다. 좌익사건인 이른바 민족일보 사건으로 32살의 젊은 나이로 생을 마감했다. 큰아버지는 자유당 원내총무 국회 부의장을 지낸 조경규이고 외삼촌은 제2대 국회의원을 지낸 하만복이다.

조용수는 제2공화국 당시 혁신계 성향의 일간지 민족일보의 발행인 겸 주필이었다.

군부는 그를 비롯한 민족일보 이사진 13명을 반공법 7조의 북한을 찬양·고무한 혐의·조총련의 간첩 이영근으로부터 1억환 불법 자금을 받은 죄로 군사재판에 넘겨졌고 1심에서 사형을 선고받고 상고심에서 형이 확정되어 임화수와 사회당 최백근 등과 함께 형장의 이슬로 사라졌다. 대륜중학교 재학시절 김재규의 제자였다고 한다.

〈비하인드 에피소드 2-7 진보사회당 간부 최백근〉

태평양전쟁이 발발한 1940년대에는 강제징병을 피해 지리산으로 피신했다가 해방 후에는 건국준비위원회 총무부에서 일하였다. 이후 사회당 준비 위원장 최근우 밑에서 일하게 된다.

미군정 시기 최백근은 여운형·김규식이 주도한 '좌우합작운동'에 관심을 갖고 근로 인민당에 들어가 통일 정부 수립을 위해 남북을 오갔다. 6.25사변 중에도 포화 속을 헤치며 통일을 위해 노력하다가 1952년 12월 간첩 혐의로 경찰에 체포당해 55년 9월까지 복역하였다.

1961년에는 혁신계·정치권과 종교계등 시민사회 진영을 어우르는 민족자주통일중앙협의회(민자통) 결성에 나서서 '서울시 협의회' 사무국장을 맡았다.
5월 13일 최백근은 '남북학생회담환영 및 민족통일촉진궐기대회'를 조직하여 대회를 열었다. 5월 22일 체포되었고 최근우는 8월 3일 지병으로 옥사하였다. 최백근은 체포된 그해 12월 21일 사형이 집행되었다.

〈비하인드 에피소드 2-8 폭력배 신정식〉

이정재의 부하였던 정치깡패·별명이 돼지이다. 그런데 재미있는 것은 돼지라는 별명이 매우 살이 찐 무거운 느낌을 주지만 실상은 깡마른 체형이었다고 한다. 그래서 돼지라는 별명은 모습에서 생긴 것이 아니라 돼지와 같은 욕심·탐욕에서 비롯된 별명이라 하겠다.

신정식은 고려대학교 4.18 학생시위 폭력진압에 활동하였고 4.19 이후 정치테러 혐의로 체포되었다가 풀려난 적이 있다. 이렇게 여러차례 감옥을 들락거리며 서대문 형무소를 탈옥한 바도 있다.

군사재판에 회부 된 직접적인 사건은 서울 동양극장 뒷마당에서 데모하던 경성전기공고 3학년에 재학 중이던 최기태를 각목으로 때려 숨지게 한 혐의이다. 두목급이 아닌 일개 행동대장급 인물이 체포되어 사형당한 것은 직접 행동으로 사고친 것이 많았기 때문이다. 실제로 그의 사형 죄목은 '최기태 폭행치사' 혐의이다.

〔5. 평가〕

1961년 5.16은 박정희를 정점으로 한 군부내 소수 개혁파의 개혁 의지가 주요 요인이 되어 발생하였다. 당시 사회 여러 세력 중 미국으로 대표되는 서구 문물을 가장 먼저 받아들여 일찍이 정치적 개혁 의지를 가진 엘리트 집단이 바로 군부였으며 사회적인 혼란은 오히려 강력한 정부의 출현을 요구하고 있었다.

이런 상황을 업고 등장한 5.16 주체세력은 사회개혁과 조국 근대화에 강한 집념과 의지를 나타냈고 5.16혁명 이후 상당히 급진적인 효과를 보여주기도 했다. 여하튼 5.16혁명을 기점으로 급속한 경제 성장과 근대화를 이룩한 것은 역사적 사실이며 따라서 5.16혁명은 한국의 자립적 근대화의 시발점이었다는 사실이 확인된 오늘날의 시점에 와선 높이 평가되어야 마땅한 것이다.

이로써 해방 후부터 5.16혁명 이전까지 10여년 동안을 사회의 암처럼 번져만 가던 폭력집단은 그 자취가 사라졌다. 이상과 같이 부정선거·부정 축재·폭력집단·용공세력 등에 대한 공판에서 이미 국민들은 그 죄상을 충분히 알고 있었기에 새로운 것은 아니었다.

〈비하인드 에피소드 2-9 유지광〉

이정재의 후계자로는 임화수·임화수와 생각을 이어받은 유지광으로 말할 수 있다. 이정재의 동대문파와 관련이 깊다. 이 둘은 이정재와 사돈이라는 이유로 이정재가 유지광을 사돈이라 부르며 김기홍과 더불어 존칭을 쓰며 말했던 인물이기도 하다.

유지광은 학창시절 학생 주먹계를 통일하면서 우익 학생 주먹으로 전설이 되었고 6.25 사변에는 장교의 신분으로 군 복무를 마쳤다. 이를 미루어 볼 때 그 당시엔 보기 드문 엘리트임이 틀림없었다. 생김새 역시 김두한처럼 건달 같지 않은 신사적인 면모를 풍겼다고 한다.

하지만 몸체가 크게 보이는 보기완 달리 이정재 개인에 대한 충성심이 남달랐던 것뿐이다. 특히 대비되었던 것은 모든 것을 이정재에게 미루며 자신은 아무 잘못이 없다고
나대는 임화수와 모든 것을 자기가 했다면서 이정재를 옹호하려던 유지광은 그 당시 완전 다른 인격체로 대비되었다고 한다.

유지광은 다른 사형수들과 함께 면회장으로 가던 도중 교도관들이 있음에도 임화수를 패 죽이려 했으나 최인규·곽영주가 말리는 바람에 일단은 수습되었다. 결국 이정재는 먼저 행해지는 면회도 없이 사형이 집행되었고

유지광은 사형선고를 받긴 했지만 모든 것을 미루고 자신의 결백함만을 주장하던 임화수와 비교되면서 유지광은 재판관들의 선처로 사형에서 무기징역으로 감형되었다는 사실을 교도관으로부터 듣게 된다.

사형이 집행된 날 유지광은 이정재가 사형당하고 사라진 형장을 쓸쓸하게 바라보며 잠시 목례를 한 뒤 감방으로 돌아갔다고 한다.

〈비하인드 에피소드 3 박정희와 뤼브케의 대화〉

차창 밖을 내다보던 박정희 대통령이 갑자기 눈물을 흘리기 시작했다. 옆자리에 앉아 있던 서독 대통령 '뤼브케'는 깜짝 놀라 무슨 일이냐며 물었다.
두 대통령이 탄 리무진은 서독 수도인 본을 떠나 라인강 변을 따라서 내려가는 중이었다.

박정희는 강가에 늘어선 아름다운 집들과 풍요롭게 사는 독일 국민들을 보고 있자니 가난하게 사는 우리 국민들이 불쌍해서 흘리는 눈물이라 했다.
뤼브케 대통령이 눈물을 닦으라고 박정희 대통령에게 손수건을 건네는 이 광경을 앞자리에서 보고 있던 통역을 맡은 '백영훈' 박사가 분위기를 바꿔 보려고 농담을 던졌다.

각하 두 분을 뵈니 마치 다정한 부자지간인 것처럼 보입니다. 이참에 아예 저희 박 대통령을 양아들로 삼으심이 어떻겠습니까? 그러자 뤼브케가 껄껄 웃으며 좋지, 그러면 이제부터 내 아들 하게 하고 대답했다고 한다.

그러자 박정희가 말했다. 아버지^ 솔직히 저는 오늘 우리나라 광부들이 일하고 있는 탄광을 꼭 한번 가보고 싶습니다. 고 하자 그 말을 들은 뤼브케는 경호원들에게 즉시 차를 돌려 탄광이 있는 북쪽 뒤스부르크로 갈 것을 명했다.
두 대통령은 예정에 없었던 탄광에 도착한다. 박 대통령은 소장에게 부탁해 작업복으로 갈아입고 두 사람은 리프트를 타고 수백m를 내려가 막장에 도착했다.

캄캄하고 무더운 막장 속은 희미한 불빛 속에서 새까만 분진과 요란한 착암기와 드릴 소음으로 정말 생지옥 같은 곳이었지만 광부들은 너나 할 것 없이 박정희 대통령을 반기며 얼싸안고 울었다.
박 대통령도 눈물을 글썽이며 우리 후손만큼은 결코 타국에 팔려 나오지 않도록 하겠다고 약속했고 옆에서 이를 지켜보던 '뤼브케' 대통령도 함께 눈물을 흘렸다고 한다.

한편 '뤼브케' 대통령이 갑자기 예정에 없던 함보른 탄광으로 일정을 바꿨다는 소식을 듣고 깜짝 놀란 '에르하르트' 총리는 급히 헬기를 타고 탄광에 도착하자 뤼브케 대통령에게 물었다. "각하 대체 무슨 일이 있었습니까?" 그러자 뤼브케 대통령이 대답했다.

이 박정희는 이제부터 내 양아들이니 그렇게 알아두라는 '뤼브케' 대통령의 자초지종을 들은 '에르하르트' 총리는 박정희 대통령에게 깊은 감명을 받았고 각료회의를 긴급 소집하여 의원들을 설득하였다.

이야기를 전해 들었던 독일 의원들은 삭감했던 한국에 대한 차관을 만장일치로 통과시켰고 그 차관이 우리나라 경제개발 5개년 계획을 성공적으로 이루는데 커다란 밑거름이 되었다.

그 후 '백영훈' 통역관은 '박정희' 대통령으로부터 금일봉(1000달러)을 받아 도움을 준 독일 친구·동료·은사 등에게 파티를 하고 선물을 하면서 고마움을 전했다고 한다.

조선일보 독일 뒤스부르크 공회당 Photo 이동훈

2. 한일회담의 절박한 대안

박정희 대통령은 독일수상 '에르하르트' 총리의 조언대로 그 이듬해 한·일 국교 정상화를 추진하였다.

이승만 대통령 집권 당시 1952년 2월 15일 제1차 회담을 시작으로 65년 6월 22일 우리나라 이동원 외무장관과 일본 시이나 에쯔사부로(椎名 悅三郞) 사이의 '한·일 기본조약'이 체결되기까지 7차에 걸쳐 진행되었다. 이 회담으로 인하여 외교 및 대사 관계를 수립하였으니 조약의 부속 협정으로는 다음과 같다.

① 청구권과 경제협력에 관한 협정.
② 재일교포의 법적 지위와 대우에 관한 협정.
③ 어업에 관한 협정.
④ 문화재 문화협력에 관한 협정 등이 있다.

조약의 교섭은 무려 14년 동안 반대 장애를 겪으면서 이루어냈으며 최종단계에서는 양국 모두 반대운동에 직면하게 되었다.

- 제1차 회담은 이승만 대통령 당시 1951년 10월 21일에 연합군최고사령부 외교 국장 W.J.시볼드의 주선으로 예비회담을 거쳐 이듬해 2월 15일부터 시작되었다. 그러나 의제로 채택된 5개 현안 가운데 재산청구권 문제와 어업 문제에 관한 의견 대립으로 4월 21일 중단되었다.

- 제2차 회담은 1953년 4월 15일 열렸는데 한국이 1952년 1월 18일 선포한 〔인접 해양주권 선언〕 문제로 결렬되었다.

- 제3차 회담은 1953년 10월 6일부터 재개되었는데 구보타 간이치로(久保田貫一 郞)의 망언〔36년간에 걸친 일본의 한국통치는 한국인에게 유익하였다.〕으로 인해 10월 21일 결렬된 뒤 5년 동안 중단되었다.

- 제4차 회담은 1957년 예비회담을 거쳐 58년 4월 15일 열렸으나 교포 북송문제로 난항을 거듭하다가 60년 4.19로 인한 제1공화국의 붕괴로 중단되었다.

- 제5차 회담은 제2공화국이 수립된 뒤 1960년 10월 25일 열렸으나 61년 5.16으

로 본회담에 이르지 못했다. 5.16 군사 정부는 국가 자주 경제의 재건을 목표로 삼고 일본 자본의 도입을 위하여 한·일 회담을 적극적으로 추진하였다.

- 제6차 회담은 61년 10월 20일 재개되어 한·일 교섭의 분위기는 고조되었으나 청구권 액수·평화선 문제·독도문제 등으로 다시 교착상태에 빠지게 된다.
 이에 군사 정부는 조기 타결을 위하여 이듬해 62년 10월 중앙정보부장 김종필을 일본에 파견하여 오히라(大平)와의 대화를 통하여 양국 간의 쟁점이었던 대일 청구권 문제와 평화선 문제 등을 매듭지었다.

하지만 이 한·일 회담을 지켜보던 야당 및 학생들의 반대 데모가 심하여 63년 6월 3일 계엄령이 선포되는 등 한국 정세의 혼란으로 인하여 회담이 중단되었다.

- 제7차 회담은 그해 63년 12월에 속개된 뒤 65년 6월 22일 일본 총리 관저에서 기본조약을 포함한 4개 협정이 정식으로 조인되었다. 이 기본조약에 의거 하여 한·일 양국은 외교·영사 관계를 개설하고 한일합방 및 그 이전에 양국 간 체결된 모든 조약 및 협정이 무효임을 확인하였으며 일본은 대한민국 정부가 한반도의 유일한 합법정부임을 인정하였다.

'청구권 경제협력에 관한 협정'에서는 일본이 3억 달러의 무상자금과 2억 달러의 장기저리 정부 차관 및 3억 달러 이상의 상업차관 공여에 합의했으며 어업협정에선 평화선이 철폐되고 양국연안 12해리의 어업전관수역을 설정하고 어업 재원의 지속적 생산성을 확보하기 위한 공동규제수역을 설정했다.

또한 재일교포의 법적 지위와 대우에 관한 협정에 의하여 재일한국인이 영주권을 획득할 수 있게 되었고 1966년~75년 도입된 대일청구권 자금은 한국 경제발전에 기여된 바가 크다고 하겠다.

박정희 대통령 정부가 들어와 타결된 한·일 협정은 일본으로부터 공식적으로 8억 달러를 지원받게 되었다. 공식적으로 지원받은 8억 달러는 우리나라 경제개발의 자금으로 쓰였지만 외 여러 아시아 국가들은 일본으로부터 배상받은 자금을 박정희 대통령과 같이 국가의 발전을 위해 쓰지 않고 사적으로 재물축적을 하는 등 박정희 대통령과 매우 대조적인 면을 보여주었다. 그것은 베트남·태국 등 일본으로부터 배상받은 나라의 오늘날 경제를 보면 알 수 있다.

즉, 박정희 대통령은 한 푼이라도 대한민국의 국익을 위하여 활용하였지 자신의 사리사욕을 위해 욕심을 부리며 뒷주머니로 비자금을 챙기지 않았다. 79년 김재규의 총탄에 맞아 서거하실 때까지의 모습은 앞으로 우리나라 정권이 만년대계를 위해 본받아야 할 마땅한 모습이라고 생각한다.

〈비하인드 에피소드 4 박정희, 태어나니 조선은 사라져..〉

박정희 대통령이 태어났을 때는 이미 조선이란 나라는 사라져 버린 뒤였는데 어떻게 나무랄 수가 있겠는가?

이승만 대통령께서는 1875년에 태어나심으로써 30세〔1905년: 을사늑약체결 (대한제국 자주권이 박탈당함)〕가 되던 해로부터 일본 또는 서구 열강들이 개입하는 국제 관계의 혼란 시대를 겪으면서 애국·애민·독립정신을 세울 수 있었지만 박정희 대통령은 일본 시대에 태어났고 일본 교육을 받으며 자라면서 국내 사정·국제 관계에 눈을 뜨기 시작했다.

그러므로 박정희 대통령을 향해서 일본 이름(다까끼 마사오?)을 부르며 친일이니 천황에 맹세했다느니 하는 말들은 다 부질없는 말들인 것 임을 알아야 한다. 오늘날까지 좌파들이 박정희 대통령을 향해 '천황에 맹세한 사람'이고 일본 교육을 받으며 자랐고 일본과 정상회담을 하며 일본으로부터 도움을 받았다고 '친일파'라느니 하면서 매도하는 경우가 많다.

이러한 말을 들을 때 우리는 무조건 귀담아들을 말이 아닌 것은 박정희 대통령께서 태어난 해가 1917년으로 한일합방(1910년)이 일어나고 7년 뒤에 태어났다.

그리고 국가와 국민을 위해·폐허를 딛고 일어서기 위해·누구도 하고 싶지 않아 했던 한일 정상회담을 추진하고 차관 도입을 앞장서서 해왔으니 그 당시 식민제국인 일본에게 아쉬운 소리를 했다는 것은 대단한 용기가 아닐 수 없다.

〈비하인드 에피소드 5 박정희 대통령의 응급실 수송〉

박정희 대통령께서는 김재규의 총탄에 저격당하신 후 국군서울지구병원에 이송되셨다. 이때 박정희 대통령 주치의이시며 병원장님이셨던 김병수(당시 공군준장)님이 확인하는 과정에서 도저히 박정희 대통령이라고 생각할 수 없었다고 한다.

처음은 얼굴을 보고 분별하고자 했지만 경호원들이 얼굴 코를 중심으로 이쪽을 가리고 저쪽·저쪽을 가리고 이쪽, 이렇게 보여주는 바람에 전혀 감을 잡을 수가 없었다고 하였다.

그런 식으로 얼굴을 확인시켜 주려 하니까 정말 중요한 분이라는 생각은 들었지만 얼굴을 볼수 없었으니 총을 맞은 배를 보고자 하였다.

배를 보려고 상의 속옷을 걷어 올리며 팔을 보는 순간 팔에 찬 시계를 보니까 너무 평범한 시계라 또 혼란이 왔다고 말했다. 왜냐하면 좀 레벨이 높은 분이 차는 시계는 아니라는 생각에서이다.

경호원들이 꼭 살려야 한다고 말하는 정황을 보면 보통 분이 아닌 것 같은데 하고있는 행색은 너무도 초라한 모습이었다.

혁대는 다 낡아 실밥이 터지도록 허름했고 와이셔츠는 양팔 소매가 다 닳아있었고 넥타이도 낡고 탈색되어 10년은 훨씬 지난 듯 하였고 양말은 구멍이 나 있었고 구두는 뒷굽이 닳아서 버려야 될 지경이었고·하의 바지도 닳아서 얇아진 차림새를 하고있는 분인데 주위의 경호원들은 엄중하고 민첩하게 움직이는 광경이 너무도 대조적이라 감히 누구라고 분간을 할 수 없었다는 말이다.

3. 자립경제
- 수출만이 살길이다. -

1974년까지만 해도 북한이 우리보다 잘살았고 필리핀이 우리보다 잘살았다. 일제시대 때 일본은 공업단지를 북한에다 많이 조성하였고 전기도 북한이 우리보다 풍부했다. 이승만 대통령이 미국과의 동맹을 결성하면서 이땅에 민주주의를 실현할 정책을 추진했지만 많은 장애에 부딪치며 사회 혼란이 더욱 가중되어만 가고 있었을 때 박정희 대통령께서 혁명을 주도한 것이다.

혁명정부는 혁명정부를 세운 진정한 의미로 혁명 공약을 발표하였다. 안보와 경제 개발이 주된 공약이었으니 바로 '우리가 북한보다 잘 살아야 한다.'는 내용으로 요약될 수도 있다.

1) 경제개발

경제개발이란 정부가 경제목표를 설정하고 그 실현을 도모하는 것이다. 자본주의 경제 체제에서 가계(家計)·기업 등 경제주체는 사유재산의 원칙에 입각하여 각각의 사적인 목표를 추구하는데 그것은 시장의 가격기능에 의해 조정되며 사회 전체의 생산과 분배의 분화가 실현되는 분권적 시장 경제이므로 경제계획은 존재하지 않았다.

한편 사회주의 경제체제의 경제계획은 집권적인 계획경제이다. 1930년 이후부터는 자본주의 경제체제 국가에서도 경제계획을 급속히 전개 시켰다.
이미 20년대부터 소련이라는 사회주의국가의 출현에 자극받아 계획경제에 관한 관심이 고조되었고 경제계산 논쟁도 벌어졌으며 1929년에는 세계 대공황이 발생하자 이를 타개하기 위하여 미국은 1932년에 뉴딜정책을 실시하며 정부가 적극적으로 공공투자를 감행하였다.

이것은 국가의 개입으로 자본주의를 수정하고 민간경제와 정부 경제의 이중경제로 하는 것을 말한다. 이 계획은 그 뒤 세계 여러 국가로 빠르게 확산하였다.
한편 제2차 세계대전이 발발하자 전쟁을 수행하는 데에 경제력을 효과적으로 동원하기 위해 각국은 필연적으로 경제계획을 입안·실시했는데 그것은 뜻밖에 경제계획의 기술을 습득시키는 기회가 되었고 전후(戰後) 경제의 계획화에 최전성기를 맞게 된 것이다.

2) 해외의 경제개발 예

① 미국은. 독립 당시에는 대륙의 끝에 산재하는 작은 농촌의 연합체로 유럽 경제의 변방이었다. 19세기 중반에는 세계 최대의 농업국이었으며 19세기 말에는 세계 최대의 공업국이 되었다.
20세기 중반에는 제2차 세계대전이라는 특수한 사정에 힘입어 세계 총생산의 반 이상을 미국이 생산하였다.

1960년부터 69년까지의 연평균 성장률은 4.2%로 미국 역사상 가장 급속하게 성장하였다. 그러나 70년대에 들어서자 사정이 달라졌다. 국제통화기금(IMF)을 중심으로 하는 '고정외환시세제'의 석유파동'으로 인하여 70년대 미국경제는 60년대와는 대조적으로 저조하였다.

이로써 미국은 70년대에 2가지 새로운 사태에 직면하게 되었다. 하나는 무역 의존도의 상승이었고 다른 하나는 무역수지의 적자였다. 이렇듯 무역의 불균형에 의하여 '무역보호주의'가 대두되었다.

② 프랑스는 1946년 당시에 실시한 부흥계획에서부터 여러 차례에 걸친 근대화계획에 이르기까지 본격적으로 경제계획을 실시하였다. 주로 지침적 계획이기는 하지만 전력・철도・항공・은행 등을 국유화하여 정부는 국가의 투자총액의 상당 부분을 좌・우하고 있었다.

③ 이탈리아도 유명한 에니(ENI)・이리(IRI) 등의 특이한 국가지주회사가 주요 산업에 비중 있게 차지하는 방식을 취해 국가의 개입이 높았다.

④ 영국도 일찍부터 산업의 국유화가 진행되어 65년의 유명한 경제계획(내셔널플랜) 이래 노력하는 혼합 경제체제 국가이다.

유럽 여러 국가에서도 나름대로 특징 있는 경제계획을 실시 하였고 아시아・아프리카 등의 개발도상국에서도 경제계획을 진행하고 있었지만 우리나라처럼 비약적으로 성공한 사례는 없다. 왜냐하면 박정희 대통령과 같은 위대한 지도자가 없었기 때문이다.

3) 우리나라의 경제계획
- '우리도 한번 잘살아보세' -

우리나라가 본격적으로 경제개발 계획을 실시한 것은 1960년대이다. 1960년대 이전 1953~57년 사이 한국 경제재건 5개년계획이 있었고 1953년 타스카[8] 3개년 대한對韓 원조계획 등의 선례가 있었다. 이러한 경제·원조계획들은 한국 정부의 독자적인 계획이 아니라 전후 복구를 위한 미국의 원조 정책에 불과했을 뿐이다.

한국 정부의 독자적인 개발 계획의 시초는 부흥부 산하 기관인 산업개발위원회에서 입안한 경제개발 3개년 계획(1960~62)으로서 4.19로 중단되었으나 이후 경제정책에 큰 영향을 주었다.

〔1. 제1차 경제개발 5개년계획 1962~1966〕
이 기간은 악순환의 경제를 시정하고 자립경제의 기반을 구축하는 것이 목표였다. 이를 위해 산업근대화를 통한 공업화가 필요하다고 규정하고 다음과 같은 시설로 확충해 나갔다.

① 전략·석탄 등 에너지원 확보.
② 농업소득 상승과 국민경제의 구조적 불균형 시정.
③ 기간산업 확충과 사회간접자본 충족.
④ 유휴자원 활용.
⑤ 국제수지 개선.
⑥ 기술진흥 등에 역점을 두고 계획이 수립되었다.

그 결과 공업생산이 뚜렷하게 증가하여 고도성장을 가능하게 하였고 수출의 획기적인 신장과 산업구조의 고도화를 나타내게 되어 자립경제를 위한 도약단계로 이끌어 올렸다.
구체적으로 그 성과를 살펴보면 연평균 경제성장률의 목표였던 7.1%를 상회하는 7.8%를 달성하였고 수출에서도 62년의 5400만 달러에서 66년에는 2억 5580만 달러로 늘어나 계획보다 1억 1800만 달러를 초과하였으며 1인당 국민소득 또한 1만 3153원으로 33.6%를 초과 달성하여 놀라운 성과를 거두었다.

---

8) 휴전을 관철시켜야 하는 미국의 아이젠하워 대통령이 휴전을 결사반대하는 이승만 대통령을 달래기 위해 1954년 4월 헨리 타스카(Henry Tasca)경제 사절단을 한국에 파견한다. 타스카는 이승만 및 한국경제 당국과 회담을 거듭하며 한국경제 재건을 설탕 산업을 키워 한국경제를 전쟁 전 수준까지 회복하겠다는 계획이었다. (타스카 보고서에 의하면..)

〔2. 제2차 경제개발 5개년 계획 1967~1971〕
　　제1차 계획의 경험과 성과를 기반으로 한 제2차 경제개발 5개년계획은 산업구조의 근대화와 자립경제의 확립을 촉진 시키는데 목표를 두고 기본 방향을 다음과 같이 잡았다.

① 식량 자급과 산림녹화.
② 공업의 고도화.
③ 수출증진과 수입대체의 촉진으로 국제수지 개선.
④ 고용증대 및 인구팽창 억제.
⑤ 국민소득의 증가와 농가소득의 향상.
⑥ 과학·영농기술의 진흥과 인력자원의 양성 등에 주력하였다. 이러한 목표와 방향 아래 69년에는 이미 달성되는 등 경이적인 성장을 이룩하였다.

당 초의 연평균 성장(7%) 계획을 9.7%를 달성함으로써 훨씬 초과하였다. 71년의 국민총생산은 65년의 불변가격 기준[9]으로 93.8%가 증가하였다. 수출은 연평균 38%가 늘어났고 71년에는 수출 10억 달러의 고지를 넘어섰다.
이것은 70년대에 와서 실시되는 제3차 계획을 위한 중간조정기(中間調整期)가 되었으며 산업구조에 있어서 질적·양적 변화가 일어나 제1차산업이 24.2%·제2차산업이 29.9%·제3차산업이 45.9%의 구조를 가지게 된 것이다.

이 당시 세계 경제의 흐름은 자유무역주의가 확대되어가고 있었음에 따라 한국도 관세무역일반협정(GATT)에 가입하고 케네디라운드(Kenedy Round: 관세일괄인하방식)에도 적극적으로 참여하였다.

〔3. 제3차 경제개발 5개년계획 1972~1976〕
이 기간의 목표는 지금까지 성장 위주의 정책을 지양하고 그 대신 안정된 기반 위에서 성장을 이룩하며 개발성과가 농어민과 저소득층 등 온 국민에게 파급되도록 하고 자립경제구조의 확립과 지역개발의 균형을 기하는 데 두었다. 그에 따라

① 농어촌경제의 혁신적 개발
② 수출의 획기적 증대
③ 중화학 공업의 건설 등에 역점을 두고 계획이 추진되었다.

---

9) 불변가격 기준: 특정한 연도를 기준으로 가격을 고정한 기준을 말한다. 경제에서 불변가격 기준은 국내총생산(GDP)을 계산할 때 사용되며 실질 GDP라고도 한다 .

이 당시 전 세계적으로 석유파동을 겪은 때임을 감안 하면 놀라운 성장률이라 아니할 수 없는데 획기적인 수출 신장에 힘입어 9.7%를 기록하였다. 특히 철강·기계·조선등 중공업이 성장산업으로 등장하여 중화학 공업의 구성 비율을 높이고 자본과 원자재의 대외 의존도를 경감시킨 것은 제3차 경제개발계획의 중요한 특징이었다. 따라서 70년대 후반 3차 계획이 끝나갈 즈음 후진국의 굴레에서 벗어나 신흥공업국의 면모를 갖추기 시작하였다.

〔4. 제4차 경제개발 5개년계획 1977~1981〕

이 기간은 성장·형평·능률에 목표를 두고 자력 성장구조를 확립하였으며 사회개발을 통해 형평을 증진 시키며 기술을 혁신하고 능률을 향상하였다. 이를 위해

① 철강·석유·기계 등 중화학 공업을 중심으로 하는 공업화 전략
② 사회간접자본의 확충
③ 국제 경쟁력 강화를 위한 능률향상과 기술개발에 역점을 두었다.

1979년 역시 제2차 석유파동과 세계정세의 불안으로 인한 수출수요의 둔화는 경제개발계획이 시작된 이래 최대의 난국을 가져왔다. 이러한 요인은 3~5%의 성장계획에 훨씬 못 미치는 -5.7%로 크게 떨어진 가운데 불안한 국내 정세가 더하여 대한민국의 정치 중심에 큰 오점을 남기게 되었다.

박정희 대통령은 혁명을 하고 제1차 경제개발부터 시작하면서 한시도 편할 날 없이 오르락 내리락 가슴 졸이며 경제의 초석을 다지셨다. 거의 마무리 단계에서 (마무리까지 하시려고 '유신'을 시도함) 노심초사하며 조국근대화를 위한 박정희 대통령의 진정 어린 마음을 미처 깨닫지 못한 정치 내각이나 일부 데모대원의 항거와 김재규의 총탄에 서거하셨지만 뒤를 이은 전두환 대통령이 권좌에 올라 사실상 마무리하게 되었다. 즉 오늘의 눈부신 발전을 보게 된 것이다.

〔5. 제5차 경제사회발전 5개년계획 1982~1986〕

박정희 대통령이 경제개발의 초석을 완벽하게 다지고 서거하신 후 '경제개발계획'에서 '경제사회발전계획'으로 명칭이 바뀌었다. 이는 지속적으로 지향해 오던 경제성장이 사회 발전을 통한 국민복지향상으로 전환되었음을 말해 주고 있다. 5차 계획의 기본방향은

① 물가안정의 기반구축
② 국제수지의 개선과 생산성의 향상

③ 사회 발전의 촉진과 합리적인 제도 발전에 목표를 두었다.

이로써 박정희 대통령께서 '수출만이 살길이다.'라는 의지로 배고프지 않은 만년대계의 민족을 위하여 노심초사하시며 직접 일구어 놓으시고 갑작스럽게 서거하신 분의 집념을 이어 전두환 대통령께서 결실을 이루어놓으셨으니 오늘날 우리가 많은 복지혜택을 누리며 살아갈 수 있음을 인정해야 할 것이다.

* 박정희 대통령께서 서거하신 이후에도 경제개발계획은 '경제사회발전계획'으로 6차, 7차 ~ 이어 지지만 모두가 **하면 된다.**'라는 집념 아래 닦아놓은 기초경제를 바탕으로 일어선 계획이므로 경제개발계획은 여기서 마무리하고자 한다.

4) 교육을 과학화로.

- 국민의 생각을 과학화로 -

전 국민의 과학화 운동은 합리·능률·창조를 기본정신으로 삼아 기본 방향이 제시되었다.

> 만일 우리가 오늘 하루를 허송하여 과학 기술진흥을 소홀히 한다면 남보다 1년 뒤떨어지게 되며 1년을 아무 노력 없이 보낸다면 10년 또는 20년 이상의 후퇴를 면할 수 없을 것입니다.
> <제3회 과학의 날 담화문에서, 1970. 4. 21)

(1. 한국과학기술진흥재단)

과학기술의 풍토조성·진흥을 위하여 설립된 재단법인이다. 1967년 12월에 한국과학기술 후원회로 발족하여 72년 1월 개칭되었다. 이 재단은 과학기술 진흥이 경제자립과 근대화를 촉진·선도하는 발전의 요체라는 인식 아래 순수 민간단체로 출발하였다.

주요 사업은 우선 과학 기술풍토 조성을 위한 저변확대의 일환으로 과학·영화필름 라이브러리 운영·과학전시차 순회 계몽·첨단과학계몽강좌 및 과학담당 장학사 심포지엄·과학경진대회 및 출판 보급·연구개발 지원을 위한 시약·기기의 비축과 공급·인력양성 및 장학지원 등을 하고 있다.

〔2. 한국과학재단〕

한국과학 재단은 과학기술의 창달·진흥을 위하여 설립된 재단법인이다. 1977년 5월 한국 과학재단 법에 의하여 발족하였으며 정부 출연 기금으로 운영되었다. 주요 사업은 과학기술 연구 활동·고급연구인력양성지원·과학기술 교육의 향상·발전을 위한 사업지원·학회 및 국내외 학술 활동 지원·국제협력사업 등이다.

이 가운데 국제협력 사업은 미국과학재단(NSF) 및 독일 연구협회(DFG)·일본 학술진흥회(JSPS)·프랑스국립과학연구센터(CNRS)·이집트과학연구기술아카데미(ASRT)·영국왕립협회 등과 유대관계를 가지고 전개하였다. 기구로는 이사장 아래 사무국·기술 공여사업소 등이 있다.

〔3. 한국과학원(Korea Advanced Institute of Science and Technology)〕

과학기술 분야의 이론과 응용력을 갖춘 고급인재를 양성하고 기초 및 첨단과학 연구 중심의 대학. 약칭 KAIST. 1971년 2월 특별법에 의거 한국과학원(KAIS)으로 설립되었다. 81년 전두환 대통령 시절 산학연(産學研) 일체의 명분 아래 한국과학기술연구소(KIST)와 통합하여 한국과학기술원(KAIST)이 되었고 89년 6월 연구 부문은 한국과학기술원으로 분리 발족 되었다.

〔4. 한국과학기술연구원(Korea Institute of Science and Technology)〕

과학기술을 연구·개발하는 정부 출연기관, 약칭 KIST. 창조적 원천기술 연구개발과 기초·응용과학의 연구 및 국내외의 연구기관·학계·산업계와의 협동 연구를 수행함에 목적을 두었다.

1966년 2월 한국과학기술연구소로 설립, 81년 1월 한국과학원과 통폐합되어 한국과학기술원이 되었다. 87년 9월 한국과학기술원 내의 연구본부가 발족 되었고 89년 6월 연구본부가 한국과학기술원으로부터 분리·독립하여 한국과학기술연구원으로 설립되었다. 주요 사업은 국책연구개발사업·첨단산업 기술개발·기업의 기술지원·목적기초연구사업·국제공동연구사업 등이다.

연구부서는 화학연구부·기계공학 및 물리·전자 연구부·화공 및 고 분자연구부·재료공학연구부·도핑 콘트롤 센터 등이 있고 부설연구기관으로 해양연구소·시스템공학센터·유전공학센터·과학정책기획본부가 있었다.

박정희 대통령께서 과학에 얼마나 관심이 많았고 또 과학만이 살길임을 아시고 모든 분야에 과학화를 부르짖으셨다. 아마도 지금은 더욱 개편되었을 것이다.

〔5. 한국과학기술단체총연합회-KOFST〕

　국내외 과학 기술단체를 회원으로 하여 설립된 사단법인. 1966년 5월 전국과학기술자대회에서 설립을 결의, 같은 해 9월 출범하였다. 주요 목적사업은 과학기술정책의 조사연구·학회 학술활동 및 기초연구 지원·과학기술정보 교환 및 국제협력·과학 기술풍토 조성·산학협동·원로 과학기술 자문단 설치 운영 등이다.
또한 국내외 한국과학기술자 종합학술대회·국민 생활 과학화 모범사례발표회·과학 기술정책연구 세미나 등을 주관한다. 간행물은 과학기술 종합 월간지 『과학과 기술』을 비롯하여 『한국 과학기술 인명사전』·『한국 과학기술 용어집』 등을 발간하였다. 회원 단체는 90년에 총 321개였다.

2003년에는 국가 균형 발전을 위한 지역별 과학기술 활동 강화를 목적으로 12개 지역연합회를 창립했다. 2011년에는 정책연구소와 과학기술 나눔공동체(SCOST)를 설립하여 과학기술계의 정책건의와 과학기술 우수논문상·대한민국 최고과학기술인 상·수상자를 선정·시상하며 사회공헌에도 힘쓰고 있다. 2025년 현재 제60회 정기 총회를 개최하였다.

〔6. 한국개발연구원(Korea Development Institute)〕

　국민경제와 사회 발전을 위해 연구·조사하는 정부 출연 연구기관. 약칭 KDI. 제2차 경제개발 5개년계획 입안 과정에서 필요성이 논의되어 1971년 설립·경제계획 및 경제정책 수립에 기여하고 있다. 주요 업무로는

① 국민경제 발전에 관한 조사·연구
② 중장기 경제예측 및 계획에 관한 기초연구와 정책 수단 개발
③ 국내외 연구기관과의 공동연구
④ 연구 결과 발표·출판
⑤ 관계기관 공무원 및 기타 단체 직원의 수탁 훈련
⑥ 기타 연구원의 목적달성에 필요한 사업 등이다.

학계 및 관련 경제부처 인사로 구성된 연구자문위원회에서 연구방향 및 연구과제를 자문하며 거시경제실·산업무역실·금융경제실·사회개발실·공정거래실·재정정책실·북한경제연구센터·연구조정실·국문편집실·영문편집실·연구 자문위원실과 사무국을 두고 있다. 연구 결과를 담은 간행물로 『연구보고』·『정책보고』·『한국개발연구』·『KDI분기별경제전망』 등이 있다. 오늘날에는 더 많은 연구실·사무국·간행물이 있을 것이다.

<비하인드 에피소드 6 과학적 인프라>

우리나라가 오늘날과 같은 수출 대국을 이룰 수 있었던 것은 키스트의 공로가 크다. 물론 박 대통령께서 독일을 방문하면서 직접 보고 얻은 아이템을 키스트에 주문했기 때문인점도 있다. 독일과 프랑스 접경지역에 가면 한국 과학기술 연구원 유럽 분원이 있다. 거기는 우리나라 키스트 분원만 있는 것이 아니라 독일 막스 프랑크 연구소·벨 연구소의 유럽 분원도 있고 각종 대학 연구소를 비롯해 영국 ARM도 있는 곳이라 한다.

키스트 유럽 분원에는 한국 연구소임에도 불구하고 한국 사람이 적다.
키스트는 원래 미국의 벨 연구소를 모델로 했다. 경제개발을 하려면 그냥 투자만 해서는 안되고 청사진을 그릴 수 있는 종합연구소가 필요하다는 미 존슨 대통령의 말을 듣고 존슨 대통령의 도움을 받아 박 대통령이 키스트를 세웠던 것이다.
키스트에서 포항종합제철과 금성사·삼성전자 반도체 투자 그리고 방위산업으로 수출 5대 국가에 포함된 것도 키스트 산하 ADD(국방과학 연구소)의 청사진에서 나왔다고 한다.

(7. 한국공업표준협회)

공업 표준화 및 품질관리를 위해 설립된 사단법인이다. 1962년 3월 사단법인 한국표준규격협회로 설립되어 78년 6월 공업표준 화법에 의거 한국공업표준협회로 개칭되었다.
85년에는 품질관리사 보수 교육기관으로 지정되었으며 이듬해 품질관리 능력평가 지정기관이 되었고 87년 직업훈련 교육기관·유망중소기업 발굴지원기관 한국공업규격(KS) 심사기관이 되었다.

(8. 한국교육개발원)

한국 최대의 종합 교육 연구기관이다. 1971년 이영덕 초대 원장과 24명 젊은 교육학자들이 주축이 되어 한국의 전통과 현실에 맞는 교육의 이념·목적·내용·방법 등에 관한 종합적이고 과학적인 연구 및 교육이 당면한 제반 문제 해결방안을 연구·개발하여 국민교육 발전에 기여할 것을 목적으로 설립, 1972년 8월 30일 개원하였다.
1973년 한국교육개발원육성법에 따라 정부출연연구기관이 되었다. 주요 기능은 교육 연구기능과 교육 방송기능으로 나뉘는데 교육 연구기능은 교육과정 및 방법 연구·개발 교과용 도서 연구개발·교육정책 연구·방송통신고등학교 운영지원 등이고 교육 방송기능은 교육 방송 관련 기초연구 및 라디오·TV 프로그램 제작 등이 있다. 부설기관으로는 EBS(교육방송)가 있다. 정기 간행물로는『한국교육』·『교육개발』·『학술잡지 목차속보』·『교육개발소식-Annual Report』등을 발행하였다.

<비하인드 에피소드 7 직업훈련원의 시작>

박정희 대통령은 경호실장을 불러 암행 시찰을 다녀오자고 한다. 경호실장은 어디로 갈 건지 물어보았고 박정희 대통령은 서울역 앞 양동 골목으로 가자고 했다. 당시 서울에서 제일 큰 사창가였다. 경호원들은 의아했지만 함께 따라나섰다.
사창가의 여성들은 허름한 옷차림과 찌그러진 중절모를 쓴 박정희 대통령을 알아보지 못하고 너도나도 들어오라며 소매를 붙잡았고 박정희 대통령은 한 여성과 안으로 들어갔다.

오랜시간 이야기를 나눈 박정희 대통령은 청와대로 돌아와 비상을 걸었다. 오늘 이후로 사창가를 철시하고 갈 곳 없는 여성들을 보호할 공간을 만드시오. 그리고 미용 기술을 비롯한 생계형 교육을 준비하시오. 이것이 오늘날 직업훈련원의 시작이 된 것이다.

〔9. 존슨의 선물〕
　우리나라의 베트남 파병으로 큰 성과를 올린 미국의 존슨 대통령은 박정희 대통령에게 선물을 하나 해주고 싶다며 묻자 박정희 대통령은 존슨 대통령에게 과학 연구소를 하나 지어 달라고 해서 얻은 것이 KIST라 한다. 박정희 대통령의 명쾌한 주문이 아닐 수 없다. 이로써 우리나라는 과학 입국으로 도약할 수 있었다.

일설에 의하면 박정희 대통령과 미 존슨 대통령은 똑같이 교육자 출신이라 한다. 미 존슨 대통령이 박정희 대통령에게 경제발전 장기적 안목에서 과학교육을 지향한다면 한국에 과학 고문을 파견해 주겠다고 먼저 제시하자 이에 박정희 대통령이 기꺼이 받아들였다고 한다.
여하튼 박정희 대통령과 존슨 대통령은 그때 환상의 콤비였다. 박정희 대통령은 미국이 가장 다급했던 베트남전에 파병함으로써 존슨 대통령의 어려움을 해결해 주었고 존슨 대통령은 박정희 대통령에게 만년대계의 비전을 위해 '과학교육'을 시작할 수 있도록 보답한 것이다.

4. 독일방문과 '에르하르트' 총리
- 경제 인프라 건설 -

박정희 대통령께서는 앉으나·서나, 자나·깨나 굶주리는 국민들 걱정에 날 밤샌 적이 하루·이틀이 아닐 것이다. (항상 수면 부족으로 인해 눈이 충혈되어 있었으니 박정희 대통령이 검은 썬 그라스를 자주 쓰고 다닌 이유도 된다.)

1964년 12월 10일은 '한강의 기적'이 시작된 날로 본다. 미국의 케네디 대통령에게서 문전박대를 당하고 같은 분단국가인 독일에 차관을 좀 받기 위해 경제학 박사 백영훈(중앙대)교수를 통역관으로 대동하고 대한민국 국가원수(박정희 대통령)가 최초로 독일을 국빈 방문하셨던 날이다. 독일에 파견된 광부와 간호사들이 조국의 대통령이 오셨다는 말을 듣고 '뒤스부르크 공회당'에 다들 모여들었다.

대통령 전용기가 없던 시절이라 독일까지 가는 여정은 정말 고달팠다. 그때만 해도 우리나라에는 비행기가 한 대도 없었고 만들어 낼 기술도 갖추지 못했기에 독일의 '루프트한자' 항공회사에서 대통령을 위해 비행기 1등칸 한 칸을 내주어서 갈 수 있었다. 그때 120개국 중에서 제일 가난한 국가가 인도 52불 다음 우리나라 72불·북한은 86불이었던 시대이다.

사실 미국 '노스웨스트' 비행기를 빌리려고 15일 동안 50000달러로 계약을 했지만 1주일 남겨 놓고 미국의 반대로 빌리지 못했다. 모두들 걱정만 하고 있을 때 백영훈 통역사가 독일로 날아가 사정을 이야기 한 결과 박정희 대통령을 위해 독일이 비행기를 지원해 준 것이다.

1964년 당시 독일까지 가는 여정은 영국령 홍콩을 거치고 태국의 방콕을 지나 인도의 뉴델리·파키스탄의 카라치·이집트의 카이로·이탈리아의 로마와 독일의 프랑크프르트를 거쳐 본의 퀠른 공항에 도착했는데 28시간이나 걸렸다고 한다.[10]

---

10) 참고로 독일은 많은 국가로 쪼개어져 1870 국가가 있었다고 할 정도로 복잡했다. 가족 3명의 나라가 있을 정도로 그만큼 독일은 개인주의가 강한 나라이다. 수없이 많은 영주 국가로 난립 되었던 1870년, 빌헬름 1세 황제와 비스마르크가 철혈정책을 편 프로이센이 독일을 통합한 후 프랑스와 치른 보불전쟁에서 프랑스를 굴복시켰다.

1964년 12월 10일 박정희 대통령 옆에서 손수건으로 눈물을 닦는 육영수 여사(오른쪽). photo 국가기록원
출처 : 주간조선(http://weekly.chosun.com)

박정희 대통령과 육영수 여사님이 도착한 함부른 광산 인근에 있는 뒤스부르크 공회당에선 애국가를 부르던 중 육영수 여사와 광부·간호사들이 서러움에 못견뎌 터뜨리는 울음으로 눈물바다가 되었다.

독일 가기 전 박정희 대통령은 미국의 케네디를 만나 차관을 부탁했지만 보기 좋게 거부당하고 빈손으로 숙소에 돌아온 사실이 있다. 독일을 찾아 파독 광부와 간호사를 보는 순간 미국에서 케네디에게 보기 좋게 거부당하고 돌아왔던 기억이 왈칵 되살아난 박정희 대통령 역시 눈물을 참을 수 없었을 것이다.
돈이 없던 시절, 그때 울었던 울음은 우리나라 젊은이들이 머슴으로 팔려 갔다는 아픈 마음으로 울었다는 것을 독일 관료들은 나중에 알게 되었다.

독일 상업차관(3000만 달러)은 의회를 통과하고 또, 은행의 '지급보증서'가 있어야 빌릴 수 있는데 차관이 홍콩까지 날아가서 알아보았지만 '지급보증서'를 받을 수 없어서 빌리지 못했다. 그런데 광부와 간호사를 파견하기로 약속하고 광부와 간호사의 봉급을 보증받으면서 차관을 받게 된 것이다.

독일로 간 광부들은 1천m를 내려가야 하므로 다른 나라 광부들은 도저히 견디지 못하고 고국으로 돌아 가버린 곳이 독일 광산이다. 간호사들은 시체를 닦고 목욕시키는 일을 했는데 얼마나 잘했는지 코리아 엔젤이라 불릴 정도였다.
독일로 간 광부들과 간호사들은 독일 사람들로부터 아시아의 프로이센인이라고 높이 평가되어 뤼브케 대통령이 박정희 대통령을 국빈 초청하였던 것이다.

시체 닦고 목욕시켜주는 간호조무사 200명 모집에 25000명이 응시했고·1천미터를 내려가는 광부 500명 모집에 47000명이 응시했다. 약 100:1의 경쟁률을 통과한 합격자들은 전부 대학 출신이었지만 고졸로 다운시켜 파견했다.
실업자들이 대거 몰려든 것이다. 1963년 12월 21일 광부 300명을 1차로 파견한다. 그런 연유로 12월 21일을 파독 광부·간호사의 날로 지정 하였다.

우리 후손만큼은 절대로 가난만은 물려주지 말자고·타국으로 팔려 가게 하지 말자고 다짐하셨던 박정희 대통령께서 함보른 광산이 있는 뒤스부르크 루르 지방을 떠나 속도 무제한인 아우토반을 달리면서 경부고속도로 건설을 생각했고 노스트라인 베스트팔렌 (Nordrhein-Westfalen)의 철강·제철 공업단지를 시찰하면서 포항의 종합제철소를 구상했고 독일의 숲을 보면서 우리나라의 민둥산에 녹색혁명 나무 심기를 생각했을 것이다.

우리에게 비행기 한 대도 없었던 그 시절, 박정희 대통령과 육영수 여사님께서는 28시간을 힘들게 비행기 타고 가셨고 음식도 안 맞아 변비로 고생하셨다는 이야기를 모르는 사람이 오늘날엔 너무도 많다. 그때 우리나라 교민이 끓여주는 '카카나?' 라면 하나를 먹고 겨우 정신을 차릴 수 있었다는 고된 일화도 전해온다.

요즘 학생들 교과서엔, 자본이 없어 서독을 비롯해 이 나라, 저 나라에 돈을 구하러 다니던 어려운 시절, 박정희 대통령의 노심초사와 우리 국민들의 피땀어린 노력이 한데 어우러졌던 가슴 아픈 사실을 가르치는 내용이 단 한 줄도 언급되어 있지 않다고 한다. 우리는 이런 현실에서 다음 세대로 교훈을 전하는 역사가 단절되었음을 알 수 있다.

에르하르트 총리는 라인강의 기적을 일으킨 '콘라노 헤르만 요제프 아데나워'(1949

년 9월 15일~1963년 10월 16일) 수상의 총리 후임이었던 '루드비히 에르하르트' 총리였다. '에르하르트' 총리는 2차대전 패배 직후 15년 동안 서독의 경제 장관을 지냈던 경제통이었고 경제장관 시절 그때 한국을 2차례 찾은 이력도 있었다.

1964년 12월 박정희 대통령이 경제협력을 요청하기 위해 독일을 방문했을 때 에르하르트 총리와 회담을 하였다. 그때 독일 에르하르트 총리가 박정희 대통령에게 왜 '쿠테타'를 했느냐? 는 질문을 하자 박정희 대통령은 차분하게 다음과 같이 말한다.

「우리 대한민국도 서독처럼 공산국가의 위협을 받고 있습니다. 그들을 이기려면 우선 잘 살아야 한다고 생각합니다. 내가 혁명을 한 이유는 정권을 탐해서가 아닙니다. 정치가 어지럽고 경제가 피폐해져 이대로는 대한민국이 소생할 수 없다는 위기의식 때문이었습니다. 그런데 우린 돈이 없습니다. 돈을 빌려주면 반드시 '국가재건'을 위해 쓰겠습니다.」

박 대통령의 눈물 어린 호소에 에르하르트 총리는 박 대통령 손을 꼬옥 잡으며 말했다. "고속도로를 건설하고 그 위로 자동차가 달리게 하십시오. 자동차를 만들려면 철이 필요하니 제철공장을 만들어야 합니다. 또한 경제가 안정되려면 기업들을 키워야 합니다. 그러면 우리가 돕겠습니다. 잊지 마시오."라는 말을 하며 약속했다.
(박정희 대통령은 독일 '에르하르트' 총리의 말을 듣는 순간 번개처럼 경제발전의 큰 그림이 머릿속에 그려졌을 것이다.)

그리고 200년 이상 독일과 프랑스도 국경선 전투가 치열하여 변방지방 사람의 국적이 4번이나 바뀔 정도로 사이가 좋지 않았어도 화해를 했으니 한국도 일본과 화해를 해서 도움을 받으라며 충고하는 말을 듣고 박정희 대통령이 한·일 협정을 자신 있게 추진하게 되었다고 한다.

고속도로는 현대 정주영 회장님께서 하셨고 포항제철은 박태준 포철 회장님께서 맡아서 하셨다. 고속도로를 맡은 정주영 회장님은 경부고속도로를 건설하면 '눈덩이 적자'라는 박정희 대통령의 이 말에 OK 하였고 박태준 회장님은 영일만 모래 사장에 근로자들을 모아놓고 '포항제철 만드는 돈은 우리 조상들이 일본에게 당한 피땀의 대가로 받은 것인데 만약 실패하면 우리 모두 뒤로 돌아 영일만에 빠져 죽자.'라며 독려했다는 말은 지금도 유명한 말로 회자 되고 있다.
박정희 대통령과 육영수 여사님 그리고 파독 광부와 간호사가 함께 엉켜 울음바다를 이루며 '한강의 기적'이 출발점 된 '뒤스부르크 공회당'에는 기념판이나 안내판조차도 특정 지역 사람들이 반대해서 설치하지 못했다는 말이 있다.

그때 사람 중 생존한 분의 말을 빌리면 파독 광부와 간호사 사이에 박정희 대통령의 영남은 급속한 공업화로 일자리가 넘쳐났던 반면에 호남은 먹고살 것이 없어서 파독 광부들이 많았다는 말로 지역감정을 부추기며 박정희 대통령에 대한 부정적인 감정을 먼저 앞세워 반대했다고 한다.[11]

'동백림'[12] 사건 또한 날조·조작된 사건이라고 주장하면서 지금까지 박정희 독재자라고 반대하는 한편 '뒤스부르크 공회당' 그 역사의 현장 보존 마저 구미시가 추진하고 있다고 한다. 동베를린을 한자로 쓴 것이 '동백림'이다.
특정 지역 사람들 이제는 그런 피해 의식적 말은 그만해야 할 것이다. 제주도를 비롯해 특정 지역 사람들에게 말하고픈 것은 김대중 대통령을 비롯해 김영삼·노무현 3명의 대통령보다 박정희 대통령 한 분이 그 지역에 더 많은 족적을 남겼다는 사실이다.

1970년대 초반, 재조림 프로젝트로 시행한 전국적인 가로수 조성사업은 당시 내무부의 시범 가로로 지정하여 3~4년짜리 묘목을 심었다. 지금 그 묘목은 하늘을 덮고 있는 울창한 가로수로 자라나 담양의 메타세콰이어 길이 되었고 힐링 죽녹원과 함께 담양의 프로방스 마을을 이루고 있다.
박정희 대통령 공로도 모르고 엉뚱한 말씀 하시는 특정 지역 분들은 은혜를 모르는 사람? 이라는 말을 들어도 화를 내지 못할 것이며, '새마을운동'으로 인해 개발 변화된 역사적 현실 역시 인정해야 할 것이다.

64년 박정희 대통령은 파독 광부와 파독 간호사 임금을 담보로 해서 1억4천만 달러를 차관해 오셨고 일본과 화해하면서 받아온 자금으로 우리나라 경제의 인프라를 시작하며 조국 근대화를 다지셨다. 경부고속도로는 1968년 착공해서 70년에 완공했다. 포항제철은 1970년 4月 착공해서 1973년 7月 준공됐다.

---

11) 영남과 호남의 차이점: 영남은 본시 산이 많은 곳이라 산모퉁이나 산이 지나가면서 만든 터에 자리를 잡고 살아간다. 농작물을 기를 수 있는 땅이 적은데다 그마저 양반들이 다 차지하고 있어 서민들의 삶은 눈을 뜨고 볼 수가 없었다. 2차대전 당시 매춘하러 간 여성들 중 경상도 여성이 대부분이다. 거기다 6.25사변의 처절한 전투를 치른 곳이 낙동강(영천·경주·안강·포항) 주변이라 그 황폐함과 피폐함은 이루 말을 할 수가 없었으니 영남만을 우선으로 챙긴다는 말은 이미 할 수가 없다. 지방차별을 운운하며 감정 엉키게 하는 사람은 정치가들 뿐이다. 이에 속아서 지방 탓을 앞세우면 안 될 것이다.
12) 동백림사건: 1967년 7월 8일 중앙정보부에서 발표한 간첩단 사건.

박정희 대통령은 방독 5일째 베를린 장벽을 시찰하면서 북한을 보았다고 말씀하시며 이 장벽을 보고 자유를 수호하고 우리 국민을 위해 일하겠다고 거듭거듭 다짐하며 돌아오셨다.

그때 독일방문으로부터의 차관 총액 1억 5천 9백만 마르크는 다음과 같이 경제발전에 이바지하였다.

- 상업차관: 1억 5백만 마르크
나주비료·인천중공업·기계공업·인쇄 용지공업·광신기계 자금으로 활용
- 재정차관: 5천 4백만 마르크
중소기업육성자금 2천만마르크·통신시설확장비 1천9백만마르크·부산시상수도자금 1천5백만 마르크 자금으로 활용되었다.

<비하인드 에피소드 8 한독직업학교>

> 1970년 박정희 대통령은 한독 직업학교를 방문하였다. 당시 박 대통령은 기술을 배울 수 있도록 독일과 협력하여 부산에 한독직업학교를 설립하고 열심히 배우는 학생들을 격려하기 위해 방문하셨던 것이다.
> 박 대통령이 실습장을 둘러보고 있을 때 실습에 열중하고 있는 학생 옆에서 기다리다 칭찬을 아끼지 않으며 희망을 물어보았다.
>
> 이 학생의 희망은 기술을 열심히 배워서 돈을 많이 벌어 부모님께 효도하고 싶다는 학생의 말을 듣고 대통령은 웃음을 지으시며 대견스러워하셨다는 이야기가 있다.

〔1. 경부고속도로〕
경부고속도로 건설 당시 3대 구호(口號): 보다 빠르게·보다 값싸게·보다 튼튼하게

경부고속도로는 고속국도 제1호선이다. 총연장 428km·노폭 22.4km이다. 1968년 2월 기공하여 70년 7월 7일 완공하였다. 2년 6개월 걸린 것이다. 1968년 개통된 경인고속도로에 이어 한국에서는 2번째로 건설된 고속도로이다.

수도권과 영남공업권을 이으며 인천과 부산 등 2대 수출입항을 연결하는 산업 대동맥이며 서울·수원·오산·천안·대전·영동·황간·김천·구미·왜관·대구·영천·경주·언양·양산·부산 등을 연결하여 전국 일일생활권으로 묶고 있다.

총건설비는 429억7300만원·토공량(土工量) 약6000만㎡·교량 325개소(총연장 18.5km)·터널 6개소(총연장4.1km)등이고 도로 건설에 동원된 인원은 약 900만 명·중장비 165만·철근 4만9900톤·시멘트 680만포대·아스팔트 47만3000드럼에 달한다.

서울에서 부산 간 전 노선의 교차시설은 모두 입체교차로로 되어 있고 이를 통해서만 출입이 가능하도록 되어있다.
경부고속도로 완공 이전에는 15시간 걸리던 거리가 우리나라의 대동맥인 경부고속도로가 완공된 후에는 4시간 30분으로 단축되어 본격적인 산업국가로 진입할 수 있었고 질 높은 문화생활을 동시에 누릴 수 있었다.

현행 주행속도는 최고시속 100km·최저시속 50km로 제한하고 있으며 휴게소 12개소·버스정류장 83개소를 유치하였다. (아마 지금은 또 더 많아졌을 것이다.)

눈물과 땀으로 일구어낸 경부고속도로는 최소비용으로 최단기간 2년 6개월에 지어졌으며 경제적으로 기술적인 인프라가 갖춰져 있지 않은 시기에 완공할 수 있었던 것은 박정희 대통령의 강력한 추진력과 전문인력인 군대의 공병단을 투입해서 진행했기 때문이다. (우리는 군의 고마움을 알아야 한다.)

인체의 핏줄과 같은 고속도로의 중요가치를 60년 지난 지금 그것을 직접 확인하고 있는 오늘의 우리는 누구도 비판하거나 비난하는 사람 하나 없이 그 과업의 완성을 높이 평가하고 있다.
그렇다면 반대하던 사람들이 그래도 양심이 있다면 미안하다는 말은 고사하고 자신들의 생각이 부족했다는 말 한마디 정도는 해야 옳지 않을까?

지금, 만약 완고하게 반대했던 당사자들이 계시지 않는다면 살아있는 그 주위의 핵심 인물들이라도 박정희 대통령의 위대한 업적을 독재라는 카르텔로 덮어 '평가절하'하는 발언은 삼감이 마땅한 것이다.

〈비하인드 에피소드 9 경부고속도로 건설의 반대 세력〉

김ㅇㅅ·김ㄷㅈ 두 의원이 1968년 경부고속도로 건설을 결사적으로 반대해서 국회를 통과하기조차 어려웠다. 심지어는 공사 차량 앞에 드러누우면서까지 극렬하게 반대를 한 것이다.[13] 신민당 김ㄷㅈ 의원은 필요 없는 경부고속도로를 만든다고 말하며 드러누우면 '와우' 아파트다. 라고까지 말했다.

더하여 가뜩이나 모든 투자가 경상도[14]로 집중되고 철도 복선이 있는 곳에 파행적 건설을 왜 한다는 말인가? 라고 하며 극구 반대했었다.

· 우량농지 훼손 웬말이냐!!
· 쌀도 모자라는데 왠 고속도로?..
· 부유층 전유물인 고속도로 건설, 결사반대를 외치며 고속도로 건설이 시작되던 날 양재동 공사 현장에 노란띠를 두르고 몸소 드러눕기도 하였다. 진보 개혁과 민주화 운동을 앞세워 반대로 시작해서 반대로 끝난 것이다.

동아일보에서조차 심각한 주택난 하나도 해결하지 못하는데 방대한 사업을 어떻게 4년 만에 완성한다는 말인가? 라며 완성할 수 있음을 인정하지 않았다. 공사 자체에 견고성이 결여되어 있다면서 충분한 검토도 없이 추진하는 것은 누구를 위한 것인가? 라며 비난했다. (1968년 5월 2일 야당의 비난 성명)

야당과 언론이 그렇게 비난 일색으로 몰아 갔지만 박정희 대통령께서는 분명히 '된다.'·'할 수 있다'. 라고 외치시며 결국은 완성하셨다.
억지가 아니고 할 수 없는 상황을 순차적으로 하나하나 할 수 있도록 바꾸어 갔다. 박정희 대통령은 모두가 부지런히 열심히 노력하도록 격려하고 위로하며 용기를 잃지 않도록 몸소 앞장서서 함께 하셨던 것이다.

---

13) 1996년. 김종필 당시 자민련 총재가 김영삼 대통령 후보를 향해 "경부고속도로 만들 때는 노란띠를 두르고 공사 현장에 드러누워 그렇게 반대하더니 대통령 되겠다고 그 고속도로를 누구보다 많이 다녔다."고 공격하기도 하였다. (출처:경부고속도로 나무위키 2025 9월18일)

14) 정치가들에 의하여 이때부터 동서(영남과 호남)로 확연하게 나누어지기 시작했다. 그전(1963년)에는 남북 (북: 충청·경기·강원)·(남: 전라·경상·제주도) 으로 나누어져 있었다. P.45 참고)

〈비하인드 에피소드 10 옥천 '당재 터널'〉

고속도로를 건설하려면 터널을 뚫어야 하는데 그중에서도 '당재 터널'을 뚫는 것이 매우 힘들었다. 가장 마지막에 완성된 충북 옥천터널이 바로 그것이다. 가장 어려운 공사 구간으로 악명높았던 '당재 터널'은 지층이 절암토사로 된 퇴적지층이라 터널을 뚫기만 하면 무너지기 일쑤라서 공사가 진척이 되지 않았다.

즉 토질이 편마암이나 활석 암질로 되어 있어 터널을 뚫기만 하면 무너져내리는 바람에 13번의 낙반 사고와 11명의 소중한 목숨을 대가로 치른 뒤에야 완성되었다.

그리고 콘크리트가 굳는 시간은 대략 1주일씩 걸리니 정해진 기간 내 공사완료가 불가능하기에 일반시멘트보다 입자가 고운 조강(早强)시멘트를 사용하자 건조속도가 빨라 짧은 간격으로 진행할 수 있었다.
그 당시 우리나라는 조강시멘트를 생산하지 않을 때이다. 그런데 현대가 시멘트 공장을 가지고 있으니까 생산라인을 바꾸어 가며 조강시멘트를 생산하게 되어 완수하게 되었다.

장비부터 기술자를 비롯해 모든 여건이 부족하고 미숙했기에 건설이 아니라 전쟁이라 말하기도 한·지옥의 구간으로 불리던 '당재 터널'은 반 백년이 지난 지금은 명칭까지 바뀌었지만[15] 여전히 불가능을 가능케 했던 산업 역군의 정신을 그대로 간직하고 있다. 지금은 고속도로로 사용되진 않고 창고로 사용하고 있다.

〔2. 포항종합제철〕

포항종합제철은 68년에 착공해서 73년에 완공했다. 대한민국 정부는 제2차 경제개발계획 기간(1967~1971년)에 즈음하여 철강공업의 다각적인 전략 성이 인정되기 시작하면서 장기적인 철강공업 육성계획이 수립되었다.
1967년 7월에는 포항이 제철소의 입지로 결정되었고 같은 해 9월에 대한중석이 종

---

15) '탕재' 터널 명칭이 2003년 '옥천'터널로 바뀜. 지금은 고속도로 구간에서 해제되었고 현재 하행선은 지방도인 금강로의 터널로 활용 중이다.

합 제철 사업의 주체로 선정되었다.

　　이어 1968년 4월 1일에 대한중석을 모태로 하여 포항제철이 창립되었다. 대한민국 정부가 3억원(75%)・대한중석이 1억원(25%)을 출자하여 4억원으로 설립된 포항종합제철 주식회사는 국영기업으로 운영되었다.

박태준은 대한중석에서의 성공을 바탕으로 창업 인력 39명과 함께 포항종합제철 주식회사의 창업식을 서울 명동 유네스코 회관에서 개최했다. 하지만 영국인 '자페'가 포철을 경제성이 없다고 판단한 것이 치명적인 약점으로 작용하여 제철소를 건설하기 위한 자금지원이 제대로 이루어지지 않았다.

이에 박태준은 1969년 1월 미국으로 건너가 KISA의 모 기업인 코퍼스의 '포이' 회장을 만나 사정했지만 역시 단호한 거절 앞에서 좌절할 수밖에 없었다. 그러나 거절한 '포이' 측이 마련해준 고급콘도에서 휴식을 취하면서 태준은 의외의 '대일 청구권' 자금을 생각하게 된다.

당시 8천만 달러 정도의 대일 청구권 자금이 남아있었기에 일본 정부와 합의한 끝에 제철소 설립에 유용한 자금을 해결하게 되었다. 실제로 결정적인 어려움의 상황에서는 미국・영국은 도움이 되지 않았다. 박정희 대통령과 케네디가 그러했고 박태준과 영국의 자페・미국의 포이가 그러하였다.
차관 문제에서 번번이 실패하고 빈손으로 돌아왔을 때 독일과 일본에서 많은 도움을 준 것이 역사적으로 확인된다.

당시 일본 정부는 미국 주도의 KISA가 붕괴하면서 본인들이 주도권을 잡을 수 있다고 보았고 제철소로 인한 환경공해 문제가 사회적인 이슈가 되고 있었으니 철강공업설비를 판매할 크고 안정적이며 중장기적인 프로젝트가 필요하였던 것이다.

여기에 한국의 의지가 단호하고 꾸준히 기술을 축적해 온 과정을 인정하고 제철소 건립에 동의하였다. 대일 청구권 자금은 10년간 분할 하여 일본의 생산물과 인력을 대신 제공하는 것이었기에 일본 정부와의 합의는 필수적이었다.
포항종합제철은 1973년 6월 9일(예정일보다 한 달 앞당겨짐.) 마침내 첫 쇳물이 흘러나왔고 7월 3일에 준공식을 거행하였다.

포항종합제철은 박정희 대통령 경제정책이 추진한 중화학 공업의 상징적 공사가 되었다. 포항종합제철은 경부고속도로 건설비용의 3배에 해당하는 1205억원의 혈세와 조상들의 피와 땀과 눈물값에·박정희 대통령·박태준 회장이 쏟아부은 피와 땀의 결과물이다.

철강 일관작업 형태의 포항제철은 1976년 5월 제2기 설비확장공사를 준공·조강(粗鋼-쇳물)기준 연산 260만t 규모로 확대되었으며 1978년 12월에는 조강기준 연산 550만t 규모의 제3기 설비확장공사를 준공했다.

1981년 제4기 설비확장·1987년 광양 제1기 설비공사 완공 등 포항종합제철에 이어 광양으로 설비확장 사업이 확대되어 조강 자급률을 계속 적으로 증가시켜 나갔다.

〔3. 전자산업과 최초로 컴퓨터 도입〕

전자산업도 박정희 대통령 재임 시절 시작하셨다. 64년 박정희 대통령께서 파독 광부·간호사가 있는 함보른광산 방문 시점에 전자산업 단지 서베를린 지멘스, AEG 전자산업 공장을 방문한 곳에서 전자산업을 일으키겠다고 생각했다.

전자공학이란 용어는 제2차 세계대전 후반부터 서양에서 쓰기 시작했고 한국에서는 1955년 무렵부터 쓰기 시작했다. 도입된 시기는 1946년 서울대학교 공과대학 전기 통신과가 신설됨으로써 전기 통신공학을 중심으로 전자공학의 연구가 시작되었다.

8.15해방 이후 경성방송국이 서울방송국(현재의 KBS)으로 개편되자 방송기술을 중심으로 한 전자통신에 관한 기술개발 연구가 진행되었다. 1959년 서울대학교 공과대학의 통신공학과는 전자공학과로 명칭을 바꾸면서 전자공학의 교육과 연구에 기틀이 마련되었다.

1957년 국립공업연구소 전자 공학실이 발족 됨으로써 전자공학 연구기관이 처음으로 생기게 되었고 최초의 전자 공업체인 금성사가 설립되었다. 59년 진공관식 라디오 생산이 이루어졌으며 원자력연구소(에너지 연구소)에도 전자공학 연구실이 설치되어 전자공학 연구가 더욱 진전되었다.

62년에 라디오를 수출하고 65년 한미합작업체를 설립·66년에는 한국정밀기기센터·전기통신연구소·한국과학기술연구소 등이 발족하였고 67년 집적 회로소자의 조립생산이 국내에서 처음으로 이루어졌다.

70년대에 들면서 트랜지스터식 흑백 TV·탁상전자계산기의 국내 조립생산이 가능했으며 74년은 컬러 TV·수상기의 조립수출과 전자 손목시계 생산·반도체소자인 트랜지스터의 개발생산이 이루어져 전자공학 특히 반도체 전자공학에 대한 개발정보수집과 연구 분위기가 급속히 높아지면서 반도체 전자공업 촉진을 위한 기술개발의 필요성이 강조되었다.

77년에는 전자시계용 집적 회로소자가 처음 제작되어 현대의 전자공업으로 전환되는 전기가 마련되었으며 79년 선형 집적 회로소자와 CMOS 집적 회로소자가 양산되어 반도체에 대한 연구개발은 현장 중심으로 계속되었다.

80년대에 접어들면서 일본의 전자공업 기술이 급격히 신장하여 미국을 선도하자 이에 자극되어 반도체전자공학 특히 집적회로 소자의 연구개발이 크게 촉진되었다.

한편 반도체 공업은 컴퓨터 산업의 개발을 급격히 촉진, 소프트웨어를 포함한 컴퓨터주변장치의 국내 연구개발이 활발하게 전개되는데 기하였으며 전자기술 연구소에 컴퓨터 부문이 설치되어 반도체 전자공학의 연구개발과 보조를 맞추어 컴퓨터의 연구개발이 추진되었다.

1980년에 이루어진 전자교환기의 국내 개통은 전자공학에 새로운 장을 열어주었으며 81년 제2기종 전자교환기가 생산되고 전기통신은 반도체와 컴퓨터 산업을 새로운 국면으로 이끌었고 컴퓨터와 결합한 디지털 기술을 이용하는 통신기술의 연구가 촉진되었다.

전자산업 발전에 있어서 반도체와 컴퓨터산업과 컴퓨터와 결합한 디지털 기술의 연구가 끊임없이 활성화될 수 있었던 것은 박정희 대통령의 역할을 외면하고는 말할 수 없다. 1966년 실시한 인구통계와 비약적으로 커가는 경제 규모를 주판과 카드작업으로 감당할 수가 없어서 최초로 도입된 것이 'IBM 1401' 컴퓨터이다.

서독을 방문하면서 박정희 대통령께서는 바로 '한강의 기적'을 구상하셨다.

5. 방위산업과 중화학 공업
- 건군의 초석 -

1) 방위산업

방위산업이란 국가방위를 위하여 군사적으로 소요되는 물자의 생산·개발에 기여하는 산업을 말한다. 넓은 뜻으로는 무기·탄약 등 직접적인 전투기구 외에 피복·군량 등 비전투용 일반 군수물자까지도 포함한다.

일반적으로는 국방력 형성에 중요한 요소가 되는 총포·탄약·함정·항공기·전자기기·미사일 등 무기 장비의 생산과 개발을 담당하는 산업의 총칭으로 범위를 한정하고 있다. 제2차 세계대전 전까지는 군수산업으로 이해되었으나 전쟁개념이 방위전 개념으로 발전하면서 방위산업이라는 용어를 사용하고 있다.

<비하인드 에피소드 11 과학자 이휘소>

> 과학자는 군인과 함께 나라를 지키는 수호신이 되어야 한다고 믿고 있었던 사람이 과학자 이휘소다[16].
>
> 6.25사변에 400만명이 죽었다면 지금 전쟁이 일어나면 3000만이 죽을 것이라며 1977년 5월 20일 일본 도쿄 학술대회에 참석할 때 잠시 '틈을 내어' 나리다 공항 KAL기 편으로 김포공항 도착, 헬리콥터로 청와대 뜰에 도착하여 총괄 정리한 핵 개발 자료·미사일개발자료를 박정희 대통령께 직접 전하곤 바로 헬리콥터를 타고 다시 일본으로 돌아가 학술대회에 참가한 후 미국으로 돌아갔다. 이후 6월 16일 반대 방향에서 오던 트럭에 치여 숨졌다.
>
> 원래 이휘소 박사는 그 당시 유일한 우리나라 핵물리 과학자였다.
> 박 대통령의 '유신'이 못마땅해서 박 대통령에 대해 관심이 없었지만 박 대통령으로부터 애타게 도움을 청하는 여러 번의 편지를 받은 뒤에는 독재자라고 생각했던 박 대통령을 '조국 근대화의 수호신'임을 인정하게 되었다.
>
> 박 대통령을 만나 직접 핵 개발·미사일 자료를 건네 드린 후 사망했으니 의문의 죽음(42세)이 분명하다. 아마도 그때 핵 연구를 반대하던 미국? 카터? 북한? 모르지만?~

---

16) 이휘소: 우리나라 핵물리학 박사, 1935년 서울출생, 경기고 2년 중퇴, 검정 고졸 학력, 서울대 수석합격, 서울공대 화공학과 2년 중 미국으로 건너감, 마이애미대학 물리학과 편입, 피츠버그대학에서 석사, 펜실베

〔1. 방위산업 육성 배경〕
우리나라에 방위산업 육성의 필요성이 제기된 배경은

① **우리나라에 대한 미국의 변화.**
② **북한의 방위산업개발과 군사도발에 대비함이다.**

미국은 1950년대 초부터 6.25를 계기로 한국에 적극적인 군사 지원정책을 펴왔으나 50년대 후반 미국의 국제수지가 악화하자 우리나라 군사원조가 점차 줄어들다가 급기야 71년에는 대한대충자금원조(對韓對充資金援助)가 단절되었다.
74년부터 대한 군사원조가 무상 원조에서 유상원조로 전환됨과 동시에 실질적인 군사원조는 급속히 감소 되어 갔다.

또한 69년 7월 25일 미국 닉슨 대통령이 선언한 닉슨 독트린〔닉슨 독트린-아시아는 아시아인의 손에 맡긴다.〕이 주한미군 감축을 촉진시켜 71년 3월 주한미군이 2만명 철수하여 6만 명에서 4만 명으로 감축되자 방위에 불안하게 되었다.

이러한 미국의 우리나라 정책에 급격한 변화는 우리나라로 하여금 대미의존에서 탈피하여 '자주국방'의 필요성을 절감하게 하였다. 아울러 이제까지 국방 조달원이었던 일반수입·유상·무상 원조를 자체 조달원으로 조속히 전환 시켜야 할 필요성이 대두되었다.

한편 북한은 휴전 이후 66년부터 군수 산업개발과 함께 군비확장을 촉진한 결과 60년대 말에는 이미 전쟁 준비를 완료하고 대남 파괴 공작을 적극화하였으며 마침내 68년 1월 21일 청와대 기습사건을 일으켰다.

이때 미국은 한미상호방위조약에 의해 마땅히 적극적으로 발동했어야 함에도 불구하고 소극적 미온적인 태도를 보여 불안했던 우리 정부로 하여금 자주국방의 필요성을 더욱 자각하게 하였다. 같은 해 2월 17일 박정희 대통령은 250만 재향군인을 완전 무장시키고 이에 필요한 무기 생산 공장을 69년에 완성할 계획임을 선언하였다.

니아 대학에서 박사학위 취득, 27세에 프린스턴 연구소 연구원 미국 10대 물리학자로 선정 28세에 뉴욕주립대학 정교수, 30세에 시카고대학 교수겸 페르미연구소 물리부장으로 취임해 세계 핵물리 학자 중 1인자로 부상, 74년에 방한, 서울대에 AID 차관에 의한 과학 연구소를 설립해 주었음.

이어 5월에 열린 한미국방장관회의(1971년 한미안보협의회로 개칭)에서 한미 합작으로 소화기공장(小火器工場)을 설치할 것에 합의함으로써 무기공장 건설이 구체화 되었다. 또한 71년 1월 박정희 대통령은 연두 기자 회견에서 자주 국방태세 강화의 필요성을 강조·방위산업 육성방침을 재천명하였다.

같은 해 9월 예산안 국회 제출에 따르는 시정연설에서 국방정책의 기본은 어떤 형태의 침략과 도전에도 이를 격퇴할 수 있는 방위력을 유지하는데 있으며 정부는 이런 기본 방침에 따라 물적 방위 능력 강화를 위하여 방위산업 육성과 국방과학기술 연구개발이 필요하다고 강조하였다.

이와같이 우리나라의 방위산업은 미국의 대한민국 정책 변화와 북한의 지속적인 군비확장 내지는 도발에 대처하기 위하여 본격적으로 추진된 것이다. 1977년 당시에는 북한 군사력이 남한의 전력 3배나 강력했는데도 불구하고 미국은 미사일 부대를 완전 철수하고 미군 17000여명을 철수한 상태였으니 박 대통령의 속이 얼마나 다급했는지 짐작할 수 있다.[17]

〔2. 기본정책과 추진 방향〕

정부는 방위산업을 빠른 시일에 '자주국방' 태세를 확립하기 위하여 아래와 같은 방위산업 육성지원에 관한 기본정책을 수립하였다.

① 자주국방 조기 실현을 위한 무기 장비 등의 국산화 사업을 적극적으로 추진.
② 방위산업의 효율적인 추진을 위하여 경제개발 5개년계획 및 중화학 공업과 병행 육성.
③ 현재의 가용자원과 국내공업의 잠재력을 활용하기 위하여 가급적 민간주도형으로 추진하되 현재 보유하고 있는 무기및 장비 유지에 대한 우선순위 부여.
④ 민간기업 또는 연구기관의 자본 부족을 해소하고 관계업체의 주도적인 참여의식을 고취 시키기 위하여 각종 자금 융자·세제상 특혜·기술자와 기능사에 대한 병역특례조치 등의 지원.
⑤ 평상시 군수업체를 유사시 신속하게 전시체제로 전환 시켜 활용할 수 있는 전시 동원체제 연구발전.
⑥ 방위산업체에 대한 적정이윤보장과 기존 시설 유휴화(遊休化)를 방지하기 위하여 국내 수요가 충족된 여력에 대하여는 기타 민수품을 최대한 생산한다는 것 등이었

17) 박정희 대통령이 이휘소 박사에게 보낸 편지에 잘 나타나 있음. 『박정희』, p.89 송창달 저, 그린비전코리아출판. 2012.10

다.

  이러한 방위산업 육성은 81년까지 북한보다 우위의 방위산업을 육성한다는데 목표를 두고 72~76년에는 기본무기 및 탄약 국산화를 위한 연구개발과 양산체제 확립을 위하여 방위산업 기반을 조성하고 77~81년은 기본무기 및 탄약·기타 장비를 양산 전력화하는 동시에 고도의 전략무기 생산을 위한 기반을 구축하는 기간으로 설정하였으며 82~86년은 한국인의 신체적 특징과 지리적 조건에 적합한 자주적인 무기를 개발·전력화하여 자주국방을 완성하는 단계로 설정하였다.

  이를 뒷받침 하기 위해 정부는 73년 2월 <방위산업에 관한 특별조치법>을 제정·방위산업 육성지원을 위한 제도적 장치를 마련하였다. 그 주요 내용은

① 세제 면에서 소득세 및 법인세 감면 등 특례적용·국내 생산이 불가능한 군수물자의 원자재에 대한 관세·특별소비세 면제·부가가치세 영세율(零稅率) 적용 등 각종 특혜 부여.
② 금융지원 면에서 국민투자기금을 재원으로 한 각종 융자 및 외화대부와 77년 〈방위산업에 관한 특별조치법〉 개정에 의하여 방위산업 육성기금을 설치 운용.
③ 군수업체 또는 연구기관에 대하여 필요한 기기 물품을 유상 또는 무상으로 대여하거나 양여.
④ 장기 계약제도를 도입, 군수업체에 대하여는 착수금 및 중도금을 지급할 수 있도록 하여 국내 생산은 물론 외국 기술을 도입·생산되는 경우도 소요경비의 거의 전액을 선급 받아 자금의 영세성으로 인한 사업중단 등이 발생하지 않도록 조치.
⑤ 군수물자 원가계산을 현실화함으로써 군수업체에 대해 적정이윤 보장.
⑥ 우수한 기술인력 확보를 위하여 기술자·기능사에 대한 병역특례조치와 장려금 지급 등이다.

〔3. 현황〕

  250만 예비군을 전력화 할 수 있기 위하여 모든 과학을 총동원한 한국의 방위산업은 72년부터 대구경화포(大口徑火砲)·탄약·통신기기·차량·장갑차 및 기타 개인 장구 등의 양산체제를 갖추었고 오늘날에는 전차·함정·항공기및 미사일 개발에까지 이르고 있다.
밤새 한잠도 못 잔 핏발 선 눈으로 오원철[18]을 바라보며 105밀리 곡사포를 간절히 원하던 박정희 대통령께서 시행한 우리의 방위산업은 핵무기를 제외한 거의 모든

---

18) 오원철 : 경제 제2 수석비서관

재래식 무기를 생산할 수 있는 체제와 능력을 갖추게 되었다.

2) 중화학 공업

철강업·비철제품제조업·금속제품제조업·기계공업 등의 중공업과 석유제품·석탄제조·제조업 등의 화학공업에 대한 일반적인 총칭, 중공업이라고도 한다. 일반적으로는 식품·섬유·목제제품·가구·피혁 등 노동집약형 공업인 경공업에 대하여 철강·비철·화학 등의 자본집약형과 일반기계·전기기계·수송기계·정밀기계 등의 기술집약형 공업을 말한다.

<비하인드 에피소드 12 '백곰사업'>

1970년대 초반은 무기 하나 없었고 또 하나도 만들어 내지 못했다. 1971년 '번개 사업' 1호 M2 카빈소총·박격포 등은 국내산 최초의 무기이다.
박정희 대통령은 12월 24일 ADD 국방과학 연구원으로부터 받은 무기가 시험 사격을 통과할 때 크리스마스 최고의 선물이라며 엄청 좋아 했다고 한다.
다음은 미사일 '백곰 사업'이다. 미사일은 최첨단 기술로 만듦으로 공학의 집성체이다.
박정희 대통령의 최종 목표는 핵탄도를 운반할 수 있는 미사일 개발이었다. '백곰' 미사일은 핵탄도를 장착할 수 있는 미사일이다. 이로써 박정희 대통령은 탄도 미사일을 개발하면서 미국의 통제를 받게 된다.

그 당시 김종필 국무총리가 ADD 국방과학 연구소를 찾아와 간부들과의 간담회에서 '핵무기'를 개발하면 1억씩 주겠다.?는 말도 했다고 한다.

'백곰'이란 명칭은 ADD 국방과학 연구원들이 눈이 펑펑 내리는 날에는 눈에 쌓여 눈사람이 되어 실험하였고 또한 그 당시 유행가로 최희준의 '나는 곰이다'라는 유행가 가사가 연구원들 사이에서 잘 불러 진데다 그리고 시대적 분위기와 잘 맞아 '백곰'이란 이름을 붙이게 되었다고 한다.
(~ 재주는 없다마는 할 짓은 다 한다. ~)

출처 : 코노미톡뉴스(https://www.economytalk.kr/news/articleView.html?idxno=73634)

〔1. 발전과정〕

자본주의적 생산발전은 경공업으로 시작하여 생산재·자본재가 독립된 공업으로서 중공업 내지 중화학 공업을 발전시킨다. 영국에서 시작된 공업화는 섬유공업을 중심으로 하는 경공업이 주축이 되어 섬유기계와 증기기관·철도·선박 등의 수요 신장이 철강업과 석탄·산업 등의 중공업을 급속히 발전시켰다.

19세기 중엽 영국에서 발명된 베시머 전환로(轉換爐)와 1881년 독일이 발명한 부산물 회수식[19] 코크스로[20]가 철강의 대량생산과 화학공업 발전을 촉진 시켜 석탄·철

---

19) 부산물회수식: '하버'는 질소 정제 방법을 발견함으로써 인공비료의 개발을 가능케 만들었다. 이는 인류의 오랜 염원이었던 식량 생산 문제를 해결해 주었고 이 공로로 노벨 화학상을 수상했다. 1차 대전 당시 수많은 목숨을 앗아간 독가스를 개발하기도 했다.

20) 코크스로: 코크스로(爐)는 코크스 화로이다. 코크스는 석탄을 코크스로에 넣어 고온(1000~1300℃)에 장시간 구운것이다. 철과 산소의 화합물인 철광석을 고로내에서 녹이는 열원인 동시에 철분을 철광석에서 분리시키는 환원제로서 필수 불가결한 역할을 한다. 고로(용광로)는 제철소의 상징이며 심장으로 일컬어진다.

강·화학(무기화학)을 바탕으로 산업구조의 중화학 공업화를 진전시킨 것 외에도 독일과 미국을 중심으로 생산과정을 유기적으로 연결 짓는 거대독점체(콘체른)[21]를 만들어냈다.

출처 : 동아일보(https://www.donga.com/news/Economy/article/all/20230616/119807033/1)

20세기에 들어 전기·전자 기계공업·자동차·조선·항공기 등 수송기계공업 및 석유화학공업(유기화학)이 군수공업이나 내구소비재 공업과 관련하여 급성장하였고 자동화와 컴퓨터 제어가 결합 되어 대량생산체제를 실현, 유럽·미국등 선진국의 산업

---

21) 콘체른: 자본적인 결합체이기는 하지만 각 소속 기업은 법률상으로 독립된 법인 형태를 유지하고, 이를 주식소유·융자·인적(人的)결합등의 방법으로 통괄하는 자본적인 결합체이다. 재벌은 카르텔이나 트러스트보다도 콘체른이 더울 발달된 독점기업 형태이다.

구조를 크게 고도화시켰다.

[2. 한국의 중화학 공업]

　1970년대 전반기에 공업화를 기축으로 이루어진 중화학 공업의 고도성장은 70년대 말에 이르러 경공업을 능가하게 되었다.
79년 제2차 석유파동 때는 그동안 쌓인 모순과 차질이 한꺼번에 나타나 1960년대 이후로는 처음으로 마이너스 경제성장을 기록하였으나 중화학 부문만큼은 비교적 높은 수준으로 계속 성장해나갔다.

전기·전자기기·석유화학제품은 석유정제와 자동차 등의 대규모 신·증설 투자와 함께 개발 및 첨단산업에 대한 투자가 활발해졌다. 한국 중화학 공업의 대표적 산업으로는 조선공업·철강업·화학공업·전자공업·자동차공업 등이 있다.

　이 가운데 조선공업은 수출 중공업 부문의 선두주자로 부상하였고 울산조선소에서 100만t급 독이 완공되자 급성장의 계기가 마련되어 참여업체도 늘어났다.
철강업도 꾸준한 성장을 계속하여 73년 포항제철 제1기가 준공되었으며 87년에는 광양제철 제1기가 준공되어 1950만t의 조강을 생산하였다. 한국의 철강공업은 세계 상위권에 들어 미국 USX[22]와도 합작하였다.

화학공업으로는 합성수지·합성섬유의 생산으로 석유화학공업이 중심이 되었고 72년 울산 콤비나트·79년 여천 콤비나트 등이 가동되어 자급률이 상승, 합성섬유 공업과 합성수지공업의 발전을 약진시켰다. 중화학 공업 가운데 가장 노동집약적인 전자공업 부문은 수출산업으로서도 앞장서고 있으며 첨단기술 분야로 나아가고 있다.

　그 밖에 자동차, 일반 기계 부문의 발전도 괄목할 만하다. 수출 면에서도 88년의 10대 수출상품 가운데 중화학 공업제품이 48.9%의 비중을 차지하는 등 산업구조에서의 비중이 높았다.

1979년 이후의 중화학 공업은 모두가 박정희 대통령이 일구어 놓으신 업적 아래 추진된 성과이며 80년 이후의 수출은 전두환 대통령 집권 시절에 꽃피웠다는 사실을 우리는 기억해야 할 것이다.

---

22) USX: 회사 프로필. 주로 미국에서 자산기반 트럭 화물 운송업체로 운영. 트럭 운송과 중개라는 2개의 부문으로 운영.

〔3. 중화학 공업단지〕

  한국의 중화학 공업정책은 70년대 들어 보호무역 장벽을 극복하고 외화가득률을 높이는 동시에 원자재의 가격상승과 공급 불안에 대처할 수 있는 경제정책이 요구되었다.
이에 따라 박정희 대통령은 국민경제 자립기반 확립과 국제 경쟁력의 지속적인 강화를 위하여 경공업 중심 산업구조와 수출상품구조에서 벗어나 중화학 공업 중심 산업구조를 고도화하는 산업구조정책을 중점적으로 시행하였다.

중화학 공업은 상호 의존적이고 대규모 사회간접자본의 지원이 필요하기에 집단 적으로 적절한 지역에 유치해야 자원의 효율적 이용과 산업부문 간 관련 효과의 극대화·지원시설의 공동이용이 가능하며 최대한의 이익을 얻을 수 있다.

따라서 항만·용수(用水)·용지(用地) 및 동력 조건 등 입지 조건이 좋은 곳에 중화학 기지를 건설해 왔으며 73년에 제정된 산업개발촉진법(産業開發促進法)에 따라 중화학 공업단지가 지정되었다.

울산 및 포항 공업단지 이외에 창원종합기계(昌原綜合機械)·여천석유화학(麗川石油化學)·온산비철금속(溫山非鐵金屬)·거제조선공업지역(巨濟造船工業地域) 등 그 규모가 116.88㎢에 이르고 있다.

3) 원자력

  우리나라 원자력발전은 1950년대 초기에 군사기술의 전용(轉用)이라는 형식으로 출발했다. 53년 영국은 콜더홀형 발전로의 건설계획을 발표하고 56년에 운전을 개시했는데 이것은 원자 폭탄용 플루토늄 생산과 발전이라는 2가지 목적을 위한 원자로였다.

미국은 전부터 원자력 잠수함용 동력으로의 개발을 추진하고 있었으며 1954년에는 제1호 원자력 잠수함 노틸러스호를 진수시켰다. 동시에 이것을 육양(陸揚)시킨 형태로 출력 10만kW의 '시핑포트' 원자력발전소 건설에 착수하여 58년에 운전을 개시했다.

러시아 연방은 1954년에 5000kW의 '오브닝스' 원자력발전소의 운전을 개시하여 원자력발전이라는 점에서는 미국·영국보다 앞서고 있었다. 한국은 1970년에 착공하여 78년 상업 발전에 들어간 고리 1호기가 최초이며 이것은 시설용량 56만kW로 미국 웨스팅하우스사의 가압경수로형을 채택하고 있다.

(1. 한국의 원자력 개발)

한국에 원자력이 처음 소개된 것은 1955년 원자력의 평화적 이용에 관한 국제회의가 제네바에서 개최된 때부터라고 할 수 있다. 이때 3명의 한국 과학자가 회의에 참가하였고 이듬해 문교부 기술 교육국 산하에 원자력 학과를 설치했다.
1956년 이승만 대통령은 1차적으로 3명의 원자력 연수생을 미국 아르곤국립연구소에 파견했다.[23] 동시에 원자력 인력양성을 위해 58년 4월 한양대학교에 정원 40명으로 원자력공학과를 신설했고 이듬해 서울대학교에서 20명을 모집했다.

원자력 공학이 본격적으로 연구되기 시작한 것은 연구용원자로의 설치 이후부터이다. 한국은 1957년에 미국 정부의 원자력 평화적 이용계획의 하나로 35만 달러 원조를 얻어 실험용 원자로인 트리가마크 Ⅱ를 구입하였는데 이 원자로는 내자 약 40만 달러를 더 들여 62년 3월 첫 불을 켜게 되었다.
이 원자로를 이용하여 물리・화학・생물학 분야의 기초실험이 이루어졌고 방사선과 방사성동위원소가 산업적으로 이용되면서 보건물리학・의학・농학 분야에 원자력이 응용되는 계기가 되었다.

68년 원자력발전소의 건설계획이 구체화 되면서 원자력의 공학적 이용이 연구되기 시작했고 70년대에 들어서면서 세계적인 석유파동이 일어나자 원자력발전의 필요성이 절실하게 요구되어 국내 원자력발전소 건설계획도 급증하게 되었다.
이러한 추세에 따라 79년에는 경희대학교에 원자력 공학과, 1982년에는 과학기술원의 기계공학부 내에 핵공학과를 신설했고 84년에는 제주대학교에 방사선공학과, 85년에는 조선대학교에 원자력공학과를 신설했다.

핵분열 분야에는 초기의 소규모 실험이 행해지다가 1969년에 트리가마크 Ⅱ의 출력이 100㎾에서 2.5배로 증강되고 72년에는 2㎿ 출력의 새 연구용원자로를 도입하면서 연구 단위가 확장되기 시작했다. 그 뒤 한국 원자력병원도 설립되어 갑상선암・인후암・백혈병 등의 진단・치료에 방사성동위원소가 활용되었다. 그 밖에 농작물의 품종개량・식품저장・살균등 농업적 이용이 증대하였으며 비파괴 검사 등 라디오그래프 외에 플라스틱 등 합성섬유의 개량에도 이용되고 있다.

---

23) 1956년 4월 이승만 대통령은 경제적・사회적으로 어려운 상황에서도 3명의 원자력 연구 연수생을 미국 아르곤국립연구소로 파견했다는 것은 '원자력'에 대한 비전을 미리 내다보신 이승만 대통령의 선견지명이 아닐 수 없다. <파견된 국비 장학생은 원세원・김희규・이창건 등 3명의 박사이다.>

한국의 원자로 현황은 한국 에너지 연구소에 연구용원자로 트리가마크Ⅱ(출력250 kW)와 트리가마크Ⅲ(출력 2000kW)의 2기가 운전되고 있으며 출력 3만kW의 다목적 연구용원자로를 건설하였다. 원자력발전소는 78년 4월 고리의 KNUⅠ(용량 56만kW) 이 상업 운전을 시작한 이래 97년에는 총용량 1031만6000kW에 도달했는데 이는 한 국 전체 발전설비 용량의 25.2%에 해당하는 것이다. 지역적 분포로는 경상남도 고 리의 4기 310만kW·전라남도 영광의 4기 390만kW·경상북도 울진의 2기 190만kW· 경주의 2기 137만kW이며 가압중수로를 채택하고 있는 경주의 KNUⅢ을 제외하고는 모두 가압경수로형 발전소이다.

여기서 원자력에 관한 한국의 연구 기관및 학회를 살펴보면 1958년에 원자력법이 공포되고 원자력원이 발족한 후, 이듬해 2월에 원자력연구소가 3부 11과로 설립되 었다. 한편 한국 원자력학회는 69년에 18명의 발기인에 의해 창설되어 첫 논문집을 발간한 이래 계속 활동 중이며 한국 전력 주식회사(지금의 한국전력공사)를 주축으 로 원자력산업 회의가 70년 12월에 창설되었다.

[2. 국제연합의 원자력 관리]

원자력이 대량파괴 병기로 사용될 위험을 막기 위해 그 연구개발 이용 등을 규 제하는 일. 제2차 세계대전 후의 군축 교섭에서는 그 이전의 병기와는 달리 엄청난 파괴력을 지닌 원자병기의 처리가 중심과제로 되었다.
국제연합 총회는 1946년 1월 원자력이 평화 목적을 위해서만 사용되도록 관리하기 위해 국제연합원자력위원회(United Nations' Atomic Energy Commission)의 설 치를 결정했다. 같은 해 6월에 개최된 이 위원회의 제1회 회의에서 미국의 B.M.바 루크 대표는 원자력 국제관리 안을 제출했다.

'바루크'안은 강대국의 거부권을 인정하지 않는 국제원자력 개발기구를 설치하여 원 자병기의 연구·원료·시설 등을 포함하는 모든 원자력 활동을 독점적으로 관리하 려는 것으로, 소련은 이것을 미국이 원자병기를 독점하여 소련의 원자력 이용을 억 압하려는 것으로 보고 반대했다.

결국 미국과 소련의 이 대립은 국제연합 내에서 해결을 보지 못하고 49년 7월 강대 국 간에 협정의 기초가 마련되기까지 위원회의 활동 정지를 결정했다. 53년 12월 말에 미국의 D.D. 아이젠하워 대통령[24]은 국제연합 총회에서 원자력 이용을 위한

---

24) D.D. 아이젠하워 대통령 : 제34대 미국대통령 드와이트 D.아이젠하워가 이끌었던 행정부.

국제 원자력 기구의 설치를 제안했다.

　그 배경에는, 미국의 원자력산업이 이미 상당한 규모에 도달했고 원자력발전 시장을 해외에서 구하려는 사정 등도 있었지만, 당시 미국과 소련 간의 핵 관리 교섭의 답보상태와 냉전 및 대량보복이론의 전개에 각국이 모두 당혹감을 느끼고 있었다는 점에서 크게 환영 되었다. 소련도 평화 이용과 핵 군축을 분리하여 취급하는 데에 뜻을 같이하고 57년에는 국제원자력기구(International Atomic Energy Agency; IAEA, 본부는 빈에 있다.)를 발족하게 되었다.

　IAEA의 목적은 원자력 평화 이용을 원조하는 동시에 그 이용이 군사 목적에 전용되지 않도록 주요 원자력시설의 설계심사・핵연료의 수량 확인・기록유지・실제 사찰 등의 보장 조치를 실시 하는데 있었다. 62년 쿠바 위기로 핵전쟁의 직전까지 이르렀던 미국과 소련은 핵 시대의 안전보장을 확보하기 위해서 미국과 소련 사이의 전쟁을 회피함과 동시에 핵병기 보유국의 증가 방지에 공통적인 이익을 발견하고 두 나라 주도하에 63년 8월에는 부분적 핵실험금지조약을, 또한 68년 7월에는 핵확산방지조약을 체결했다.

핵실험 금지조약은 대기권 내외와 수중에서의 핵실험을 금지하고 있으나 지하핵실험은 대상에서 제외했으므로 핵 강대국의 핵 개발 속행에는 지장이 없으며, 조약 기한은 무기한이다. 핵확산방지조약은 핵병기 보유를 인정하는 국제연합안전보장이사회 상임이사국인 미국・소련・영국・프랑스・중국의 5개국으로 한정하고 그 이외의 나라에 대해서는 핵병기 제조보유는 물론, 평화 이용 목적이라 해도 핵폭발 실험을 금지한다는 점에서 불평등조약이라는 강한 비난을 받으면서도 총회에서 승인되었다.

기한은 조약 발효(1970년 3월) 때부터 25년 경과 한 후에 협의하기로 했다. 또한 76년 1월 중국을 제외하고 핵기술 수출국인 미국・소련・영국・프랑스・독일・캐나다・일본 등 주요 공업 7개국은 핵기술이 핵병기 제조에 위법으로 유용되는 것을 막기 위해 IAEA의 사찰을 의무화하는 등 핵기술의 수출관리와 새로운 방지조치 개발에 대하여 6개 항목의 협정에 합의했다.

IAEA의 가장 큰 공헌은 사찰에 의한 보장조치의 실시인데, 소련의 체르노빌원자력발전소 폭발사고 당시 사고원인의 해명, 재발 방지대책을 위해 크게 활약했다. 이 사고로 인해 IAEA는 제1회 특별총회를 개최하고 사고의 조기 통보체제와 긴급지원 조치에 관한 2가지 국제조약을 채택하고 50개국이 서명했다.
조기 통보에 관한 조약은 86년 10월에 발효했으며 통보제도는 89년 1월부터 그 운용이 개시되었다. IAEA 회원국은 2025년 현재 180개국에 달한다.

[3. 원자력규제위원회-Nuclear Regulatory Comission]

핵규제위원회, 약칭 NRC. 1974년 이래 미국의 원자력 개발·행정 전반을 장악해온 원자력위원회는 75년 1월 에너지 연구개발국과 원자력 규제 위원회(NRC)로 분리 독립되었다. 이것은 1974년 10월 성립된 에너지 기구 개혁법, 행정개혁에 따른 것으로, NRC는 구 원자력위원회의 인허 및 규제업무 전부와 안전 연구의 일부를 인계했다.
NRC는 대통령이 임명하는 5명의 민간위원으로 통괄되는 행정위원회이다. 그 가운데 1명이 위원장으로 지명되며 위원회 산하 17국 4지부로 구성되어 있다. 본부는 메릴랜드 주 노스베데스다에 있다.
한국에서도 '원자력안전위원회'를 미국처럼 원자력 규제 기관과 진흥 기관으로 나누어야 한다는 의견이 있다.

[4. 원자력발전(發電)-unclear power generation]

1944년 4월~ 1945년 3월까지 1년간의 전국 발전 전력은 98만4802㎾였는데 이 가운데 북한지역 발전이 94만2282㎾로 전체의 96%를 차지했다. 1945년 해방 무렵 우리나라 전체 발전 설비용량은 총 172만2695㎾였다. 1948년 5월 14일 북한은 미군정 측이 전기 사용료를 내지 않는다면서 일방적으로 전기를 끊어버렸으니 남한은 순식간에 암흑천지가 되었고 산업시설은 물론 전차마저도 멈춰 서게 되었다.

이에 가정용 전등은 30%이상 사용 금지되는 등 '한집 한 등 끄기' '네온관'등 끄기 절전 운동을 범국민적으로 유도하지 않을 수 없었다. 이러한 절전 운동 속에서 1964년 4월 1일 부산 '감천 화력발전소' 제1호기 가동식에 참석한 박정희 대통령은 "여러분 그동안 우리가 하나로 뭉쳐서 마침내 '제한 송전 해제'를 이루어냈습니다." 라는 말로 축사를 하는 감개무량한 목소리는 살짝 떨리며 밝고 우렁찼다.

이때부터 우리나라 국민은 전기를 넉넉하게·편하게·눈치 안 보고·쓰고 싶은 만큼 쓰게 된 것이다.
1964년 1월 걸프 이탈리아 호가 쿠웨이트로부터 원유를 싣고 한국 울산항에 입항했을 때, 이때 시커먼 '원유'를 맞이한 박정희 대통령은 "'원유'가 이렇게 시커멓구나" "우리도 저런 배를 가져야지"라며 혼자 읊조리는 감동 어린 독백을 옆에 있던 대한석유공사 초대 사장 이성호는 들을 수 있었다.

여기서 우리는 박정희 대통령의 에너지(핵)와 배(조선)에 대한 포부를 알 수 있다. 박정희 대통령이 그 당시 태양광이나 풍력 발전보다 원자력에 더 많은 관심을 두고 집중 연구발전 시켜온 것은 친환경을 염두에 두지 않은 것이 아니라 검토한 결과 그만한 이유가 있었기 때문이라고 본다.

사실 우리나라는 4계절(봄·여름·가을·겨울)에 따라 날씨 즉 태양과 바람의 강도와 속도가 달라지고 방향도 달라진다. 또 지역의 특성·기후의 특성을 고려해 보았을 때 최소의 경비로 최대의 발전 용량을 얻을 수 있는 원자력발전에 비교가 되지 않았기 때문이다.

필자가 여기서 하고자 하는 이야기는 오늘날에 와서 주목받고 있는 태양광이나 풍력 발전이 박정희 대통령 집권 시기에도 검토 및 거론되었지만 원자력발전 만큼 우리나라 산업발전에 유용하지 못하다는 결론하에 원자력발전을 채택하고 인력양성과 기술발전을 동시에 지향해 왔다고 생각한다.

원자력발전이란 핵분열반응에 의해 발생한 에너지를 이용한 발전이다. 원자로에서 발생하는 열을 전기로 변환하기 위해 증기터빈이 사용된다. 현재의 원자력발전은 기존의 화력발전 기술을 대폭 적으로 수용함으로써 단기간에 실용화되었으며 대형화되었다.

원자력발전은 1950년대 초기에 군사기술의 전용(轉用)이라는 형식으로 출발했다. 영국은 53년 콜더홀형 발전로의 건설계획을 발표하고 56년에 운전을 개시했는데 이것은 원자 폭탄용 플루토늄 생산과 발전(發電)이라는 2가지 목적을 위한 원자로였다.

한편 미국은 전부터 원자력 잠수함용 동력으로의 개발을 추진하고 있었으며 1954년에는 제1호 원자력 잠수함 노틸러스호를 진수시켰다. 동시에 이것을 육양(陸揚) 시킨 형태로 출력 10만kW의 시핑포트 원자력발전소 건설에 착수하여 58년에 운전을 개시했다.
러시아 연방은 1954년에 5000kW의 오브닝스 원자력발전소의 운전을 개시하여 원자력발전이라는 점에서는 미국·영국보다 앞서고 있었다.

한국은 70년에 착공하여 78년 상업 발전에 들어간 고리 1호기가 최초이며 이것은 시설용량 56만kW로 미국 웨스팅하우스사의 가압경수로형을 채택하고 있다.

〔5. 한국의 원자로〕

한국에 최초로 설치된 원자로는 1962년 3월19일에 미국의 제너럴아토믹 제품인 100kW 출력의 트리가마크Ⅱ 연구용원자로이다. 이 원자로는 1959년 7월 14일, 한국 원자력연구소에서 착공한 것인데 3년 만에 준공되었다. 그 뒤 이 원자로는 자체의 기술 능력으로 1967년에는 250kW의 출력 증강을 보게 되었고 72년 4월에는 다시 2MW급인 트리가마크Ⅲ을 도입·설치하게 되었다.

한편 동력용 원자로는 1970년에 착공하여 78년 상업 발전에 들어간 고리 1호기가 최초인데, 이것은 미국 웨스팅하우스사의 가압수형 경수로[25]이다. 그 뒤 도입된 원자로들도 CANDU형인 월성1호기를 제외하고는 모두 가압수형원자로[26]이다. 83년에는 원자력발전소 설계표준화사업을 국책으로 정하고 한국의 독자적인 원자로형 개발을 추진하게 되었다. 이 노력의 결실로 91년 9월에는 세계에서 10번째로 원자력발전소의 핵심 설비인 원자로를 소재에서 가공·조립까지 모든 공정을 국산화해 원자로 건설 국제기구인 미국 기계 기술자 협회(ASME)의 공인을 받았다.

「원자력은 우리에게 막강한 에너지와 안보 방위를 확실하게 지켜주는 '핵'을 제공한다. '원자핵'은 오늘날 군사적인 측면보다 정치적인 측면에서 매우 위력이 있다. 왜냐하면 영토가 작은 나라도, 가난한 나라도 '핵'을 보유하고 있으면 국제적으로 단연코 압도적인 힘을 인정받기 때문이다. 그래서 풀을 뜯어 먹으며 살더라도 '핵'을 가지자. 가 요즘 약소국가들의 여망이다.」

이승만 정권 시절 경제적·사회적으로 참으로 어려운 시절이었지만 원자력의 중요성을 알았던 이승만 대통령은 인력양성을 위하여 대학에 원자력 학과를 신설했고 미국 연수 교육에 파견하기도 하였다. 이를 박정희 대통령이 이어받아 더욱 발전시켰으므로 1979년 박정희 대통령이 서거할 때까지의 원자력발전 과정을 중점적으로 다루었다.

오늘에 와서는 그 어떤 것으로도 원자력을 뛰어넘지 못한다. AI 시대의 에너지를 확충하기 위해서는 더욱 그렇다. 따라서 완벽한 안보 방위와 경제성장을 위해서는 원자력 만한 것이 없다는 것을 박정희 대통령은 먼저 알고 있었기에 그렇게도 정성을 쏟았던 것이다.

---

25) 가압수형경수로는 압력을 가한 물을 냉각제와 중성자 감속재로 쓰는 원자로이다.
26) 가압수형원자로는 가압수형 경수로의 한 유형.

양산 고리원자력발전소

출처 : 조선일보(https://cbiz.chosun.com/svc/bulletin/bulletin_art.html?contid=2020062902786)4)

4) 석유(石油 Petroleum)

지구의 피와 같은 석유는 천연 적으로 지하에서 산출되며 탄화수소를 주성분으로 하는 유동체이다. 원유(原油)와 원유를 정제·가공하여 얻을 수 있는 각종 액체연료·윤활유 등의 석유제품을 총칭한다. 석유는 에너지원으로서 또는 화학공업의 원료로서 가장 중요한 자원이다. 석유는 지구의 퇴적층에 묻혀 있는 고대(古代) 생물체의 유기물에서 유래하며 석탄과 마찬가지로 화석연료의 하나이다.

petroleum의 어원은 라틴어 petra(바위·돌)로서, 그리스어의 petros(바위)와 oleum(기름)에서 유래한다. 석유 이용의 역사는 매우 오래되어 메소포타미아·페르시아 등의 지방에서는 적어도 BC3200년 무렵부터 사람들에게 알려져 있었음을 증명하는 석유의 유적이 있다. 오랜 기록으로는 『구약성서』노아의 방주에 방수용으로서 아스팔트를 사용한 것이 기록되어 있다. 또한 13세기 무렵 미얀마와 카스피해 연안 등에서 손작업에 의한 원유의 채취가 시작되었다고 하며 16~17세기 무렵에는 간단한 석유의 정제도 행해졌던 것으로 추측한다.

〔1. 석유는 원유〕

1848년에는 영국 화학자 J.영이 탄갱(炭坑)에서 뿜어나오는 원유와 건류 된 콜타르로부터 최초로 증류(蒸溜)와 화학 처리에 의한 등유·윤활유 등의 분류를 연구하여 특허를 얻었다. 영의 방법은 미국에 전해져서 이렇게 얻어진 기름을 석탄 유(coal oil)라 하게 되었고 종래의 식물유·동물유를 대신하여 원유나 석탄으로부터 정제, 등화용 연료(등유)를 제조하는 방법이 널리 보급되었다.

오늘날과 같이 번성하게 된 계기는 59년 미국 세네카 석유회사의 기사인 E.L.드레이크가 펜실베이니아주 오일 크리크에서 로프식 기계에 의한 유정(油井)의 굴착(깊이 21m)에 성공하면서 부터이다. 이것이 근대 유정의 제1호로서 59년이 세계 석유 산업 탄생의 해가 되었다.

석유의 용도가 현저하게 다양화되었던 때는 19세기 말, 20세기 초, 이래로 그 최초의 동기가 되었던 것은 1879년 미국 T.A.에디슨에 의한 전등의 발명, 83년 G.W.더암러에 의한 가솔린기관 자동차의 발명, 93년 R.디젤에 의한 디젤기관의 발명 등이다.

또한 제1·2차 세계대전으로 석유의 중요성이 더욱 높아져, 석유 산업의 발전에 큰 영향을 끼쳤다. 20세기에 와서 전등이 보급되자 석유·등유의 수요가 감소 되고 중유·아스팔트가 이용되기 시작하였고 자동차의 발전에 따라 감소 되었던 가솔린이 중요한 석유제품이 되었다. 제1차 세계대전에서 항공기가 급속히 발달하여 옥탄가(價)[27] 높은 가솔린의 제조도 점차 발전하였다.

군함과 기선 등의 선박에도 점차 디젤 화가 진행되어 선박용 연료도 석탄에서 중유로 전환되었으며 제1·2차 세계대전 중에 소형의 고속디젤기관도 급속히 발달 되어 자동차·기관차·트랙터 등의 연료로 경유의 이용도 증대하였다. 내연기관의 진보에 따라 윤활유도 점차 다품종화되고 고급화되었다.

50년대부터 중동지역에서 세계 최대의 유전이 개발됨에 따라서 각국은 석유를 싼 값으로 대량 입수할 수 있었다. 이로부터 석탄에서 석유가 대표적 에너지원이 되면

---

27) 옥탄가란?: 휘발유의 성능 특성을 나타내는 수치로서 노킹(이상연소)에 대한 저항성을 의미한다. 옥탄가의 표준 화학 용어는 옥테인값이다. (Octane Rating)

서 세계는 석유 대량소비시대가 되었고 에너지 혁명이 일어났다. 사회주의 국가를 제외한 중동 유전의 이권은 대부분 미국·영국 등의 강대국이 국제석유자본 8사 (Major)를 지배하고 있었다.

60년대에 와선 사우디아라비아·이란·이라크·쿠웨이트·베네수엘라 등 석유 수출 5개국이 석유수출국기구 OPEC를 결성하고 그 후 가맹국도 13개국으로 증가하자, 점차 자원내셔널리즘을 강화하여 발언권을 확대해 나갔다.

70년 무렵부터 OPEC는 메이저의 이권을 줄이고 원유가격과 공급량의 자주 조정권을 장악한 뒤, 73년 10월 제4차 중동 전쟁이 발발하자 일방적으로 석유공시가격의 약 4배 인상을 선언하여 제1차 석유파동[28]을 초래하였다.

79년 이란혁명이 일어날 때는 제2차 석유파동에 의해 원유가격은 계속 폭등하여 제1차 석유파동 이전에 비해 약 20배 이상이 올랐다. 이에 세계 경제는 영향을 받아 급증하던 석유 소비량도 한계점에 달하게 되었으나 여전히 에너지 총량의 42%를 석유가 차지하였으며 석유계 천연가스까지 합하면 약 64%에 이르고 있다.

이후 영국(북해유전)·멕시코 등 비OPEC 국가의 원유증산과 세계적으로 석유 소비가 감소 되고 대체에너지 수요량이 늘어난다고 하지만 석유는 여전히 원유로서의 위상을 점유하고 있으므로 에너지원으로서 중요하지 않을 수 없다.

국내 소요 석유제품은 1964년부터 생산되기 시작했으나 초기에는 자본과 기술 부족으로 국제 석유자본들과 합작 투자 관계를 맺었다. 그러나 석유파동 이후 안정된 원유 공급을 위해 외국 메이저를 통한 원유도입량을 대폭 감소시켰으며 산유국과 직접 거래 및 원유 도입 선 다변화를 꾀하였다.

〔2. 한국의 석유개발사업〕

석유 산업은 석유개발을 담당하는 상류부문(上流部門)과 이의 수송·정제·판매를 담당하는 하류부문(下流部門)으로 분류할 수 있는데 한국에서는 하류부문의 석유 산업이 주를 이룬다.

상류부문은 석유 사업 중에서 가장 이익이 많은 부문이나 아직 한국의 기술 수준이

---

28) 제1차 석유파동: 박정희 대통령이 제3차 경제개발 5개년 계획을 진행할 당시 전 세계가 석유파동으로 들썩거렸지만 '하면 된다.'라는 강력한 신념으로 달성하였다.

미약하여 해외 석유개발 시 단순 지분 참여에 그치고 있으며, (1960~70년대의 상황을 말하고 있음.) 국내 대륙붕탐사에서도 외국회사에 많이 의존하고 있는 형편이다.

현재 석유탐사는 주로 대륙붕 지역에서 실시되고 있으나 과거에는 경상도 일원과 전라도의 화원반도 등의 내륙지역에서도 실시되었다.
특히 1976년에는 포항 분지에서 미국 회사가 12개 공 시추를 실시하여 소량의 천연가스와 원유를 발견하였으나 경제성이 없는 것으로 밝혀져 실패하였다. 화원반도 역시 경제성이 없는 것으로 밝혀졌다. 이후 한국의 석유개발사업은 국내 대륙붕탐사와 해외유전개발에 주력하고 있다.

박정희 정부 시절인 1968년 한반도 연안의 물리탐사 결과 서해·남해의 대륙붕에 두꺼운 제3기 퇴적층이 광범위하게 분포되어 있음이 밝혀졌다. 1970년 6월 16일 이낙선 상공부 장관의 공식발표로 이 해역 일대에 대한 영유권을 선언하고 1광구를 비롯한 2광구부터 7광구[29]까지를 포함하여 해저광물 자원개발법을 공포하였다.

이들 해역을 72년부터 86년까지 외국회사와 함께 14개 공의 탐사시추를 하였으나 당시 탐사 기술의 부족으로 채산성 있는 석유탐사에는 실패하였다.
우리나라는 이 해역 일대에 대한 영유권을 선언하였으나 일본의 '사토 에이사쿠' 내각과 '다나카 가쿠에이' 내각은 대한민국의 영유권 주장을 부정하였다.[30] 이에 7광구를 둘러싸고 한일 양국의 정치적 대립이 이어졌다. 이후 한국은 일본과의 공동 탐사로 궤도를 바꾸었다.

이에 따라 1974년 1월 30일 대한민국과 일본은 이 지역을 개발하기 위한 한일 대륙붕 협정을 체결하여 영유권 문제를 잠정적으로 보류하고 '한일 공동개발구역'으로 설정하기로 합의했다. 협정은 1978년 발효되었고 50년 동안의 유효기간을 설정했음에 따라 2028년 만료된다.

대한민국 제7광구 석유가스전은 제주 해분(濟州海盆) 일대에 설정된 자원 탐사 구역으로 제주해분의 화석 퇴적층은 대한민국의 제주특별자치도 남쪽에서부터 일본의 규슈와 중국대륙 가운데에 넓게 뻗어 있다. 이 광구에는 채산성 있는 석유전 및 천연가스전이 다량 매장되어 있을 것으로 추정되고 있는데 7광구와 가까운 중국 측

---

29) 7광구: 1978년 온국민이 한마음으로 바라던 석유 광구. 가수 정난이 노래제목 제7광구.
30) 당시 국제법에 따르면 대륙붕은 기존 대륙에서 이어지는 연장선에 의해서 개발권이 정해졌고 69년 북해 대륙붕 소유권 판결에서 또한 대륙연장론이 채택되었다. 이에 우리나라가 먼저 7광구를 설정했기 때문에 '대륙연장선'으로 한반도에 이어지는 7광구 대부분을 한국 소유로 볼 수 있었다.

인접 해안에는 이미 중국 정부에서 무단으로 수십 개의 원유 시추 시설 수십 개를 운영하고 있다.

한국의 해외유전개발은 한국의 에너지 자립과 국가 경제발전을 위해 중요하게 추진되고 있다. 한국석유개발공사(현, 한국석유공사)는 15개국에서 32개의 유망 유전 개발 프로젝트에 참여하여 약 9.5억boe(석유환산배럴)의 매장량을 확보했으며 다양한 지역에서 탐사 및 생산 사업을 진행하고 있다.

(3. 박정희와 석유)

1965년 1월 어느 날 아침, 진정서를 보았다. 독자적 시추로 자금을 다 써버렸으니 장비를 지원해 달라는 2번째 간절한 편지였다. 석유 한 방울 나지 않는 나라가 산유국이 될 수 있는 간곡한 진정서였다.

경북 포항에 사는 정우진이라는 민간인이 몇 년 전부터 포항 일대를 탐사해 왔던 것이다. 박정희 대통령은, 석유가 있다는 징표로 검은 돌들을 보여주며 말하는 정우진과 상공부가 함께 현장을 조사하도록 지시했다.
'영일 유전개발추진위원회'가 구성되어 이듬해 봄부터 포항시 의창읍 초곡동에서 시추작업이 개시되었다. 상공부 지질조사소는 다음과 같은 결론을 내렸다.
'포항 퇴적분지는 석유를 집합하는 데 불리한 단사(單斜) 구조로서 10도 정도 영일만 쪽으로 들어가면 퇴적층이 두꺼우니 오히려 바다 밑에서 석유가 나올 확률이 더 높다.'는 것이다.

이러한 부정적인 결론으로 인해 정부의 조사작업은 중단되고 석유 탐사작업은 정우진의 5형제를 중심으로 영일 유전개발본부의 자체 활동으로 지속되었다. 이때 박정희 대통령이 갖는 실망감은 이루 헤아릴 수가 없었지만 좀 더 기다려 보자. 믿어보자며 끊임없이 자신을 다독이며 희망의 끈만은 놓지 않았다.

박정희 대통령은 정우진의 간곡한 진정서에 '가능한 방향으로 노력해 보겠다'는 전지를 부쳐 상공부로 내려보내자 국립지질조사소에서 시추 능력 1000m짜리 고체광물 시추기를 동원하여 갱정을 파 내려갔을 때 242m·390m·406m에서 천연가스가 잇따라 분출되자 "대한민국 만세"를 불렀고 박정희 대통령도 크게 웃었다고 한다.

"이제 우리도 살았다.!"며 술렁일 때 가스를 분석한 결과를 마주하고 모두 맥이 빠져 실망감을 감출 수 없었다. 왜냐하면 625m를 내려가자 화산암을 만나 시추가 전면 중단되었고 분출한 가스는 메탄가스로서 경제성이 전혀 없다는 사실이었다.

학자들은 신생대 제3기 지층에서만 석유가 존재할 뿐 중생대 지층에서는 석유가 없다고 주장을 하였다. 정우진은 화산암 밑에 신생대 제3기 지층이 있을 거라며 포기하지 않고 협력자를 찾아 나섰지만 그의 주장에 동의하는 학자는 이제 없었다.

박정희 대통령과 국립지질조사소 또한 포기하지 않고 처음 정우진이 시추한 포항시 의창읍 초곡동 201호 갱정 자리에서 다시 201호 B갱정 시추를 시작했다. 110m에서 화산암반이 나타났지만 지하 400m까지 끈질기게 파 내려갔다. 그러나 또다시 중생대 퇴적암층과 마주치고 말았다.

중생대 퇴적암층에는 석유가 있을 가능성이 없다는 박충훈 상공부 장관의 냉철한 보고에 박정희는 한숨을 내쉬며 우리에게 꼭 필요한 것이 석유인데 여기서 포기를 하기에는 그동안의 노력과 시간 자본이 아까우니 계획에서 조금 미루고 뒷날 여유가 생기면 더 많은 시간과 비용을 석유탐사에 투자하리라 마음먹고 접었다.

<1978년 '제7광구' 노래: 정난이>

나의 꿈이 출렁이는 바다 깊은 곳 흑진주 빛을 잃고 숨어있는 곳
제7광구 검은 진주 / 제7광구 검은 진주

새털구름 하늘 높이 몽실 떠가듯 온 누리에 작은 꿈이 너를 찾는다.
제7광구 검은 진주 / 제7광구 검은 진주

조용히 많은 세월 몸을 숨겨온 위대한 너의 숨결 귀 기울인다.
제7광구 검은 진주 / 제7광구 검은 진주

이 세상에 너의 모습 드러낼 때면 두 손 높이 하늘 향해 반겨 맞으리
제7광구 / 제7광구 / 제7광구 / 제7광구

6. 자동차와 조선업

1) 자동차

〔1. 한국의 자동차 최초수출〕

우리나라에 최초로 도입된 자동차는 1903년 고종이 미국공관을 통해 들여온 '포드' 승용차이다. 자동차 도입 초기에는 극소수 특수층의 전유물로 17년까지만 해도 60여 대에 불과했다고 하지만 17년 10월 처음 한강 인도 가설로 도로 사정이 개선되고 자동차 상회가 등장하면서 3년 사이에 800여 대로 증가하였다. 1912년에 영업용 승용차와 노선버스가 처음 운행되기 시작하였으며 20년대 중반부터는 택시가 운행되었다.

1926년부터는 화물자동차 영업도 활성화되었으나 일제의 전쟁 준비를 위한 소비억제정책으로 그동안의 증가에서 감소 되기도 하였다. 1950년대 중반부터는 자동차 산업이 본격적으로 시작되었다. 5.16 직후에 자동차 공업발전법이 만들어져 자동차 산업이 활성화되면서 국내 수요가 늘어났다.

1962년 박노정(朴魯禎)이 세운 '새 나라' 자동차 공장은 일본 회사의 중간분해 부품을 들여와 조립 판매하였다. 특히 1975년 현대가 만들어 낸 '포니'는 한국을 세계 15번째 자동차 생산국가로 부상시켰고 10년 뒤에는 앞바퀴 구동형의 '포니 엑셀'을 처음으로 미국에 수출하였다.

〔2. 자동차 산업〕

1955년 시발자동차회사가 설립되어 첫 사업으로 미국의 윌리스 지프 300대를 조립, 관용으로 납품한 것을 계기로 56년부터 택시용 시발차가 공급되기 시작하였다. 현대적 시설을 갖춘 최초의 자동차 공장은 1962년 박노정이 설립한 새 나라 자동차 공장이며 같은 해 10월 하동환(河東煥) 자동차 제작소(뒤에 동아자동차 회사)가 설립되었고 63년에는 기아 산업에서 삼륜차를 생산하기 시작하였다.

1965년 새 나라 자동차 공장을 인수한 신진자동차 주식회사가 코로나 승용차를 내놓았고 67년 현대 자동차회사가 설립되어 포드사와 기술제휴로 승용차 코티나를 생산하였다. 1965년에 설립된 아시아자동차 회사가 70년부터 피아트를 생산하기 시작하였고 74년 기아 산업은 마쓰다사와 제휴하여 브리사를 생산하였다.
이후 자동차 산업은 경제성장에 따른 내수시장의 확대로 큰 호황을 누렸으나 79년 제2차 석유파동으로 침체기에 빠졌다.

80년, 2.28조치에 따라 각 자동차회사는 생산 차종에 제한을 받게 되어 현대자동차와 새한자동차는 승용차·기아 산업은 소형버스와 트럭만을 생산하게 되었다.
87년 규제조치가 해제되자 이때부터 현대·대우(전 새한)·기아 등 자동차 3사는 본격적인 자동차생산 및 판매 경쟁에 나섰고 동아 자동차회사는 지프 특수 장비차·아시아 자동차회사는 버스 특수 장비차 등 전문 차종 생산에 힘썼으며 이후 자동차생산은 계속 늘어나 지금은 몇천만대에 이르고 있다.

〔3. 자동차 운수 사업법〕

자동차운수업에 관한 질서를 확립하고 자동차운수의 종합적인 발달을 도모 공공복리를 증진하기 위하여 제정된 법률이다. 1961년 12월 30일 법률 제916호로 제정되었으며 92년 12월 8일 법률 제4533호로 6차~ 개정되며 오늘에 이르고 있다.

〔4. 자동차보험〕

자동차를 보험의 목적으로 하며 자동차의 소유·사용·관리상 발생하는 손해를 전보(塡補)하는 보험. 한국에서는 1924년 동경에 본점을 둔 삼정 물산 경성지점이 자동차보험 대리점업을 처음으로 시작하였다. 그 뒤 36년 조선 화재해상보험주식회사가 자동차보험 인가를 받았고 이어 몇 개 회사가 설립되는 데 그쳤다.

1977년 육운진흥법(陸運振興法)에 따른 사업용 차량의 공제사업(共濟事業)과 함께 본격적인 경쟁체계에 돌입하여 지금에 이르고 있다.

2) 조선업

조선업은 배를 만드는 산업이다. 우리나라에 처음으로 설립된 근대적 의미의 조선소는 1929년 일본인에 의해 설립된 방어진 철공소로 연간 300t 규모의 수리 시설을 갖추고 있었다. 1937년 7월 연간 건조 능력 1만t, 수리 능력 5000t 규모의 조선중공업 주식회사가 부산에 설립되었다.

여기서는 39년에 1100t급 화물선 1척을 건조하였을 뿐 8.15까지 500t급 이하의 일본해군함정을 건조하는 데 주력하였다. 1945년 8.15 당시 연간 3만t의 국내 건조 능력은 남북분단으로 1만 9100t의 규모로 감소 되어 50년 때까지 연안 소형선박〔주로 목선〕 건조가 주종을 이루고 있었다.
1958년 말에는 〈조선장려법〉이 제정되어 조선 시설의 복구와 증설에 박차를 가하여 61년 건조 능력이 4만5000t으로 증가하였다.

〔1. 한국의 조선업〕

한국의 조선업은 박정희 대통령 재임시절, 1970년대 초 세계적인 조선국(造船國) 대열에 들어선 후 석유파동으로 인한 전 세계의 장기불황임에도 불구하고 착실하게 성장하였다. 1961년 5.16혁명 이후 <대한조선공사법>에 따라 대한조선 공사가 국영 기업체로 되면서 철강선 건조에 신기원을 이룩하고 대형선박과 특수선 건조기술을 축적하게 되었다.

70년대에는 대기업의 적극적인 참여로 조선업은 대단위 국제화로 발돋움하게 되었다. 73년 12월 현대는 울산에 현대조선중공업(주)을 설립, 이듬해에 조선소를 준공함과 동시에 국내 최초로 <세계 16번째> 26만t급 초대형 유조선을 진수하였다.
78년 현대중공업(주)으로 개칭한 뒤 79년 106만t의 배를 수주해 일약 세계 제2위로 급성장하였다.

또한 대한조선 공사는 73년 거제도 옥포(玉浦)에 100만t급 건조 능력의 제2 조선소를 착공, 76년 11월 국내 최초로 석유시추선을 진수하였으나 78년 대우에 넘기고 기존의 부산조선소만 운영하게 되었다. 1977년 4월 삼성은 삼성중공업(주)의 전신인 삼성 조선(주)을 발족시킴으로써 국내 조선업계는 4파전 체제를 구축하게 되었다.

한국의 조선업은 1973년 제1차 석유파동으로 침체기를 맞이하였으나 75년 말의 조선 능력은 240만 톤으로 대폭 증가하였다. 77년 불황기가 다시 닥쳐왔지만 79년에 회복세를 보이기 시작, 81년까지 호황을 누렸다.

1979년 말, 한국의 연간 조선 능력은 총 153개의 크고 작은 조선소에서 280만t을 보유하게 되었다. 70년대 말에는 세계시장 점유율이 10%대로 올라섰고 80년대 전반에는 2배의 신장세를 보여 20%의 점유율을 유지하면서 세계 제2위의 조선국으로 부상하였다.

〔2. 미래의 조선업〕

그 뒤 89년 5월에 대한조선 공사가 한진에 인수되면서 한진은 조선 비중이 40%인 종합기계업체 한진중공업을 설립, 현대중공업·대우조선·삼성중공업과 함께 조선업계에 진출하게 되었다. 90년대 한국의 조선업계는 LNG·초고속 여객선 등 고부가 가치 선을 건조하기 시작하여 국제 경쟁력을 강화하고 있으며 조선 기자재의 국산화도 지속적으로 추진한 결과 1980년 30%에 불과하던 국산화율을 92년에는 85%까지 끌어올렸다. 선박 건조량은 92년에 443만t을 기록하였다.

2025년 1月에 취임한 미국의 트럼프 대통령은 30조의 공사를 약속하고 있다. 지금 조선업은 미국이 우리나라를 따라오지 못하고 있으니 특히 박정희 대통령과 정주영 회장은 환상의 경제 콤비로서 우리나라를 100년은 넘게 먹여 살리고 있음을 보여준다. 대단하신 분이 대단하신 분을 만나 전무후무한 나라로 빛내고 있는 것이다.

경제적인 면을 상승시키는 것은 물론 이것이 바로 국력이 되며 방위산업도 되고 있으니 그 효과가 얼마나 큰지 정말 돈으로는 계산할 수가 없다.

조선소 기공식(정주영회장, 박정희 대통령 태완선 부총리, 정해식 경남도지사 1972)
출처 : 울산매일 조간신문
(https://www.iusm.co.kr/news/articleView.html?idxno=1011399)

7. 건설과 도시계획

1) 건설

〔1. 중동〕

아시아 남서부와 아프리카 북부 및 유럽 남동부에 걸친 방대한 지역의 총칭. 이 지역의 중앙부는 서양 지리학자들에 의해 근동(Near East)이라 불렸다. 즉 지중해에서 페르시아만까지를 근동·페르시아만에서 동남아시아까지를 중동·태평양에 접한 지역을 극동이라 하였다.

제2차 세계대전 중 이집트의 영국군 사령관에게 중동이라는 용어가 주어지면서 개념이 변하여 중동은 그리스?·레바논·리비아·바레인·수단·사우디아라비아·시리아·터키·키프로스·이라크·이란·팔레스타인·이스라엘·요르단·이집트·쿠웨이트·예멘·오만·카타르·아랍에미리트로 규정되었다.

그 뒤 북아프리카의 튀니지·알제리·모로코도 아랍국가들과 외교정책 및 정서 면에서 밀접하게 연결되어 중동의 개념에 포함되었다. 또한 지리적인 요인 등으로 인하여 아프가니스탄·파키스탄을 중동과 관련지어 생각하기도 한다.

이 지역은 일찍이 티그리스·유프라테스강과 나일강을 중심으로 고대문명을 이룩하였으며 아시아·아프리카·유럽 등 3개 대륙이 연결되어 전략적 중요성이 매우 크다. 20C 후반에 접어들어서는 방대한 양의 석유매장으로 세계에서 경제적으로 가장 중요한 지역이 되었다.

제2차 세계대전 후에는 심각한 정치적 갈등으로 전쟁이 여러 번 발발하였다. 이 광대한 지역은 그 경계가 때때로 달라지고 있으나 무슬림 아랍 세계로서의 동질성만은 여전히 유지하고 있다.

〔2. 우리나라와 중동〕

『고려사』에 의하면 고려 현종·정종 때 중동지방을 점령하였던 사라센제국 사람들이 중국 송(宋)나라의 상인들과 함께 고려에 여러 차례 조공을 바치고 무역하였다는 기록이 있다.

한국이 중동 여러 나라와 본격적인 교류 관계를 맺기 시작한 것은 1948년 대한민국 정부 수립 이후이며 60년대부터 국교 확장에 노력하였고 특히 70년대의 중동 붐을 타고 현저하게 관계가 증진되었다.

중동 각국에는 대사관 외에 무역 진흥공사·해외개발공사·건설회사·종합 무역상사·은행 등이 다수 진출해 있다.

- 그리스 - (중동엔 속하지 않지만? 6.25 참전국으로 박 대통령 집권기에 수교함.)

그리스는 1950년 한국의 6.25사변이 발발하자 참전하였으며 61년에는 단독 수교를 하여 양 국가 간에 상주 공관(常駐公館)이 설치되어 있다. 70년에 문화협정·74년에 무역협정·79년에는 사증면제협정(査證免除協定)을 체결하였다.

- 레바논 -

1970년 1월 통상관계로 시작하여 1981년 2월 수교를 맺고 상주대표부를 설치했다. 북한과도 같은 시기에 수교를 맺었다.

- 리비아 -

1980년 12월 29일 외교 수립, 리비아에도 건설업체·운송업체가 진출하게 되었다. 특히 동아건설(주)은 단일 공사로 세계 최대라는 리비아의 대수로 공사를 수주하기도 하였다.

- 바레인 -

1971년 8월 바레인 정부를 공식승인, 1976년 4월 17일 양국은 대사급 외교관계 수립을 합의하여 상주대사관을 수도 마나마에 개설하였다. 85년 제1차 한국과 바레인 공동위원회가 서울에서 개최되었다.

- 수단 -

1976년 영사 관계 수립에 이어 1977년에는 대사급 외교관계를 수립하였다. 83년 3월 누메이리 대통령의 방한과 84년 10월 엘타예브 제1 부통령의 방한으로 양국관계는 더욱 공고해졌으며 여러 분야의 협력관계가 증대되고 있다. 북한과는 1969년 4월에 영사 관계·같은 해 9월에는 외교관계를 수립하였다.

- 사우디아라비아 -

사우디아라비아와는 1962년 10월 16일 외교를 수립하였다. 73년 7월에는 사우디아라비아 주재 한국대사관이 개설되었고 75년 4월에는 사우디아라비아에 주 한국대사관이 개설되었다.

88올림픽 대회에는 24명의 선수단이 참가하였고 한국 단독수교국으로서 북한과의 외교관계는 없으나 교역은 이루어지고 있다. 사우디아라비아는 한국의 해외건설 획득에 있어서 제일 많은 나라이다.

73~86년에는 80여개 업체가 1200여 건의 건설공사를 수주하였고 그 공사의 총계약액은 약 474억 달러에 달하였다. 이 중 건축공사는 270억 달러로 57%의 비중을 차지하였고 도로 · 항만 등의 토목공사는 125달러로 26%를 차지하고 있다.

사우디아라비아는 한국을 근면하고 숙련된 인력자원을 많이 갖춘 나라로 훌륭한 나라로 인식하고 있고 한국은 사우디아라비아를 에너지 자원과 건설공사 확보 및 수출증대를 위하여 특별히 주력하였다. 경제 · 기술협력 및 문화교류에도 노력하였다. 한국과의 관계는 신라 때부터 비롯되었다. 그 시기에는 주로 상업적인 면에 있었고 뒤이은 고려 시대에도 그대로 이어졌다. 이 당시 상업은 벽란도를 이용하였고 그곳에서 예성강을 따라 개경에 이르기도 하였다.

- 시리아 -

시리아는 북한과 66년 7월 19일 외교관계를 수립하였지만 한국과는 지금까지 외교관계를 수립하지 않았다. 그러나 민간 교류 및 거래는 이루어지고 있으며 한류 문화도 많이 교류되고 있다.

- 아프가니스탄 -

우리나라와는 73년 12월에 외교관계를 수립했다. 75년 카불에 상주대사관을 개설했으나 78년 공산정권 수립으로 인해 단교하였다. 단교 전까지는 문화 · 경제 · 기술 협정을 맺었으며 10여 명의 아프가니스탄 기술자가 방한하여 기술훈련도 받았다. 북한과는 1973년에 외교관계를 수립하였다.

- 모로코 -

1962년 7월 6일 수교하였고 같은 해 9월 상주공관이 설치되었다.

- 아랍에미리트 -

아랍에미리트와는 1980년에 공식적으로 국교를 수립하고 건설·경제 관계 각료 교류 관계가 활발하다. 88년 서울 올림픽 때는 18명의 선수단이 참가했다.

- 알제리 -

독립 이후 한국을 기피 대상 국가로 여겨왔으나 1980년대로 접어들자 노선을 바꾸어 국제무대에서의 공개적인 반대표명은 자제하였다. 따라서 체육·경제 분야의 정부 인사들도 차츰 방한하게 되었고 85년 이후에는 한국과 경제협력 및 통상교류가 추진되어 한국 민간회사가 알제리에 연락사무소를 두고 건설사업에 합작 투자하기 시작했다. 우리나라와는 90년 1월·북한과는 1958년 9월에 수교하였고 88년 서울 올림픽대회에는 62명의 선수단이 참가했다.

- 예멘 -

북 예맨과 남 예맨이 있다. 남 예맨은 1968년 이래 북한과 수교 관계를 맺었으나 한국과는 외교관계가 없었다. 88올림픽 대회에는 선수 6명 임원 2명을 파견하였다. 북 예맨은 1985년 8월 22일 공식적인 외교관계가 수립되었으며 철강·섬유·전기 기기 등을 많이 수입하였고 암염을 수출하였다. 한국의 건설업체·종합상사 등의 인력진출이 있었고 서울 올림픽에는 선수 18명을 파견하였다. 북한과는 1963년부터 수교 관계에 있다.

- 오만 -

오만은 우리나라와 단독수교국으로서 1974년 3월 28일 외교관계를 수립하였다. 북한과는 수교하지 않았다는 말이다. 1976년 10월 한국에 오만 상주대사관이 설치되었고 84년 2월에는 오만에 한국 상주대사관이 설치되었다.
1975년 1월 한국과 오만 사이에 기술협정을 맺었고 같은 해 7월에는 문화협정을 맺었다. 서울 올림픽대회에는 23명의 선수단이 참가했다.

- 요르단 -

1962년 7월 26일 외교 수립, 북한과는 74년 6월 30일 수교 하여 남북한 동시 수교국이지만 북한과의 관계는 긴밀한 편은 아니다. 1972년 쌍방 간 무역협정을 체결한 데 이어 문화협정·경제기술협력 협정·항공협정 등을 체결하였다.

74년 2월에 한국의 남광토건(주)이 암만시의 상수도 공사를 계약한 이래 한때 한국 건설업체의 진출이 활발하였다. 88년 서울 올림픽 대회에는 13명의 선수단이 참가하였다.

- 이라크 -

1977년 3월부터 이라크에 진출한 이래 87년까지 11개 업체가 71건의 공사를 수주하여 한국의 해외건설시장에서 3번째의 큰 대상국이 되었다. 1981년 4월 15일 서울과 바그다드에 총영사관을 상호 설치하기로 함으로써 정식적으로 외교를 수립하고 정치·문화 관계를 발전시켜 나가기 시작하였다.

이라크 기술훈련생들이 한국에서 연수 기회를 갖는 등 교류가 활발하게 이루어졌으며 88년에는 수출 1억 4600만 달러·수입 1억 4200만 달러를 기록하였고 서울 올림픽 때는 48명의 선수단이 참가하기도 했다.

북한과는 1968년 1월 30일 외교를 수립했지만 이란과 이라크 전쟁에서 북한이 이란을 지원하면서 1980년 단교하여 여전히 외교관계를 복원하지 못하고 있지만 86년 수출입 통상은 기록되어 있다.

- 이란 -

1962년 10월 23일 외교를 수립하고 67년 4월에 테헤란에 한국의 상주대사관이 설치되었고 75년 8월에는 이란의 상주대사관이 서울에 설치되었다. 이란은 남북한 동시 수교국으로 한반도 문제에서는 등거리 외교를 원칙으로 삼아왔다.

1969년에는 양국간에 우호조약을 맺었고 1974년에는 문화협정을·1975년에는 경제기술협력협정·1976년에는 무역협정·1977~1979년 수산협력협정·1980년에는 어업협정을 체결한 바 있다. 통상 면에서는 92년 대한 수입 4억9268만 달러·수출 10억 달러를 기록했다.

이란은 한국의 중동지역 건설 진출이 제일 먼저 이루어진 나라로 건설 수주는 1987

년 3월까지 48건에 15억 달러이다. 이란은 이라크와 함께 많은 종합상사·건설회사가 진출하였으며 1988년 서울 올림픽에는 41명의 선수단이 참가하였고 이란 외무부의 국제연구소와 테헤란대학·팔레비대학 등에서는 한국학 연구가 이루어지고 있다. 북한은 1973년 4월 19일 국교를 수립했으며 지금도 반미노선으로 함께하는 국가이다.

- 이스라엘 -

이스라엘과는 1962년 4월 9일 수교에 합의하고 64년 8월 이스라엘의 주한 상주 대사관이 설치되었다. 미묘한 국제 사정으로 1969년 4월부터 주이탈리아대사가 주이스라엘 대사를 겸임했으며 71년 3월 이후에는 주이스라엘대사의 임명이 유보된 상태에서 카이로 총영사관이 관할하기도 했다. 이스라엘도 78년 주한대사관을 폐쇄하고 주일대사가 겸임한 적도 있다. 한국은 1992년 1월 주한이스라엘 대사관이 다시 개설되었다.

- 이집트 -

이집트와는 1961년 12월 영사 관계를 맺고 62년 카이로에 총영사관이 설치되었다. 이후 68년 문화협정·79년 항공협정·85년 전력 기술협정 등을 체결했다. 1976년부터 한국의 건설업체가 진출하였으며 연수생을 초청·훈련 시킨 바 있고 농기계 및 의약품 원조 등 경제·기술협력 지원도 하였다. 78년 한·이집트 합작 은행이 설립되었다. 북한과는 1963년 외교를 수립했다.

- 카타르 -

1971년 9월 독립과 동시에 한국은 카타르를 승인하고 74년 4월 수교를 하였다. 북한과의 관계는 없다. 우리나라는 1976년 1월 카타르 건설공사에 처음 진출하였으며 한국업체가 건설한 가장 큰 규모의 공사는 피라미드형의 웅장한 모습과 정교한 내부시설로 유명한 카타르 '뉴도하' 호텔이다.
문화면에선 이슬람교 지도자들이 한국 이슬람 교단을 지원하고 있고 체육면에서는 한국의 배구·농구·탁구·태권도 코치들이 활동하고 있다. 88년 서울 올림픽대회에는 21명의 선수단이 참가하였다.

- 쿠웨이트 -

76년 6월 정식 외교관계를 수립하였다. 그해 7월 대사관을 개설하였다. 쿠웨이트는 수교 전부터 한국의 주요 교역상대국이었다. 특히 제1차 석유 위기 이후부터 해마다 6억 달러 정도의 원유를 수입하였으며 · 제2차 석유 위기가 시작된 79년에는 11억5000만 달러 · 80년에는 17억5000만 달러로 늘어났다.

1978년 7월부터는 중동 근로자 수송을 위해 주 2회씩 항공기를 운행하였다. 현재는 주 1회? 쿠웨이트에는 한국인 학교도 있다. 쿠웨이트는 한국의 평화 지향적 남북통일 정책에 동조적이다. 이라크가 쿠웨이트를 침공 당시 한국은 의료 및 수송부대를 파견한 바 있고 88년 서울 올림픽대회에는 49명의 선수단이 참가하였다. 북한과는 통상대표부를 두고 있다.

- 키프로스 -

키프로스는 중국과 대만 관계와 같이 남키프로스와 북키프로스로 분단되어 있다. 남키프로스는 국제사회에서 국가 승인을 받았으나 북키프로스는 터키를 제외한 다른 나라로부터는 승인을 받지 못했다. 대한민국은 남키프로스를 지지하며 북키프로스는 미승인 국가라 외교관계가 전혀 없다.
1960년에 남키프로스를 독립 국가로 승인하였으나 경제교류만을 통해서만 맺어왔다가 1995년 12월에 양국간의 수교가 이루어졌다. 북한과는 1991년 12월에 수교가 이루어졌다. 대한민국은 주) 그리스 대한민국 대사관이 · 키프로스는 주) 중국대사관이 겸임하고 있다.

- 파키스탄 -

남북한 동시 수교국이다. 북한과는 우리나라보다 먼저 대사관급 외교 관계를 수립하였다. 1968년 영사 관계를 수립하고 같은 해 4월 주(駐) 이슬라마바드 총영사관을 설치하였고 69년 8월에는 주(駐) 카라치출장소를 개설하였다. 83년 11월에 외교관계를 수립하면서 양국 총영사관을 대사관으로 승격시켰다.
파키스탄은 한반도 문제에 관하여 표면적으로는 중립적 입장을 견지하여 왔으나 우리나라의 경제발전을 높게 평가하면서 경제발전의 모델로 삼고 있다. 중세 초 신라의 승려 혜초가 오늘날 파키스탄에 해당하는 지역을 포함한 서역 각지를 돌고 당시 해당 지역 내, 현황 고 문화에 대한 자세한 기록을 '왕오천축국전'에 남긴 바 있다.

- 터키 -

터키는 6.25 당시 유엔 참전국이다. 현재는 남한 단독 수교 국가이며 1957년 3월에 수교하였다. 그해 6월에는 주(駐)터키 한국 공관이 설치되었다. 74년 문화협정·76년 항공협정·77년 통상진흥 및 경제 기술협력 협정을 체결하였으며 이스탄불에 총영사관이 설치되었다. 6.25사변 때 죽음을 함께한 우리와는 오랜 친구이자 동맹의 나라이다.

- 튀니지 -

튀니지는 남북한 동시 수교국이다. 우리나라와는 1968년 5월·북한과는 75년 7월에 외교관계를 수립하였다. 우리나라는 69년 3월 대사급 외교관계 수립에 합의하였으며 주) 튀니지 총영사관은 대사관으로 승격되었다.

상주공관이 설치되기 전 우리는 주일대사관·북한은 주중대사관에서 겸임하였다. 이후 1990년 튀니지의 주한 상주공관은 서울·한국의 튀니지 상주공관은 튀니스에 두고 있다. 튀니지는 아랍 여러 나라의 전반적인 동향을 의식해 한반도 문제에 중립적 자세를 취하였으나 경제 부문에서 한국의 기술도입을 강력히 추진하고 한국 또한 대유럽 수출의 전진기지로서 튀니지로의 진출이 불가피하므로 양국 간의 교류가 활발하였다.

- 팔레스타인 -

대한민국과 팔레스타인은 현재 미수교 상태이다. 대한민국 정부는 팔레스타인을 승인하지 않았으나 이슬람권의 눈치를 보아야 하기에 사실상 승인한 국가에 준하는 대우를 하고 있다. 다만 복합적인 요인으로 인하여 국가 승인 및 정식국교 수립은 멀어 보인다. 한국은 자치정부(PLO)를 '팔레스타인' 지역의 유일한 합법적 대표기구로만 알고 있다.

박정희 대통령 집권 시절 중동 특수를 누렸던 나라들과의 국교 수교에 대해 살펴보았다.

〈비하인드 에피소드 13 화교 (우리나라에 사는 중국인)〉

　화교란 중국밖(외국)에 사는 중국인, 외국에 살아도 섞이지 않고 자기 민족들끼리만 살아간다. 우리나라의 화교(화인)는 일단 국적은 우리나라다. 하지만 매우 배타적이고 민족주의적이다.

그러니까 국적은 우리나라 국적으로 우리나라에서 생업을 하며 살아가지만 중화민족이라는 긍지를 한시도 잊지 않는 민족이라는 의미이다. 그러므로 자신들의 주장을 위해 언제든 뭉칠 수 있고 집단 행위를 할 수 있는 민족이란 말이다.

박정희 대통령은 경제개발을 하려 하는데 돈이 돌지 않았다. 그래서 단호한 결단을 내려 1962년 6월 9일 화폐개혁을 실시한다. 그동안 돈을 쌓아두었던 화교들이 돈을 풀지 않기 때문에 더 심각함을 알고 내린 결단이었다. 결과적으로 화교들은 이 땅을 떠나게 되고 화교들이 쥐고 있었던 경제권이 우리 한국인에게로 돌아오게 되는 계기가 된다.

또한 박정희 대통령은 6.25사변 당시에도 전투를 치르면서 중국 공산당의 위험성을 알았다. 중국 공산당은 중국의 외국 이민자들을 통해서 공산화를 꾀한다는 위험성을 알았고 그때 목욕탕에서 화교가 한국인을 잔인하게 없앴다는 소문도 돌았다. 때문에 중국인들이 대한민국 주류에 뿌리를 내리지 못하도록 엄격하게 규제를 취했던 것이다.

그 당시 화교는 부동산을 살 수 없었고 화교는 한국 땅에 투자도 할 수 없었다. 장사할 때도 우리는 신고만 하면 되었지만 화교는 허가를 내고 해야 했다. 화교는 공무원을 하지 못했고 의사나 판사 직업도 갖지 못하고 미디어에 출연도 못했다. 세금도 다 내어야 했다.

그래서 전세계에서 중국인이 주류로 자리 잡지 못한 나라는 유일하게 대한민국뿐이었다.

2) 우리나라의 주요 도시계획

　근대적 의미의 한국 도시계획은 1930년대부터 도입되었다. 1934년에 공포된 〈조선시가지계획령〉을 근거로 나진(羅津)에 대한 도시계획의 수립을 위시하여 36년에 서울・37년에 부산・대구 등지에서 수립되어 45년 광복까지 총 38개 도시계획이 수립되었는데 주요 내용은 가로계획・토지구획정리사업계획・용도지역지구제에 한정되었고, 계획 방법은 일반적으로 조사・분석・계획 과정을 거쳤다.

그러나 사업계획과 예산 간의 차질 및 계획의 부분적인 국한 등으로 목표 연도의 미래상을 제시하는 데에서 그쳤을 뿐이다.

62년 1월 20일에 제정된 〈도시계획법〉은 새로운 도시계획개념의 도입과 제도적인 정비의 독자적인 기틀을 마련하였다. 이 법은 종전의 건축법과 분리되었고 이어서 1967년 토지구획정리사업법・1976년 도시재개발법・1979년 주차장법 등이 분리 제정되었으며 71년 및 72년에 도시계획법이 대폭 수정・보완되었고 80년에는 도시공원법이 제정됨으로써 도시계획에 많은 법제가 정비되었다.

광복 후의 도시개발 정책의 변천 과정을 보면 국토분단으로 국토의 개발과 경제구조는 파행(跛行)을 면치 못하였고 60년대까지는 인력・재원・기술・경험 등의 부족으로 계획과 시행이 고식적(姑息的)이었지만 경제개발계획과 병행된 도시개발정책의 기초가 마련됨에 따라 65년의 서울~인천 특정 지역 개발 계획을 시작으로 66년 울산 특정 지역 개발 계획 등 파급효과를 노린 계획이 중심이었다.

60년대의 도시개발 사업은 인구의 도시집중과 자동차 증가에 따른 도시교통이 당면 문제로 토지구획정리사업과 이를 통한 도로 건설이 주가 되었다. 60년대 후반부터는 고속도로의 건설로 도시계획의 전환기를 맞게 되었다.

70년대는 도시계획의 상위계획인 제1차 국토종합개발 10개년계획(72~81)이 실시된 시기이다. 종래의 국도 중심의 시가지 형성에서 고속도로의 교차로와 진입로를 중심으로 하는 시가지의 재편성이 불가피하게 되었고 이 결과 도시기능의 재배치까지 초래하게 되었다.
제2차 국토종합개발계획에서 전국을 28개의 지역생활권으로 구분・계획한 바 있으며 서비스 공급체계에 따라 大생활권・中생활권・小생활권 등으로 구분할 수 있다.

70년대 도시개발의 도시 계획적 특징은 자동차 교통에 밀린 시가지 내의 철도노선과 역사驛舍의 이전을 들 수 있다.

한편 2차례에 걸친 경제개발계획은 입지정책의 미비로 인하여 많은 우량농지의 잠식을 가져왔고 그 결과 70년대 초반에는 식량 자급 문제가 심각해져서 70년 도시계획법을 개정해서 개발제한구역을 신설하기에 이르렀다.

72년에는 농지의 보전 및 이용에 관한 법률이 제정되어 농지의 보전을 위하여는 도시계획의 재정비까지도 불사한다는 분위기로 전환하였다. 이것은 종래의 도시계획구역이 과다하게 설정된 점을 시정하며 동시에 도시 내 농지에 대한 새로운 인식과 반성의 계기가 되기도 하였다.

이리하여 76년에는 포항시를 제외한 34개의 시급 도시와 122개 읍에 대하여 농지보전을 위한 도시계획의 재정비를 단행하였다. 70년부터는 면 단위급으로 도시계획을 실시하기 시작하여 도시계획적용 도시가 많이 늘어날 수 있었다.

도시계획구역이 축소되어 가용토지가 줄어들자 각 도시는 점차 토지의 고밀도화高密度化를 계획하게 되었고 따라서 76년에는 도시계획법시행령을 개정하여 아파트지구를 제도화하였으며 또 도시재개발법을 제정하여 도시 내 공간의 합리적 이용을 꾀하였다.

그리고 77년에는 단계적 개발을 위하여 시가화 조정 지구 제도를 도입하였다. 이와 같은 고밀도정책은 71년부터 개발제한구역의 지정 및 반월·창원·여천·과천 등의 신도시 건설과 더불어 70년대 도시정책의 근간이 되었다.

80년대 들어와서는 자동차의 급증으로 인한 서울의 지하철 증설과 부산의 신설, 수도권 내 위성도시로서 분당·일산·평촌·산본·중동지구의 개발, 그리고 고속도로의 증설계획 등으로 도시계획의 일대 변환을 맞이하게 되었다.

도시계획법은 1971년 1월 19일 법률 제2291호로 제정되어 95년 12월 29일까지 법률 제5116호로 12차 개정된 바 있다. 이렇듯 오늘날의 아름다운 도시 정비는 '박정희 대통령'의 집권 시기에 그 바탕이 이루어졌음을 우리는 기억해야 할 것이다.

3) 강남개발

1966년, 강북과 강남을 잇고 경부고속도로의 시발점이 되는 제3한강교를 건설하면서 사실상 '강남개발'이 시작되었다. 1950년대 150만이던 인구가 66년도에는 370만으로 급속하게 팽창하는 서울 인구를 분산시키기 위한 피할 수 없는 시대적 과제이기도 했다.

서울로 서울로 계속해서 몰려드는 인구를 감당할 수 없어 박정희 대통령은 헬기를 타고 돌아보며 전형적으로 깡촌이던 강남을 인구 분산과 도시기능을 흡수할 수 있는 영등포 다음의 도시로 선정하였다.

강남을 개발하기 위해 '토지구획정리 사업'을 하면서 오늘날의 눈부시게 발전한 강남을 만날 수 있었던 것이다. 강북이 아닌 강남을 선택한 조건은 북한이 침공했을 때 강북은 휴전선과 가까워 강남을 선택했다고 하니 박정희 대통령 머릿속은 언제나 안보에 대한 대비가 최우선이었다.

그때의 제3한강교는 지금의 한남대교이다. 한남대교의 교각 사이는 다른 다리보다 촘촘히 가깝게 놓았다. 왜냐하면 6.25사변 때처럼 다리가 파괴되었을 때 빨리 복구할 수 있도록 하기 위해서라 한다.

이렇듯 어떤 정책이든·어떤 사업이든 정부의 최우선 과제는 국민이 안심하고 생활할 수 있는 터전을 굳건히 수호 하는 데 있음을 언제나 제일 먼저 천명하신 분이 '박정희 대통령'이시다.

4) 종합개발

우리나라에서는 근세 말까지 축성(築城)과 같은 공사는 국가가 담당하였다. 도급(都給)을 맡아 민간기업이 건설공사에 손을 대기 시작한 것은 19세기 말 개항(開港)에 따르는 항만건설공사 때부터였다.

그 뒤 경인선(京仁線)을 비롯한 철도부설공사가 시작되었으나 모두 일본 건설업자에 의해 이루어진 것이고 일제시대 말기까지 한국인 건설업체는 3~4개 회사에 불과했다.

8.15 광복 이후 건설업계는 군정청軍政廳 또는 주한미군이 발주하는 소규모의 주택건설이나 도로 개수공사 등에 의존하는 형편이었다. 6.25사변 발발 이후 전후戰後 복구공사 등으로 건설업계는 차츰 자리를 잡기 시작했으나 50년대 말에는 아직 정비되지 않은 1500여 건설업체가 전국에 무질서하게 난립하는 혼란 상태였다.

60년대에 들어서면서 5.16 이후의 제1·2차 경제개발 5개년 계획에 의해 한국 건설업계는 급격한 성장을 이룩하였고 각 부문에 걸쳐 호황을 누렸다.

특히 1966년 건설업계의 베트남 진출은 그 이후의 중동 등지에 대한 해외 진출의 시발점이 되었다.

73년 제1차 석유파동 이후 중동 건설 현장에의 진출은 그동안의 고속도로 건설 및 군납 건설을 통한 수주 계약기법 및 시공기술의 축적·정부의 지원 등에 힘입어 큰 성과가 있었다.

80년 세계 해외공사 수주 200대 기업 가운데 한국 건설업체가 23개사나 포함되었고 건설 부문 취업자는 84만 명으로 총 취업인구의 6.1%나 되었다. 그러나 79년 2차 석유파동과 이란·이라크 전쟁 등의 여파로 82년부터는 감소하기 시작하여 84년에는 급격히 위축되었지만 88년부터는 시장의 다변화·기술집약적 시공 분야로 전환·중동시장 재개 등으로 안정성장으로 이어졌다.

건설업 부문의 발전과정을 보면 박정희 대통령 때는 도약적인 발전을 이루었고 전두환 대통령 때는 박정희 대통령의 업적을 적극적으로 이어갔음을 볼 수 있다.[31]

〔1. 4대강 유역종합개발〕

우리나라 4대강은 한강·낙동강·금강·영산강이다. 토지자원을 효과적으로 이용할 수 있고 더불어 水자원 까지 관리하기 위해 4대강 유역을 중심으로 하는 종합개발을 말한다.

1966년부터 실시된 4대강에 대한 하천 유역조사를 바탕으로 개발 계획이 수립되어 71년부터 10년간 국토종합개발사업의 일환으로 실시되었다.

국토의 핵심부를 이루는 4대강 유역에 대하여 치산(治山)·다목적댐 건설·하천개수·관개시설·하구언(河口堰) 건설 등 수계(水系)의 종합적·체계적인 개발을 추진한다. 이로써 해마다 되풀이되는 한·수해(旱水害)를 근원적으로 방지하고 농업용수의 원활한 공급으로 토지의 고도 이용·식량 증진·영농의 안정화 등을 기함과 동시에 공업의 지속적인 발전과 생활 향상을 도모하고 수질오염을 방지하여 살기 좋은 낙토(樂土)를 건설하는 데 개발의 목적을 두었다.

---

31) 전두환 대통령은 박정희 대통령의 정책을 이어 나갔지만 '핵'에 대해서만은 아니었다.

<비하인드 에피소드 14 암곡동의 살림살이>

이 이야기를 전해주신 분은 그때 그 인근 농협 직원으로 계셨던 분이다. 물론 50년도 넘은 일이라 기억이 아롱아롱한 면도 있지만, 그 삶의 현장은 아직도 눈앞에 생생하다고 하셨다.

어느 날 상관으로부터 암곡동 무장산 부락을 방문해서 어떻게 살고 있는지 보고 오라는 특명을 받고 그때 올라가 보고 오신 광경을 기억나는 대로 전해주신 이야기에 따르면 경주 암곡동 무장산에 전과자와 매춘하는 여성을 커플로 맺어 살게 한 동네가 있었다.

가옥은 대체로 100채 정도 되었으니 들어와 살은 커플도 100커플은 되었을 것이다. 부로크와 판자로 집을 지어 아쉬운 대로 들어와 살게 했기에 제대로 갖추어진 집은 아니었으나 박정희 대통령께서 정착금을 지원하면서 살게 한 것은 형편이 어려운 커플들이 마음 맞추어 농사지으며 알콩달콩 살았으면 하는 바람으로 지어 주셨을 것이라는 생각이 든다.

그러나 살아가기가 그리 녹록하지만은 않았기에 날마다 한 집씩 아낙들이 집을 나가기 시작하더니 나중엔 남자 혼자 사는 집이 많아져 갔다고 한다.

그때 이분이 가셔서 보신 광경은 3부류였는데 1부류는 처음부터 함께 지내고 있는 부부·2부류는 남자 혼자 사는 집·3부류는 처음 살던 부부가 팔고 나간 집을 사서 이사 들어와 사는 부류였다.

여기서 더욱 살기 어려웠던 것은 물이 귀하여 멀리까지 가서 물을 길어다 먹는 일이었다. 급수차가 때때로 와서 먹는 물은 주고 갔다 하지만 얼마나 불편했을 것인지 쉽게 짐작할 수 있다. 물긷는 작업은 원래가 여성들이 주로 했는데 그것은 여성들이 물을 많이 쓰기 때문이기도 하다.

물론 남성도 물을 길어다 주는 도움은 주었겠지만 여성들이 물을 더욱 필요로 했기에 그 힘든 정도가 남자보다 여자가 더 심했으리라 생각한다. 어디 물 뿐만이었겠는가! 하나같이 무엇이든지 아껴 써야 하고 참아야 하고 이겨내야 하는 어렵고 힘든 고달픈 생활을 견뎌내기가 좀처럼 쉽지 않았을 것이다.

그런 환경이었으니 하룻밤이 지날 때마다 한 집의 아낙이 집을 나가고 또 한 집의 아낙이 하나씩 사라져 갔다.

나중엔 여인이 없는 집에 남자 혼자 덩그러니 있기도 그런지 남자마저도 떠나버린 허전한 동네는 부부가 살던 집도 팔고 떠나 텅 빈 부락으로 담벼락이 무너지고 부서지더니 오늘날엔 온데간데없이 사라지고 그 흔적마저 무성한 갈대밭이 덮어버렸다.

알게 모르게 묻힌 사연들은 바람에 실려 가고 갈대만이 우거진 암곡동 무장산, 오가는 길손들만 반기는 암곡동 무장산 부락은 그 옛날의 자취를 아는 사람 역시 하나둘 사라진 먼 훗날엔 전설로 남을 것이다.

1968.8.3 전남 가뭄지역 식수공급
(출처 : 공감포토의 e역사관 http://photo.korea.kr)

집집마다 수돗물이 보급된 시기는 1970~1980년대이다. 가뭄이 들면 하늘만 쳐다보며 물을 길어 다니던 우리 어머니들의 노고가 박정희 대통령 집권 시기에 농어촌까지 확산되면서 끝나게 되었다.

- 4대강 유역 개발 계획의 목표는 다음과 같이 설정되었다. -
① 홍수피해를 50% 줄인다.
② 수해(水害)상습지 일소(一掃)와 중요 하천의 개수 90% 달성으로 홍수범람을 방지한다.
③ 내수 피해 상습지(內水被害 常習地) 138개소를 없앤다.
④ 논 68만3000ha 중 59만8000ha를 수리안전답으로 바꾼다.
⑤ 당시의 상수도 보급률 30.6%를 65%로 올리고 공업용수를 3.8배로 증산·공급한다.
⑥ 4만1420ha의 황폐 산지와 27만4016ha의 미입목지(未立木地)를 일소한다.
⑦ 해마다 악화해 가는 도시 주변의 수질오염과 하구염해(河口鹽害) 및 역수(逆水)의 피해를 방지한다는 것 등이다.

위와 같이 설정된 4대강 유역종합개발은 개발과정에서 일부 수정되거나 목표에 미달 된 부분도 있으나 대체로 목표를 달성한 것으로 평가된다.

- 4대강 개발의 효과 -
① 다목적댐에 의한 수위 조절로 수질오염과 염해가 방지되었다.
② 유역의 약 59만8000ha의 논이 수리안전답으로 바뀌어 한해(旱害)가 줄었다.
③ 4대강의 90%가 개수되는 결과로 수해상습지가 일소되었다.
④ 상수도·공업용수 공급이 안정된 점을 들 수 있다.

〔2. 삽교천〕
　박정희 대통령께서는 삽교천 방조제 공사 현장 답사를 마지막으로 대통령으로의 임무를 완수하신 후 서거하심으로써 필자가 생각하기에 삽교천은 특별한 의미가 있다고 생각하고 정리해 본다.

삽교라는 이름은 과거에 섶(땔나무)으로 만든 다리를 '삽다리'라고 한 데에서 유래한 이름이다. 삽교천은 충남 홍성군 장곡면 오서산에서 발원하여 북류해서 아산만으로 흘러드는 강이다.
중요한 지류는 청양군 비봉면에서 발원하는 무한천·천안시 광덕면에서 발원하는 곡교천·예산군 봉산면에서 발원하는 효교천·당진군 면천면에서 발원하는 남원천 등이다.
지류가 합류하는 주변에는 넓은 충적평야가 발달하여 예당평야의 주요부를 이룬다.

1979년 방조제가 완공된 삽교천은 인공호수로 조성되었고 가뭄의 피해를 겪어온 주변 지역에 농업용수를 공급하게 되었다. 삽교천 유역에는 덕산도립공원·덕산온천·도고온천·예당저수지와 삽교천 방조제 등이 있다.

삽교천 방조제는 아산만에 있는 방조제로서 충남 당진군 신평면 운정리와 아산시 인주면 문방리 사이로 흘러드는 삽교천 하구를 막은 둑으로서 길이 3360m·최대너비 168m·높이 12~18m이다.

1976년 12월에 착공하여 78년 3월 마지막 물막이 작업에 성공하고 79년 10월에 완공되었다. 이 방조제는 당진·아산·예산·홍성의 4개 시·군 22개 면 지역을 전천후농토(2만 4700ha)로 개발하기 위해 삽교천 지구 대단위 농업 종합개발 사업의(1975~1992) 중추적인 사업으로 추진되었다.

이 제방의 건설로 삽교천 하구 일대에 저수량 8400만t의 삽교호가 조성되어 4개 시·군 지역 농업용수가 해결되었다. 또한 방조제에 너비 20m·높이 6m의 6련, 12개 문의 배수갑문이 부설되어 초당 5300t의 담수를 흘려보내는 홍수조절 기능도 가지게 되었고 방조제 도로 이용으로 서울~ 당진 간 육로거리가 40km나 단축되었다.

삽교천 방조제 건설행사에 참석한 박정희 대통령 사진 출처 : 박사모 대전서구을지부(다음카페)

〔3. 삽교천 방조제 건설행사 연설문〕

　"국민 여러분, 충남도민 여러분,

이 우람한 방조제와 호수는 우리가 지난 2년 10개월 동안 불철주야 산을 깎고 바다를 막아 쌓아 올린 땀의 결정이며 국토개발에 있어서 또 하나의 우렁찬 개가입니다.

바닷물의 역류를 막고 강물을 담게 될 이 다목적 방조제는 길이가 무려 10리에 가까운 국내 최장일 뿐 아니라 8천 4백만 톤 저수량의 바다를 막아 만든 인공 담수호로서는 첫손가락에 꼽히는 것입니다.

삽교천 지구 대단위 농업 종합개발 사업 가운데서 규모가 가장 크고 중추적 역할을 하게 될 이 담수호의 원천으로 당진·아산·예산·홍성 등, 이 고장의 광활한 폐허가 이제부터 한·수해나 재해를 모르는 이상적인 전천후농토가 되었습니다.

앞으로 이 담수호는 주변 농경지 2만 5천 정보에 대한 풍부한 관개용수의 원천이 되어서 식량 증산과 농촌 소득증대에 크게 이바지할 것은 물론 하루에 4만 톤의 공업용수와 생활용수를 공급하는 간접 효과도 가져오게 될 것입니다.

정부는 일찌기 국토종합개발계획이라는 대명제를 설정하고 제2차 경제개발 5개년 계획 추진 과정에서부터 4대강 유역의 다목적 개발 사업을 본격적으로 해 왔습니다. 그리하여 오늘날 우리나라 4대강의 수자원 관리시설과 농경 일대의 농경지는 괄목하게 변모하여 상습적이던 한·수해를 극복하게 될 뿐만 아니라 해마다 농작물 풍작을 거두어 종합 작업에 크게 이바지하고 있습니다.

이와 같은 방대한 규모의 삽교천 지구 종합개발 사업이 모두 끝나게 될 1983년, 우리나라 모든 농촌이 한해와 수해를 모르는 근대적인 과학 영농을 하게 되고 토지 이용률의 확대로 식량 증산은 물론 농가소득도 획기적으로 증대될 것입니다~"

「예로부터 동서고금을 통하여 태평성대를 이룩한 통치자는 치산치수治山治水를 잘하는 자였다. 따라서 박정희 대통령만큼 치산치수에 집중한 통치자도 찾아보기 어렵다. 산을 깎고 터널을 뚫고 바다를 메우고 물길을 열어 더욱 풍부한 강물을 되게 하고 토지 구획을 정리하여 모든 전답田畓이 풍요로운 물로 농사를 잘 지을 수 있도록 한 위대한 통치자가 바로 박정희 대통령이었다.」

<비하인드 에피소드 15 '운명의 날'>

평상시 각하의 목소리가 아니었다.
(비극을 예측하는 사람들은 없어도 뭔가 이상하게 느낀 사람들은 있었을 것이다.)

1979년 10월 26일 박정희 대통령은 삽교천 방조제 준공식과 KBS 당진 송신소 개소식 행사에 참석하였다. 삽교천 완공 기념 담수비를 제막할 때는 강한 바람에 천이 비석을 휘감아 버려 박 대통령이 애써 줄을 당겼지만 절반도 벗겨지지 않아 결국 경호원들이 직접 올라가 천을 벗겨야 했다.

당진 송신소 행사 후 점심 식사를 위해 도고온천 호텔로 이동할 때 헬리콥터 1호기가 기관 고장을 일으켜 30분간 긴급 정비를 해야 했고 또한 박정희 대통령이 탑승한 헬리콥터가 도고온천 호텔에 다다르자 호텔에서 사육하는 사슴들이 헬기 소음에 놀라 이리저리 요동치다가 그중의 사슴 한 마리가 머리를 들이받아 피를 흘리며 즉사하였다.

이러한 사고들은 박정희 대통령에게 보고되지 않았다.

〔4. 박정희 대통령의 호남 사랑〕

박정희 대통령은 우리나라의 곳곳을 사랑하지 않은 곳이 없었다. 국민들이 힘들어하고 우왕좌왕할 때는 언제나 솔선수범하심으로 그들의 갈등을 해결하고 잠재우는 지도자이셨다. 경부고속도로 건설할 때도 그랬고 포항제철을 건립할 때도 그랬듯이 항상 현장을 직접 다니시며 독려하셨다.

어릴 적 가난한 집안에서 자라면서 배고파본 경험이 있으신 분이기에 가난한 동네 이곳저곳을 가리지 않고 앞장서서 찾아다니신 분이기도 하다. 하루빨리 배고픔에서 벗어나야 한다는 일념, 오로지 그것뿐이었다.

박정희 대통령은 결실의 가을을 맞아 호남지방을 시찰했다. 먼저 호남지방의 수해복구상황을 돌아보기 위해 광주에 도착한 대통령께서는 주택복구와 이재민 구호에 만전을 기하라고 지시했다.

박 대통령은 이날 수해복구 상황에 대해 보고를 받고 호남지방에 수해가 컸지만 주민들은 물론 군관민 학생들이 모두 협동해서 복구작업에 임했기 때문에 복구가 빨랐다고 말하고 모든 국민들도 어느 때 보다 열의를 가지고 동포애를 발휘한 것은 주민들이 스스로 복구하려는 노력을 보였기 때문이라고 격려했다.

박 대통령은 광산군 용봉리 수해 상습지역 집단이주공사 현장에 들러 주택 건립상황을 시찰하고 주민들을 격려했다. 대통령께서는 공사장에 있는 시멘트 블록을 시험하고 벽돌은 견고하게 만들도록 하라고 관계 장관에게 지시했다.

박 대통령은 이어서 이리 수출자유지역 공사 현장을 돌아보았다. 이 자리에서 박 대통령은 이리 수출자유지역의 공장 유치 활동을 지금부터 적극적으로 벌일 것, 입주 공장이 적다고 해서 부실 업체를 들여오게 하는 일이 없도록 할 것, 그리고 단지 안의 조경사업을 미리부터 계획을 세워 추진할 것 등을 지시했다.

1977년 11월 11일 밤 9시 15분에 '이리' 대폭발 사고가 발생했다. 사고 소식을 접한 대통령은 모든 일정을 취소하고 급히 현장으로 날아갔다. 12일 박정희 대통령은 헬기로 '이리'시 (현 익산시)에 착륙했다. 이리역 폭발사고는 폭발물을 실은 광주행 열차가 이리역 대기 중의 참사로 58명이 희생되고 1400여명이 중경상·1455가구가 피해를 입은 대참사이다.

박정희 대통령은 폭발사고 대참상을 살펴보고 이리 시청에서 상황을 보고 받은 후 중앙 재해대책본부를 설치하고 이재민 복구대책을 세우고 13일에는 대통령의 긴급지시로 50억 원의 추경 예산안을 편성하니 여야는 15분 만에 통과시킨다.

14일에는 장례비를 무상지급하고 이재민 천막촌 세우는 작업에 착수한다. 최경록 교통부 장관은 참사에 대한 책임을 통감하고 참사 2일 후인 13일 구구한 변명을 드릴 필요도 없이 여하한 문책도 달게 받을 각오가 되어 있다며 책임을 자신에게 돌리고 스스로 물러난다.

이후 대통령은 참사 지역을 여러 차례 방문하면서 피해 규모와 복구현황을 살피고 19일에는 130억 원을 승인하고 25일에는 이재민들이 천막촌에 입주한다.

그리고 박정희 대통령은 이재민을 위해 1150가구의 임대아파트를 지을 것을 지시하고 정부는 임대아파트 보증금을 비롯해 1년 또는 5년분의 임대료를 지원하기로 한다. 참사 이재민들은 7개월 후인 1978년 7월 8일 아파트에 입주하게 된다.

이 모든 일련의 작업 진행 상황을 보았을 때 박 대통령의 명예심이나 권력욕이나 사리사욕에서 비롯된 것이 아니라 5000년 이상 지속되어 온 배고픈 가난과 재난에서 벗어나려는 일념에서 나라 건설을 하고 싶었던 마음 외는 찾아볼 수 없다.

그래서 그동안 천수답에 의지해온 농경 작업에서 담수호를 만들어 여름 가뭄에도 ·장마에도 좌우되지 않는 과학 영농을 지향하셨던 것이고 어떤 재난에 대해서도 당당하게 그리고 민첩하게 대처하는 모습은 오늘날 공직자들의 모델로 삼아야 할 것이다.

이러한 실제 모습을 보고도 지역 차별을 운운하며 열등감을 부추기는 것은 일부 정치가들의 권력 야욕에 불과한 것으로 우리는 속아서는 안 될 것이며 사실을 확인하며 헤아려서 들어야 할 것이다. 박정희 대통령의 호남 사랑은 어디 이뿐이겠는가!!.

여느 대통령이나 정치한다는 사람처럼 말로만 입으로만 하지 않고 몸으로 직접 솔선하여 수해·한해·참사를 가리지 않고 맨 먼저 앞장서서 뛰며 오늘의 호남 광역시를 닦았다. 1979년 농가 호당 평균 소득이 1백78만 원이었고, 전남 고흥군 선창 마을은 1978年 호당 소득이 1천1백53만 원이었다. 경제 동향 보고 때 표창을 받은 마을이다.

※ 선창마을은 농업과 어업을 겸한 마을이다

<비하인드 에피소드 16 부스럼 난 소년>

1978년 10월 5일 박정희 대통령은 금오산에 올라 자연보호 운동 실태를 살폈다. 이날은 자연보호헌장을 공포하던 날이기도 하다. 박 대통령은 금오산 기슭 구미시 상모동 향리를 방문하며 당시 주민들의 환영을 받았다.

주민들 앞으로 다가선 박 대통령은 머리에 부스럼 난 어린이 머리를 쓰다듬으면서 수행한 주치의에게 약을 주도록 이르고 의료보호 대상자와 의료보험 가입자가 아닌 일반 사람들의 의료보험 문제를 연구해보라고 관계기관에 지시하고 40여년 전 제자를 만나 옛날을 회상하며 이야기하다 돌아왔다고 한다.

8. 의료보험

박정희 대통령 '애민愛民주의'의 정신이 가장 잘 엿보이는 제도가 바로 이 '의료보험'제도이다.

《한국의 의료제도》

한국은 예로부터 신라의 약전藥廛·백제의 약부藥部 등을 비롯하여 고려의 태의 감太醫監·혜민국惠民局·동서대비원東西大悲院, 조선 시대의 내의원內醫院·제생 원濟生院·활인서活人署 등의 각종 의료기관을 두고 왕실과 민간의 의료에 많은 관심을 보여왔다.

갑오개혁 이후에는 내무아문內務衙門에 위생국을 두어 전염병 예방의약 우두를 관장하였으며 일제시대에는 총독부에 내무부를 두고 산하 지방국, 위생과에서 공중위생과 의사·산파및 간호부의 업무 병원 두묘(痘苗-천연두 예방에 사용하는 백신) 분석검사 등에 관한 사항을 관장하였다.

또한 교육기관에 부속병원을 설치하여 의학의 교수敎授 및 연구에 필요한 사항을 관장하였다. 1948년 보건부를 신설하였고 55년 보건부와 사회부를 통합한 보건사회부를 발족시켜 각종 의료보건에 관한 사무를 관장하였다.

이에 따라 모든 의료행위를 제도화하여 보건소법(1962)·약사법(1963)·의료법(1973)·의료기사법(1973)·의료보험법(1976)·의료보호법(1977)·농어촌보건의료를 위한 특별조치법(1980) 등을 제정하였다.

일반적으로 의료제도라 하면 의료관계자·의료기관·보건의료 행정·의료교육·의료보험·의료보호제도 등을 그 내용으로 하며 의료관계자는 의사·치과의사·한의사·조산사·간호사·간호조무사 및 접골사·침사·구사(灸士) 등 의료 유사 업자·안마사 등을 포함하여 말하며 그 밖에 의료기사법이 있다. 이들은 일정한 자격을 심사하는 국가시험을 거쳐 보건사회부 장관의 면허를 받게 되어 있다.

특히 노동위생 행정은 노동부의 관할 아래 근로감독관이 사업장의 건강관리대책이나 근로환경의 개선에 주력함에 따라 77년부터 직장 의료보험제를 상시근로자 5인 이상의 사업장에 적용하고 있다.

또한 89년부터는 전 국민을 대상으로 한 지역의료 보험제도를 확대 실시하였다.

박정희 대통령은 형편이 넉넉한 부자들은 적절한 의료혜택을 받으며 치료하고 하여 질병 관리를 효과적으로 하지만 가난한 서민이나 어려운 빈곤자들은 병원에 한 번 못 가보고 죽어가는 현실을 안타까워하며 의료인·경제인·교육자 등을 모아놓고 대화와 토론을 들으며 단행한 것이 오늘날의 '의료보험' 제도이다.

하나에서 열까지 머리위에서 발끝까지 진정으로 나라와 국민을 사랑하실 줄 아시는 박정희 대통령이야말로 바로 '성웅'이시다.

《세계 의료보험의 유래》

근로자들이 일하다 다치는 병으로 인하여 근로 불능상태에 빠지고 생계 유지가 곤란할 때 우선적으로 임금을 대신하는 상병傷病수당·휴업 수당금 등을 지급하고 아울러 필요한 의료의 급부를 하는 사회보장 제도를 초기에는 노동자보험이라고 했다.
1883년 독일에서 실시한 질병보험이 그 최초이다. 그 뒤 유럽 각국에서도 이 제도를 받아들이고 1911년에는 영국도 국민건강보험법을 제정하였다.

노동자보험은 차차 개선되어 사용 대상자인 피고용자의 범위도 확대되고 치료와 사회복귀 요법에 미친 포괄적 의료방향으로 진전되는 가운데 급부기간도 연장되었다. 또 업무상 이유가 아닌 상병과 출산에 있어서도 의료 그 자체를 중심으로 급부를 실시하는 사회보험으로서 의료보험의 개념이 성립하였다.

《우리나라의 의료보험법》

국민의 질병·부상·분만 또는 사망 등에 대하여 보험급여를 실시함으로써 국민 보건을 향상시키고 사회보장의 증진을 도모하기 위해 제정된 법률이다.
1963년 12월 16일 국가재건최고회의에서 제정되었으며 76년 12월 22일 법률 제 2942호로 전면 개정되었고 87년 12월 4일 법률 제3986호로 5차 개정되어있다.

1963년 법률제정 당시 의료보험법은 전문 8장 80조 및 부칙으로 되어 있다. 제1장은 총칙으로 목적과 용어 정의를 비롯한 의료보험심의위원회의 구성·제2장은 피보험자의 자격·제3장은 보험자로서의 조합에 대해 규정하고 있다.

　　제4장은 보험급여의 내용·제5장은 재무財務로 국고 부담 및 보험료 부담·제6장은 이상의 처분에 불복不服이 있는 자를 위한 심사청구의 규정을 싣고 있다. 제7장은 보칙·제8장은 벌칙에 관한 규정이다. 또한 이 법의 시행을 위해 의료보험법시행령과 의료보험법시행규칙 및 부칙을 두고 있다.

〔1. 의료보장〕

　한국의 의료보장은 노동능력이 있는 취업자를 위한 의료보험과 노동능력이 없는 사람을 위한 의료보호의 2가지 형태로 분류된다. 의료보험은 공무원·군인·교원을 위한 공무원 및 사립학교 교직원 의료보험과 사업장 근로자를 위한 직장 의료보험 그리고 자영업자를 위한 지역의료 보험으로 나누어진다.

의료보호는 생활 무능력자를 위한 전액 무료의 의료보호와 영세민을 위한 반액 국고 부담의 의료부조로 구분된다. 생활보호법에 규정되어 있는 의료보호의 궁극적인 목적은 국민 보건의 증진과 사회보장의 확대를 이룩하는 데 두고 있다.

이를 위하여 정부는 1977년 제정 보완하고 91년 전면 개정한 의료보호법을 통하여 의료보호의 실시영역과 내용을 확대하고 국고보조금과 지방자치단체의 출연금 등으로 조성한 의료보호기금을 서울특별시와 각 광역시·각 도에 설치하여 보호 비용의 전부 또는 일부를 부담하도록 하고 있다.

그리고 각 보건소·모자보건센터·종합병원 등을 의료보호 진료 기관으로 지정하여 생활보호 대상자·이재자罹災者·의상자義傷者 및 의사자·유족 등의 보호 대상자에게 진료 서비스를 제공하도록 하고 있다.

특히 91년부터는 각 시·도와 자치구에 의료보호 심의위원회를 두고 의료보호 사업에 관하여 필요한 사항을 심의하도록 하고 있다. 1963년부터 실시된 의료보험 제도는 지금까지 이러한 제도적 개정 과정을 거치며 의료보호의 내용 확대와 질적 개선을 도모하며 세계에서 부러워하는 의료보험제도로 발전하여 오늘날까지 이어오고 있다.

〔2. 의료보호법〕

　생활 유지 능력이 없다거나 생활이 어려운 사람에게 의료보호를 실시함으로써 국민 보건 향상과 복지사회 증진에 이바지함을 목적으로 제정된 법률이다.

1977년 12월 31일 법률 제3076호로 제정되고 91년 3월 8일 법률 제4353호로 전면 개정되었다.

전문 30조와 부칙으로 구성되어 있다. 주요 내용은 의료보호의 목적 및 정의·의료보호 심의위원회·보호 대상자·적용배제·보호기관 및 내용과 기간·의료보호증·진료 기관의 지정 및 취소·보호 비용의 부담·보호의 제한 및 변경이나 중지·비용의 대불·부당이득의 징수·손해배상청구권의 대위(代位)·의료보호기금·권한 업무의 위임 등이다.

이 법의 시행을 위해 의료보호법 시행령과 의료보호법 시행 규칙을 둔다.

박정희 대통령은 애민愛民주의자이면서 권위주의적인 통치자이다. 애민愛民주의자의 면모는 어려운 국민을 보면 못 견뎌 하시며 끝내 구제책을 마련해 주신 정책에서 볼 수 있고 권위주의적인 분이라는 것은 공직자들을 엄하게 다루시는 모습에서 볼 수 있다.

박정희 대통령과 육영수 여사와 함께했던 그 시절의 우리는 정말 얼마나 행복한 행운아였던가!!? 생각만 해도 눈물이 눈을 적시며 심장이 뛴다.

★

필자는 청년 시절, 그 두 분과 함께 허리띠 졸라매며 열심히 살았던 그 시절이 무척이나 자랑스럽다.

(3. 의료보험 관리공단)

공무원 사립학교 교직원·군인및 그 부양가족의 질병·부상·분만·사망 등에 대하여 보험급여를 실시함으로써 그들의 건강을 향상시키고 사회보장을 증진하기 위하여 설립된 단체이다.

정식명칭은 공무원 및 사립학교 교직원 의료보험관리공단이다. 1977년 제정된 공무원및 사립학교 교직원 의료보험법에 의거하여 78년 설립되었다.

주요 업무는 피보험대상자에 관한 기록 및 관리유지·보험료 징수·보험급여의 결정과 지급·보험 급여비용의 심사·다른 법률에 의하여 지급되는 보험 급여비용의 위탁심사·의료시설 복지시설의 설치 운영 등이다.

박정희 대통령 집권 당시 의료보험의 근간을 세운 인물로 박정희 대통령을 제외하면 그 당시 보건복지부 1급 공무원이었던 '김종대 실장'이다. '김종대 실장'이야말로 좌파 의료주의에서 의료보험을 지켜낸 유일한 산 증인이라고 한다.

'내 一生 祖國과 民族을 위하여'

Ⅱ장

'유비무환과 총화단결'

제2장 경제 도약과 자주국방

1. 식량극복 및 증산
- 배고픈 민주주의는 없다. -

'고생하자'·'10년만 참자'라고 다짐하며 시작한 식량 증산 및 국민소득향상은 박정희 대통령께서 재임하신 18년 동안 국민총생산 27배·1인당 국민소득 19배·수출량 275배 증가하였다.

1961년 박정희가 나타났을 때 북한 1인당 국민소득: 195달러·남한 82달러였다. 박정희 대통령이 김재규의 저격을 맞고 서거하셨을 때 북한 1,114달러·남한 1,640 달러로 이미 추월하고 있었다.

《보릿고개》

한국의 봄철 기근을 가리키는 말이다. 춘궁기(春窮期)·맥령기(麥嶺期)라고도 한다. 기근 시기를 보내는 것이 고개를 힘겹게 넘어가는 것과 같다고 하여 보릿고개라고 부른 것이 어원이 되었다.

대한민국 대부분 지역에서는 9~10월 가을에 벼를 추수하고 바로 보리를 심는 이모

작을 한다. 그런데 문제는 보리가 익는 다음 해 5~6월까지 기다려야 한다는 것이다. 그렇다면 보리가 생산되는 5~6월이 되어야 보리밥이라도 먹고 살 수 있는데 농민 대부분은 소작농이라 가을걷이하고 다음 해 3~4월이 되면 쌀이 다 떨어져 먹을 것이 없는 가운데 보리가 익어 수확이 있을 때까지 2~3개월을 기다려야 한다.

따라서 이듬해 3월에서부터 5월까지는 먹을 것이 없어서 나무줄기 꺾어다 삶아 먹고·풀잎 뜯어다 삶아 먹고 하는 굶주림이 매우 심한 관계로 질병과 역병(疫病-유행병)·아사(餓死-굶주림으로 죽음)에 시달려 죽어 나가는 사람이 많았기에 '보릿 고개'라 말하며 1년 중 가장 어려운 시기로 알려진 우리 민족의 고달픈 시기이다.

이 3월~5월은 쌀도 보리도 없다 보니 허기를 채울 작물을 찾기 시작했는데 감자·고구마·옥수수 등이 그것이다. 그러나 이 구황작물〔감자·고구마·옥수수 등〕은 보관이 어려워 보릿고개에 큰 도움이 되지 않았다. 그러하기에 주로 소나무 껍질을 벗겨 먹었고 진흙까지도 삶아 먹었다.

배고픔을 참을 수 없어 이런 음식도 아닌 것들을 먹고는 배탈이 나서 심각한 변비를 앓게 되어 똥구멍이 찢어지기도 하였기에 '똥구멍이 찢어지게 가난하다.' 라는 말도 생겨났다. 그 시절 지독하게 어려운 보릿고개를 걱정하지 않고 살았다 함은 상당한 부유층이었음을 말한다.

이때는 천수답(天水畓)으로 오로지 하늘에 맡겨 농사를 짓던 때라서 조금만 비가 오면 홍수로·조금만 비가 안 오면 가뭄으로 농민들은 항상 하늘만 쳐다보며 한숨짓던 시절이다.
이러한 농민들의 어려움을 조금이나마 해결하기 위하여 그 대책으로 조선 시대에는 의창·사창 등을 설치하여 쌀을 빌려주고 추수 때 갚게 하는 '환곡'이라는 시스템을 구축해서 굶주리는 백성이 없도록 온갖 정책을 폈지만 배고픔의 근원은 해결되지 못했다.

보릿고개는 일제시대에도 있었고 1970년대까지 존재했다. 그나마 6.25사변 전후 원조를 받은 밀가루로 인하여 서울에서는 1950년대 후반·지방에서는 1960년대 중반 이후부터 극단적인 아사는 줄었다고 본다.
특히 지방이나 단백질 등 영양소를 골고루 섭취할 수 없었기에 모든 에너지를 탄수화물에다 의존하다 보니 쌀농사가 매우 중요했을 뿐이다.

박정희 대통령께서 앞장선 1970년대는 새마을운동과 녹색혁명·백색혁명[32]을 일으키며 농산물 생산량 증가와 소득증대 및 화학비료 보급·도로교통 발달로 보릿고개는 옛말이 되며 사라지게 되었다. 요즘 젊은이들이 가장 못 알아먹는 말이 배고픔이다. 배고픔·굶주림이야말로 인권을 말살시키는 가장 중요한 요인이라는 말이 바로 '배고픈 민주주의는 없다.'는 말이 아닐까? 즉 배가 고픈 것부터 해결해야 민주주의를 이룰 수 있다는 말이다.

배고픔을 해결하려면 벼·보리 생산량도 많아야 하지만 남아도는 곳에서 없는 곳으로 옮겨 가는 교통수단도 중요했다. 이러한 조건을 골고루 갖춤으로 하여 보릿고개가 사라진 것이므로 박정희 대통령의 지도력이 아니었으면 지금도 우리는 보릿고개를 면하지 못하고 있을 것임을 알아야 할 것이다.

정권을 잡았다고 아무나 할 수 있는 일이 아님을 알고 우리 역사상에 위대한 '지도자'를 독재자로 둔갑시켜 함부로 비하한다는 것은 조상을 욕 먹이는 사람과 다르지 않다.
그런 지독한 '보릿고개'가 해결된 시기는 경인고속도로(1969년)·경부고속도로(1970년)·호남고속도로(1973년)·영동고속도로(1975년)가 개통되어 유통망이 갖춰지던 시기 즉 1969년대~ 1970년대 중반이 된다.

보릿고개를 극복하고 1977~1978年 2년 동안 쌀 생산이 4000만 석을 돌파함으로써 우리나라의 식량 자급에 대한 기반이 정착되었다.

'보릿고개'를 경험해 보지 못한 세대들은 '보릿고개'라는 말을 아예 이해하려 들지 않으려는 면도 있고 또 알고자 하는 면도 있으나 사실 어려운 환경에서 자라보지 않으면 알 턱이 없는 것이 '보릿고개'이기도 하다.

또 어떤 젊은이는 대충 알지만 먹을 게 없으면 쌀 대신 보리나 라면으로 끼니를 때우면 되지! '빵 먹으면 되지!' 정도로 힘든 시기를 실감하지 못하고 있는 경우가 많다.
예전 우리의 '보릿고개'는 지금의 '아프리카 기근' 그대로이다.

---

32) 백색혁명 : 사계절 신선한 야채를 즐길 수 있고 농가소득을 급속도로 높혀준 비닐하우스 재배, 박정희 대통령이 헬기를 타고 지방순회를 할 때 줄지어 늘어선 비닐하우스를 보고 그렇게 좋아하며 기뻐했다고 한다.

〈비하인드 에피소드 17 보릿고개〉

강효석이 편찬한 대동기문(大東奇聞)[33]에는 정순왕후[34]가 간택 받을 당시의 일화가 실려있다. 영조가 간택령을 내리고 뽑혀온 여러 규수들에게 퀴즈를 내었다.

영조가 "세상에서 가장 깊은 것이 무엇이냐?"고 묻자, 다른 규수들은 산이 깊다거나 물이 깊다고 대답했지만 김씨는 '사람의 마음'이 가장 깊다고 대답했다고 한다. 그 이유로 물건의 깊이는 가히 측량할 수 있지만 사람의 마음은 결코 그 깊이를 잴 수 없다는 것이다.

영조가 다시 "어떤 꽃을 제일 좋아하느냐?"고 묻자 다른 규수들은 복숭아꽃·매화·모란꽃 등을 말했지만 김씨는 '목화'라고 대답했다고 한다. 그 이유를 묻자 다른 꽃들은 한 시절 화사하게 피었다 지지만 목화는 백성들의 옷이 되어 평생 따뜻하게 해주는 공이 있다는 것이다.

영조가 다시 "이 세상에서 제일 높은 고개가 무엇인가?"라고 묻자 규수들은 저마다 높은 고개 이름을 댈 때 정순왕후 김씨는 "보릿고개야말로 제일 높은 고개인 줄로 아뢰옵니다."라고 대답하였다고 한다. 이러한 감동적인 대답은 영조가 지혜롭고 단호한 정순왕후를 간택한 이유도 된다.

일반 여인들이 미처 생각지 못하고 있는 것을 정순왕후는 알고 있었던 것으로 왕실의 왕후로서 춥고 배고픈 백성들의 국모가 될 수 있는 자질을 갖추었다고 보고 영조는 간택했을 것이다. 많은 세월이 지난 오늘날 이러한 이야기를 듣고 있는 우리가 생각해도 정순왕후는 총명하고 영특한 지혜로움을 갖추고 있어 삶에 시달리는 백성들의 마음을 잘 어루만져줄 수 있는 심성이 보여지는 대목이기도 하다.

독일판 보릿고개는 제1차 세계대전 당시 참호전의 수렁에 빠진 독일 제국이 전쟁 중 겪은 고작 3번의 겨울에 발생한 기근을 일컬어 말하고 있으니 천년을 이어온 우리의 보릿고개와는 비교가 되지 않는다.

---

33) 대동기문大東奇聞: 1926년 강효석이 편찬, 윤영구·이종일 교정, 인물의 전기·일화를 모음. 한양서원 발간.

34) 영조의 계비: 정비 정성왕후가 승하하자 홀로 있던 66세의 영조가 15세인 김한구의 딸을 계비로 맞이한다. 김한구의 딸을 정비로 간택할 때 영조가 3가지 문제(깊이·꽃·고개)를 냈다. 지금으로 이야기하자면 면접시험이다. '대동기문'에는 그 자리에 참석한 규수들 중 가장 대답을 잘한 규수가 김한구 딸임을 실어 놓았다. 즉 가장 깊은 것은 사람의 마음·꽃 중의 꽃은 사람을 따뜻하게 감싸주는 목화의 의미·가장 높

1) 식량 증산 및 연구

〔1. 벼 작물연구〕

고려 시대는 농서가 없어서 확실하게 알 수는 없으나 조선 초에는 중국의 『범승지서(氾勝之書)』·『제민요술(齊民要術)』·『농상집요(農桑輯要)』등의 농서를 수입하거나 이를 국내에서 복간하여 이용해 왔고 일제시대에는 일제의 식민지정책에 따라 좌우되었다.

1906년 수원에 권업모범장(농업진흥청의 전신)을 설치하고 그 뒤 일본의 벼 품종을 들여다가 비교·시험하여 수량이 많은 품종을 전국에 보급 시켰다.

이와 같이 수량이 많은 품종을 증식, 보급하는 데는 채종답(採種畓)[35]이 필요하게 되어 1922년에는 법으로 읍·면 단위에 채종답을 설치하게 하여 계획적인 종자 갱신을 꾀하게 되었다.

생산된 벼는 한국 거주의 일본인으로 하여금 도정공장(搗精工場)과 미곡상 조합을 조직·경영하게 하여 일본으로 쌀을 수출하게 했다. 이에 종류와 품질을 규격화할 필요성이 생기자 17년 총독부령으로 미곡 검사규칙을 정하여 가공과 수출을 통제하였다.

1930년은 한국과 일본이 함께 대풍작이었으므로 일본으로의 쌀수출이 어렵게 되면서 미곡 저장의 필요성을 느껴 창고를 증설하는 한편 미질 통제를 통하여 감산을 유도하였다. 34년 일본의 쌀 흉작은 위의 정책을 적중시켰고 37년의 중일전쟁 이후에는 일본군과 민간인의 식량을 조달하기 위해 증산을 강행했다.

대규모 도정搗精 공장이 설치되고 화학비료에 의한 지력증진술地力增進術의 개발도 쌀 증산에 큰 힘이 되었다.

광복 후 한국의 주요 기간산업은 벼농사를 위주로 이루어졌다. 광복 후의 혼란 속에서 영농자재생산이 막혀 미곡 증산이 부진한데다 계속 적인 인구증가에 따른 쌀 수요의 증가로 재배기술의 새로운 모색이 추구되기 시작했다.

그 시초로 1949년 온상에 건묘육성乾苗育成하여 조기 이양하는 황산식 수도재배법 黃山式 水稻栽培法이 보급되었다. 55년경에는 일본으로부터 벼의 보온절충식 육묘법保溫折衷式 育苗法에 의한 조기 재배기술을 사용하다가 60년대는 비닐을 덮어 이

은 고개는 보리 이삭이 여물기도 전에 묵은해 식량이 다 떨어져 때를 넘기기 어려운 '보릿고개'라 대답하여 간택되어 졌다는 이야기이다.

35) 채종답採種畓: 품종을 재배하기 위해 특별히 관리하는 농지. 육종 과정을 통해 만들어진 품종이 채종답에서 재배되어 종자로 생산되고 재배자에게 공급된다.

용함으로써 획기적인 육묘 기술의 발전을 가져왔다.

1960년대 후반 <박정희 대통령 집권시절> 에는 서울대학교 '허문회'(許文會) 교수가 통일벼 품종을 개발, 70년대 이후 계속 보급하기에 이르렀다. 하지만 이 품종은 다수성 품종이긴 했으나 미질이 재래종과 같지 않아 새로운 품종을 육성 보급하게 되었다.

78년의 도열병과 80년 광범위한 냉해를 입게 되어 80년대 들어서는 통일계 품종의 보급을 줄이면서 일반계 품종의 보급을 늘린 결과 단위면적당 수확량 및 총생산량은 70년대 후반을 따를 수 없어도 86년까지 연속 풍작을 가져오게 되었다.

이와 같이 광복 직후에서 80년대의 풍작을 맞이한 것은 그 기간의 개간·간척·수리 시설 확장·품종개량·영농자재와 비료공급의 원활화·재배기술의 향상 및 기계화 등이 큰 몫을 했기 때문이다.

〔2. 농업기본법〕

농업경영을 근대화하고 농업생산력을 발전시켜 식량 및 기타의 농산물 증산을 꾀하고 농촌의 생활 및 문화 수준을 향상시키고자 정부의 기본 시책 방향 규정함을 목적으로 제정된 법률을 말한다. 1967년 1월 16일 법률 제1871호로 제정되었으며 70년 1월 1일 법률 2176호로 개정되었다.

전문 30조와 부칙으로 되어 있다. 1960년대에 들어서 식량의 절대량이 부족하고 국제수지의 역조로 인하여 식량의 수입이 어렵게 되자 식량 자급을 위한 농업근대화 정책이 강력히 요청되었고 농가소득의 향상을 위해서는 농외소득의 증대와 농산물 가격의 적정수준에서의 결정 등 정책적 뒷받침이 뒤따라야 한다는 사실을 확인하게 되었다.

농업기본법은 이와 같은 정치적 또는 사회적 요청에 의해 제정되었다.
이 법은 농업이 국민경제에서 차지하고 있는 위치를 인식하고 농업의 자연적·경제적·사회적 여러 특성을 감안한 농업 및 농촌근대화를 위한 정부의 기본정책을 규정하였다.

농업경영의 근대화·농업생산력의 발전·농업생산물의 생산·가격·유통구조(流通構造)의 개선을 비롯하여 농촌의 생활 및 문화 수준의 향상 등을 그 주요 내용으로 하고 있다.

〔3. 농업기계화〕

　농업용 기계 및 기구의 개발·이용·조사·분석에 관한 시험과 연구업무를 관장하는 농촌진흥청의 산하기관으로 농업기계화 연구소를 두었다. 1979년 12월에 개편 발족한 연구기관으로 농공연구관인 소장 아래 이용 조사과·재배기계과·수확기계과·관리과 4개 과를 두었다.

주요한 연구 분야는
① 새로운 농기계를 개발·제작하는 연구.
② 농기계의 성능·내구성·안전도를 향상시키고 취급성을 보완·개량하는 연구.
③ 농기계의 호환성 부품을 규격화하는 연구.
④ 인축력(人畜力)으로 하던 농사일을 기계화하는 작업기술에 관한 연구.
⑤ 농산물의 품위향상을 위한 건조·선별·가공에 관한 연구.
⑥ 농업용 대체에너지에 관한 연구 등이다.

〔4. 농업용 기계화 촉진법〕

　농업기계의 보급을 촉진하고 효율적인 이용을 도모함으로써 농업생산력의 증진과 농업근대화에 기여하기 위하여 제정된 법률을 말한다. 1978년 12월 5일 법률 제3120호로 제정되었다.
전문 24조와 부칙으로 이루어져 있으며 정부 및 지방자치단체의 농업기계 보급과 공동이용 촉진 등의·자금지원·농업기계화 기본계획의 수립·농업기계화 촉진 기금의 설치와 관리 외에 농업기계의 수급 조정·가격조정·검사·사후봉사·운전면허와 등록 등을 정하고 있다.

〔5. 농업기술연구소〕

　농업에 관한 기술의 연구를 담당하는 농림수산의 산하기관이다. 한국의 농가 소득 증대를 위한 새로운 농업 기술개발을 임무로 하여 1962년 농촌진흥청의 발족과 동시에 식물환경연구소로 출발하였다. 토양·비료·병리·곤충 등의 기초연구기관으로서 73년에 명칭을 현재의 농업기술연구소로 바꾼 국립 연구기관이다.

기구는 소장 아래 화학부와 생물부가 있고 화학부의 농화학·토양물리·토양화학·농산물 이용과 생물부의 영양생리·유전공학·병리·곤충·균이과 등 9개과에서 연구진이 환경오염·피해 대책·열자원 개발·토양보전 등 농업기초연구에 매진하고 있으며 관리과에서 연구지원과 행정업무를 담당하고 있다.

〔6. 농업 근대화〕

우리나라에서 농업근대화에 대한 공통의 이해·인식이 형성된 것은 1967년 농업기본법이 제정되면서부터이다. 이 법은 농정(農政)의 기본목표가 농업근대화에 있다는 것을 명확히 하고 농업근대화의 지표와 시책의 체계를 명시한 점에서 획기적인 의의가 있다.

가장 중요한 시책으로 제기된 것이 '농업구조의 개선'이었으며 농업 생산성의 향상과 타 산업 종사자와 균형 있는 농업소득 확보를 도모하는 것이 농업근대화의 취지이고 농업기본법의 정책이었다. 이와 같은 농업근대화의 초점은 농업경영의 근대화에 있음을 직시하고 다음과 같이 정리하였다.

구체적으로 말하면 가족 노작형과 영세 자작농의 경영을 근대화하는 것이며 정책목표로서는 자립 경영[36]을 가능한 한 많이 육성 하는데 있었다. 가족 노작형·영세 자작농 경영을 자립 경영의 방향으로 근대화해 가기 위해서는

① 인습적인 가부장적 가족관계의 민주화.
② 경영경제와 가계경제의 의식적 분리와 경영관리의 합리화.
③ 노동생산성 향상을 명확히 지향한 기계화 등 자본 장비의 고도화를 기본으로 하는 근대적 농업기술의 적극적 도입.
④ 이것을 가능하게 하는 경영규모의 확대.
⑤ 근대적 경영의 담당자로서 어울리는 농업후계자의 확보 등이 중요하게 대두되었다.

박정희 대통령은 60년대의 식량 자급 조달을 위하여 농업기계화를 연구하며 촉진 시키는 동시에 법률을 제정·개정하면서 70년대 후반부터 배고픈 보릿고개를 해결하게 되었다. 동시에 농촌에서 사는 가족들의 삶 또한 화목한 가정 살림이 될 수 있게 민주화에 그 바탕을 두도록 세심하게 살폈다.

그 이후 정신적 육체적으로 낙후되었던 우리나라는 농촌의 삶이 질적으로 향상되었으며 쌀이 남아돌기 시작했고 1990년대 중반에는 북한에 쌀을 지원해 주면서 도와주기도 하였다. 이순신 장군은 나라의 영토를 보존한 성웅이라면 박정희 대통령은 국민의 배고픔을 해결한 성웅임이 틀림없다. **〔성웅 이순신·성웅 박정희〕**

---

36) 자립경영: 정상적인 구성을 갖는 가족 내의 농업종사자가 정상적인 능률을 발휘하면서 거의 완전하게 취업할 수 있는 규모의 가족 농업경영으로 해당 농업종사자가 다른 산업 종사자와 균등한 생활을 유지할 수 있는 소득을 확보하는 것이 가능한 것.

2) '통일벼'에 대한 집념

통일벼는 한국의 쌀 품종이다. 인디카와 자포니카를 교잡한 쌀로 1970년대 대한 민국에서 개발된 벼 품종이다.

[1. 통일벼 연구]

박정희 대통령은 보릿고개의 기근을 이겨내기 위해·수확량을 증가시키기 위해 통일벼를 연구했다. 그러나 통일벼는 수확량은 많았다고 할지라도 입맛을 따라오지 못해서 환영받지 못한 이유도 있다. 그리고 농부들이 재배에 실패하는 바람에 품종을 기피 하는 현상까지 생겼다.

- 장점 -

기존의 자포니카 품종과 비교할 때 수확량이 30% 이상이나 높았다.

- 단점 -

· **미질이 좋지 않아 농민들이나 상인들이 기피 함.**
· **냉해에 면역성이 나빠 벼·병충해가 빈발하게 생겨 남.**
· **물 사정이 좋아야 함.**
· **노동력을 많이 필요로 하고 빨리 심어야 함.**
· **볏짚이 짧고 힘이 없음. 새끼를 꼬지 못하게 되어 농한기의 유일한 수입원인 볏짚 가공품 생산이 불가능.**

[2. 개발 배경]

1950년대 중반부터 1960년대까지 베이비 붐으로 인구는 매년 3%씩 늘어나는 데 반해 주식인 쌀 생산량은 답보를 거듭하면서 1970년대 초까지 쌀 부족 문제가 갈수록 심각했다. 외화 부족으로 쌀을 수입할 수도 없었기에 쌀을 자급하는 일은 정부의 최우선 과제가 되었다.

정부는 쌀의 소비를 줄여보고자 혼식 및 밀가루 분식을 장려했고 심지어는 학교에서 학생들의 혼식 도시락 검사까지도 하였다. 이때 중앙정보부는 이집트 나다(Nahada)라는 볍씨를 구해 와서 농촌진흥청에 건네주었다.

1965년 시험 재배한 결과 기존의 벼보다 30% 이상이나 수확량이 많아서 '기적의 볍씨'로 소개된 적이 있다. 이에 박정희 대통령은 이 볍씨에 큰 기대를 걸고 자신의 이름을 따서 '희농 1호'라는 이름까지 붙이며 기뻐하였다.

그러나 막상 1967년 일반 농가에 보급되고 나니 씨받기조차 어려울 정도로 처참한 실패로 끝나고 말았다. 희농 1호는 근본적으로 '열대 지방에 맞는 자포니카형'이라 한국 기후에는 적합하지 않았던 것이다.

[3. 연구, 포기 하지않다.]

　1960년부터 서울대학교 농과대학 교수로 근무하던 '허문회'(1927~2010)는 당시 식량부족을 해결하기 위해선 품종개량밖에 없다고 생각하고 생산성이 높은 벼 품종 개발을 끊임없이 시도했다. 이를 위해 1962년 필리핀에 설립된 국제 미작 연구소 (International Rice Research Institute)에서 1964년부터 2년간 연구원으로 근무했고 생산성이 높은 품종 개발 연구를 시작했다.

과거 일본 농학자들이 연구한 바에 따르면 1920년대에 벼를 인디카와 자포니카, 2갈래로 분류한 이래 두 아종(亞種)을 교배하면 불임이 된다는 것을 알고 다시 그것을 인디카 품종과 교배하여 안정된 품종을 만들기를 시도했다.

이른바 3원 교배를 통해 만들어진 잡종 집단으로 생산성이 높은 벼들이 등장하였다. 그중에서 또 더 우수한 벼 종자를 선별하여 교배하며 세대를 진전시켜 나갔다. 그 결과 1966년 봄에 키는 작고 이삭은 크지만 온대 기후에서도 잘 자랄 수 있는 '통일벼'를 개발해 내는 데 성공했다.

육종 연구시설이 비교적 잘 갖춰져 있는 농촌진흥청과의 협력을 통하여 더욱 효과적으로 이루어진 것이다. 드디어 1971년에는 '통일벼'가 세상에 빛을 보게 되었고 1972년부터는 농가에 보급되기 시작했다.
1972년에는 김일성의 지시로 북한 농업과학원에서 남북한 종자를 비교 실험하였다.

북한 용성벼와 통일벼를 3년 반복해서 심으며 3번 비교 연구를 했는데 열대성으로 인하여 북한 기후에는 안 맞지 않았다. 연구 결과는 북한 벼 수준과 같았다.

1974년에는 조생 버전의 '조생 통일'이 나왔고 통일 계통의 벼로 밥맛을 개선한 '유신벼' 등도 나왔다. 박정희 정부의 통일벼 재배 권장 시책의 실시로 '통일벼'의 재배 면적은 1974년 전체 재배 면적의 15%였던 것이 1976년에는 44%로 확대되어 평년보다 21.8% 증가하였다. 이때부터 비로소 역사상 최초로 쌀 자급자족을 달성하게 되었다.
　1977년에는 600만5천 톤의 쌀을 생산했으며 생산성은 현미 기준으로 1ha당 5.31

톤으로서 세계 1위에 이르게 되었고 쌀의 자급률은 113%를 기록했다.
1978년에는 재배 면적이 58%까지 증가하였으나 통일계 벼 품종이 도열병에 감염되는 '노풍'[37] 파동이 발생했다.

1970년대 말부터는 일반벼의 생산성도 통일벼 못지않게 높아졌다. 비료와 농약의 사용법을 일반 벼 재배에도 응용하였기에 1978년에 통일계열(4.9MT/ha)의 생산성 차이가 10% 안팎으로 크게 줄어들기도 했다.

1980년에는 냉해로 인한 흉년이 발생한 반면에 1인당 국민소득은 향상되면서 양질미에 대한 선호도가 높아지자 통일벼 재배를 기피하게 되었다. 이에 따라 80년대 들어서는 통일계 품종의 보급을 줄이면서 일반계 품종의 보급을 늘린 결과 단위 면적당 수확량 및 총생산량이 70년대 후반을 따를 순 없어도 81~86년까지 연속해서 풍작을 가져오게 되었다. 통일벼는 1989년에는 16%, 1991년에는 4%로 재배 면적이 크게 저하되었다.

광복 직후에서 80년대의 풍작을 가져오기까지 그 기간 동안의 개간·간척·수리시설 확장·품종개량·영농자재공급 원활화·재배기술의 향상 및 기계화 등이 큰 몫을 했으니 박정희 대통령의 땀과 노고가 결실을 맺게된 것이다. 하지만
이후 통일벼는 1992년 노태우 대통령 정부의 통일벼 수매중단에 따라 국내 농촌에서 완전히 사라졌다. 그러다가 현재는 아프리카 식량난 구원투수로 다시금 부상하고 있다.

<h3 style="text-align:center"><비하인드 에피소드 18 '식량의 혁명'></h3>

> 통일벼
> 출생 코드: 다수확품종 IR667
> 출생 년월: 1966년 3월 (날짜는 미상)
> 한국인 과학자에 의해 인공수정
> 출생지: 필리핀
> 혈통: 동남아·북해도·대만 출신 3중혼혈
> 1967년 대한민국으로 입양·비행기 편으로 한국으로 보냄.

---

37) 노풍: '노풍'은 밥맛과 미질을 개선한 통일형 신품종이다. 현재 통일벼라고 부르는 품종들은' 노풍'과 같은 후속 품종을 통칭하는 말이기도 하다.

통일벼를 살펴보는 박정희 대통령 ⓒ뉴데일리

〈비하인드 에피소드 19 얼큰라면〉

삼양라면으로 전 국민의 사랑을 받던 삼양식품 전중윤 회장에게 어느 날 박정희 대통령의 전화가 왔다. 박정희 대통령은 삼양식품이 분식 장려정책에 기여한 공을 높이 평가하면서 라면 스프에 고춧가루를 넣어보는 것이 어떠냐고 제안한다. 평소 박정희 대통령은 삼양라면에 자신이 고춧가루를 넣어 먹으니 정말 맛있었다고 말해 준 것이다.

삼양라면 출시 당시는 닭고기 육수 베이스의 순한 라면이었다. 박정희 대통령의 전화를 받은 후 삼양공업은 삼양라면에 고춧가루를 넣기로 결정하고 고춧가루를 넣은 스프를 사용한 삼양라면은 이전보다 **훨씬** 더 얼큰해져 더욱 맛있어졌고 더 잘 팔리게 되었다는 이야기이다.

3) 라면

라면은 즉석식품의 하나이다. 박정희 대통령은 우리 민족이 먹는 것조차도 배불리 먹으며 살 수 없는 점을 매우 가슴 아프게 생각하였다. 해마다 '보릿고개'를 견디며 배고픔을 참고 일해야만 했던 시절을 겪으시며 어떻게 하든 이 배고픔을 해결해 보겠다는 일념으로 먹거리를 집중적으로 발굴했던 것이다.
그중에서도 젊은이부터 노년까지 다양하게 먹으며 즐기는 라면을 빼놓을 수 없다.

중국의 면은 밀가루에 소금·달걀 등을 넣고 반죽하여 길게 늘여 꼬면서 실타래 모양으로 국수 가락을 만들어 이를 라면拉麵이라고 하였는데 일본은 일본식으로 조리하여 간편하게 먹을 수 있도록 1958년 인스턴트 라면을 만들었다.
한국에서는 63년 최초로 일본 기술을 국내에 이어받아 인스턴트 '라면'을 생산하기 시작했고 80년대는 종래의 끓여 먹는 제품에서 더운물만 부으면 그대로 먹을 수 있는 매우 간편한 즉석 '라면'·'컵라면' 등을 만들어 오늘날도 매우 인기가 높다.

만들기 쉽고, 국물까지 있다! 가난한 나라의 기업인은 일본 묘조식품을 찾아가 매달리다시피 하며 '라면' 기술을 배웠다. 61년 전후 혼란기에 굶고 있는 국민들을 애처롭게 여긴 박정희 대통령[38]과 삼양라면 창업주 전중윤 회장이 인맥을 통해 일본 묘조식품에서 라면제조 기술을 무상으로 원조받아 1963년 한국 최초의 인스턴트 삼양라면을 출시하게 되었다. 제조라인 발주에는 6만 달러가 들었는데 이는 중앙정보부에 인맥이 있던

---

38) 박정희 대통령의 애민주의愛民主義 정신을 볼 수 있음.

전중윤 회장이 김종필과 독대하여 추진을 이끌어 낸 후 미국 농림부 차관 10만 달러 중 5만 달러를 지원받아 1961년 '묘조식품'에서 라면 기계 두 대를 들여왔다. 1961년 '삼양제유주식회사'라는 이름으로 창업한 후 1965년에는 상호를 '삼양식품공업'으로 고치고 1990년에는 삼양식품으로 고치며 라면 주력회사로 거듭나게 된 것이다.

일본 인스턴트 '라멘'의 기술 무상 이전은 1970년 후반부터 이루어진 일로 1963년의 삼양라면이 기술 이전 첫 사례가 된다. 70년대 중반에는 국내 연간생산량이 10억 개에 달하였고 '밥이 없으면 라면 먹으면 되지'라고 말할 정도로 주 식품이 되었다. 이로써 라면은 '박정희 대통령'께서 그토록 고대하던 배고픔의 시대를 해결하는데 큰도움을 주었다. ■ '라면 먹고 금메달 땄다'-1986년 서울 아시안 게임에서 육상 금메달 3관왕으로 유명한 '임춘애'가 한 말로서 지금까지 회자 되고 있다. -

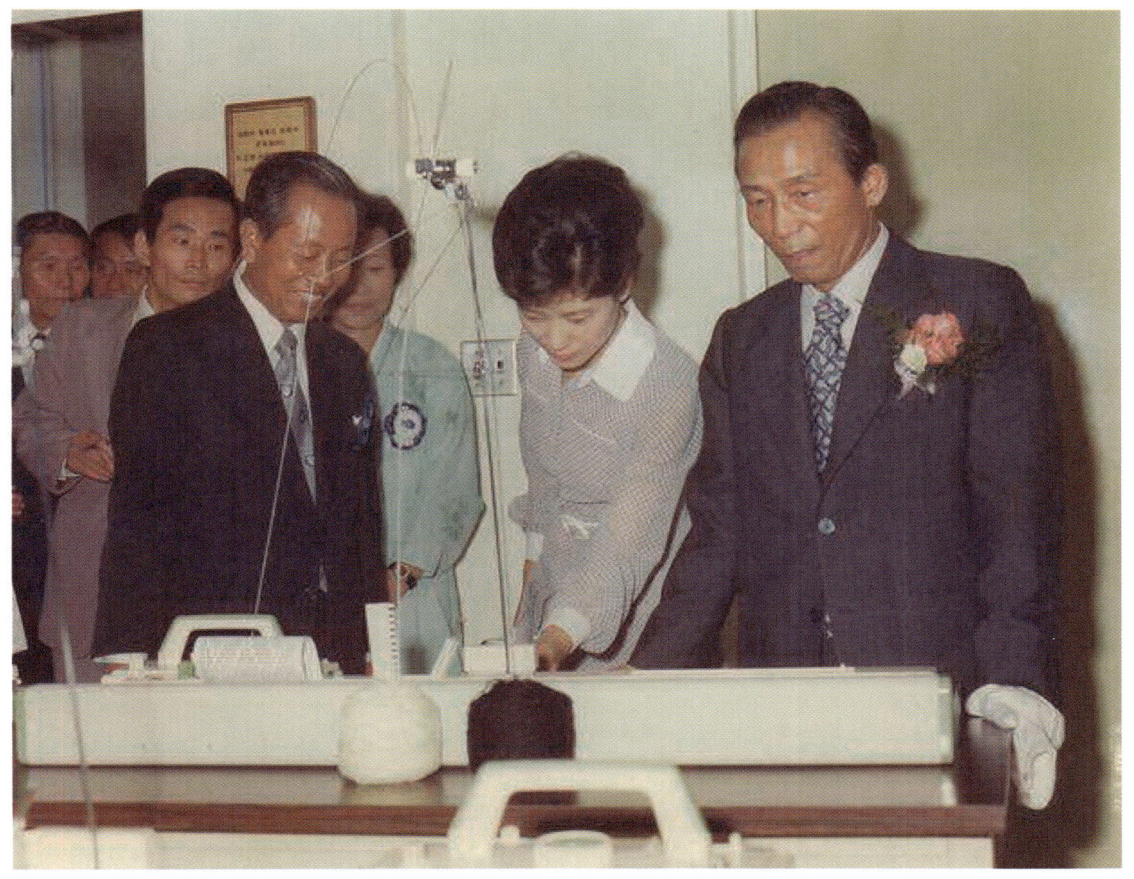

1970년대 박정희 대통령(맨 오른쪽)이 삼양식품을 방문했을 당시의 모습. 옆에는 훗날 부친의 뒤를 이어 청와대에 입성한 박근혜 전 대통령도 보인다. 전중윤 삼양식품 회장이 나란히 선 모습(오른쪽부터)/ 삼양식품

2. 자연보호와 새마을운동
《한국의 산림녹화 – 자연보호 운동·육림의 날 제정》

1) 산림녹화와 그린벨트
박정희 대통령은 산업화보다 '산림녹화'에 더 진심이었다.

> 자연은 한번 오염되고 훼손되면 제 모습을 되찾는 데 오랜 시일이 걸리고 때로는 그 복원이 영영 불가능한 경우조차 있으며 자연 자원도 결코 무진장한 것이 아니라는 것을 우리는 깊이 깨달아야만 하겠습니다.
> 우리나라에서도 산업이 크게 발달하고 국민의 생활 수준이 향상되어감에 따라 자연의 이용도가 급증해가고 있으며 이에 비례해서 자연환경의 오염과 훼손도 나날이 늘어가고 있는 실정입니다.
>
> 이러한 심각한 문제들을 더 늦기 전에 우리들 스스로가 슬기와 정성을 다해서 해결해 보자는 것이 이 운동의 목적입니다. 조국 근대화의 세찬 물결 속에서 우리가 쾌적하고 편리한 생활을 누리기 위해서는 먼저 자연의 질서와 조화를 해치지 않고 자연을 아끼며 절도있게 이용하는 슬기를 터득해야만 하겠습니다.
>
> 조상님께서 물려주신 우리 강산을 더 아름답고 쓸모 있게 가꾸어서 후손에게 길이 물려주는 일이야말로 산업혁명의 시대를 살아가고 있는 우리 세대의 소명이기도 합니다.
>
> 1977년 '육림의 날'(11월 첫째 토요일)을 제정하게 된 것은 그동안 나무를 심는데 집중해 왔지만 이제부터는 가꾸는데 소홀히 하지 말자는 날로 지정하여 우리 강산 푸르게 하는데 한발 다가서게 되었다.

"숲은 국가의 미래이다. 숲은 자연이자 자원이기도 하다. 그래서 숲이 있는 산은 국가와 지역경제의 보물이 된다." 지난 1970년대 '사방'[39] 사업을 시작으로 정부는 치산녹화·국토녹화를 지향해왔다. 그런 연유로 현재 전국의 산이 숲으로 울창하게 되었으며 포항 영일 '사방' 녹화사업을 성공으로 지난 50년간 치산녹화 사업의 금자

---

39) 경북 포항시 북구 흥해읍 해안로 1801 포항 사방기념공원.

탑을 쌓아 온 것이다.

지금 우리 대한민국의 산림녹화는 세계적인 모델이라고 '레스터 브라운' 환경운동
가는 (2006년) 소개하였으며 '아킴 슈타이너' 유엔환경계획 사무총장은 한국의 산림
녹화는 보기 드문 성공 사례라고(2008년) 말하였으며 '브라 울리오' 생물다양성협약
사무총장은 대규모 생태복원에 성공한 놀라운 한국(2014년)이라 말하였다.

'엘리자베스 므레마' 생물 다양성 협약 사무총장은 한국의 대규모 복원으로 울창한
숲을 향유하게 되었으며 이는 칭찬받아 마땅한 업적(2022)이라고 말하였다. '잉거
안데르센' 유엔환경계획 사무총장도 "50년대 이래 한국이 이룩한 산림녹화는 놀랍
고도 필적이 드문 사례(2023년)라고 극찬을 아끼지 않았다.

6.25사변으로 전 국토가 황폐해진 대한민국이 산림녹화를 이룬 것을 보고 세계인들
은 기적이라고 부른다. 그 기적은 유네스코 세계기록 유산으로 등재가 추진되고 있
다.
오늘날에 와서 각광받고 있는 이 울창한 녹색 숲은 대부분 지난 65~70년대 후반까
지 조림해온 것으로 수령이 오래된 나무들이므로 우리는 건강하고 가치 있는 숲으
로 가꾸어 나가야 할 것이다.

숲 가꾸기 사업으로 수확된 나무는 제재·합판·한옥·목조 주택용 등 산업용재·
공급목탄·목재 팰릿40)·산림 바이오매스 에너지용41)으로도 활용되는 중요한 자원
이 된다. 선진국은 산림을 국가의 중요 경제자산으로 활용하고 있다. 일본은 건축
착공물 전체의 43.9%·공공건축물의 14%가 목조건축물이다.

독일은 전략적인 숲 가꾸기로 재생에너지 중 50%가량을 목재·펠릿 등 목재에서
충당하고 있다. 이외 핀란드나 뉴질랜드 등은 일자리까지 창출하고 있다. 이렇듯 산
림녹화는 지역경제뿐 아니라 국가적인 만족도에서도 녹색 산이 기하는 바는 매우
크다고 봐야 할 것이다.

박정희 대통령이 '치산녹화' 10개년 계획을 73年부터 추진하여 그동안 많은 성과를
올려서 우리나라 산들은 몰라볼 정도로 달라졌다. 그래서 예정보다 약 4년을 앞당겨

---

40) 벌채 부산물을 톱밥으로 분쇄한 뒤 고온으로 압축해 만든 바이오 연료.
41) 산림 바이오매스 에너지: 에너지원으로 사용되는 개념, 이는 숲에서 나무를 벌채해 이용하고 남은 '벌채
    부산물'을 에너지원으로 활용하는 것임. 잔가지나 직경이 작은 원목등은 이용하지 않은 벌채 부산물이다.

1차 계획이 끝났으므로 79年부터 2차 계획을 세워 추진해 나갈 것이라고 말씀하셨는데, 그해 서거하셨다. 1차 때는 '푸른 산'을 만들기 위해 마음이 급급했다면 2차 때는 자원이 될 수 있는 '계획 조림'을 하시고자 했었던 것이다.

[1. 산림법]

산림자원의 증식과 임업에 관한 기본적 사항을 정하여 산림의 보호 육성·임업 생산력의 향상 및 산림의 공익기능 증진을 도모하여 국토의 보전과 국민경제의 건전한 발전에 기여할 목적으로 제정된 법률이다.
1961년 제정되었다가 1980년 1월 4일에 전문개정하고 이후 14차~ 개정되었다.

산림청은 농림부 산하 중앙행정 기관의 하나이다. 산림의 보호 육성·산림자원의 증식과 임산물의 이용개발 및 산림경영의 연구와 개선 업무를 관장한다. 이 업무는 1948년 11월 농림부에 산림국이 설치됨으로써 시작되었다.

그 뒤 1966년 8월에 농림부 산하의 산림청으로 승격되었고 1973년 3월 정부조직법 개정으로 내무부 산하의 외청으로 옮겼다가 86년 다시 농림부 산하로 들어갔다.
대한민국 나무 10그루 중 8그루는 박정희 대통령 정부 때 심은 것이다.

[2. 그린벨트]

도시의 개발을 제한하는 구역으로 그린벨트(Greenbelt: 녹색지대)라고도 한다. 도시의 무질서한 확산을 방지하고 도시 주변의 자연환경을 보전하여 도시민의 건전한 생활환경을 확보하기 위하여 또는 보안상 도시의 개발을 제한할 필요가 있다고 인정될 때 설치된다.

개발제한구역 안에서는 그 구역 지정의 목적에 위배 되는 건축물의 건축·공작물의 설치·토지의 형질변경·토지면적의 분할 또는 도시계획사업의 시행을 할 수 없다. 고대도시에서는 도시민의 식료품 공급을 위한 농지 또는 목초지를 확보하거나 각종 재해를 예방하고 외적의 침입을 방지하기 위하여 개발제한구역을 설정하였다.

그러나 현대에 이르러 교통수단의 발달과 산업화의 시행과정에서 도시로의 인구 유입이 가속화되고 무질서한 도시의 팽창으로 많은 도시문제가 발생하게 되어 적절한 제한이 필요하게 된 것이다.

한국에서는 과밀도시의 방지・도시 주변의 자연환경 보전・도시민을 위한 레크리에 이션 용지확보와 도시 대기오염 예방・상수원上水源 보호・국가안보 등을 위하여 1971년 7월 서울지역을 효시로 개발제한구역을 지정・72년 8월에는 수도권 개발 제한 구역이 2배로 확대되었다.

그러나 1990년 10월 〈도시계획법시행규칙〉 개정안을 마련하고 개발 제한 구역 내 주민 생활의 불편 해소 및 생업 시설 확대・여가 휴식공간 활용을 위해 공공건물 체육시설 설치 및 건축물의 신・증축을 허용하는 등 대폭 적으로 규제를 완화하였다.

1990년이라면 노태우 대통령 집권 시기이다. 즉 박정희 대통령 집권 시기에 개발제한구역을 처음으로 지정하여 전두환 대통령・노태우 대통령 집권 시까지 지정과 시행 그리고 주민을 위한 공간으로 이어지는 집정기간이 된다.

〔3. 국립공원 지정과 자연보호〕

국립공원이란 국민의 공원, 또는 국가가 지정하는 공원을 말한다. 1872년 세계 최초로 미국의 옐로스톤 국립공원이 국가가 지정하는 대자연공원이라는 실체를 가지고 그 선례를 열었다. 이어 개발된 각국의 국립공원은 국가의 사정에 따라서 다소의 차이는 있으나 국가가 지정하는 자연공원으로서 정착했다.

박정희 대통령에게 있어서 나무와 숲은 생명의 원천이었으며 생명의 고향이었다. 이 시대의 우리가 보존하고 가꾸어 나가야 할 위대한 자산이 바로 우리 조상들이 물려 준 자연임을 강조하고 자연과 국민을 위하여 13개의 국립공원을 지정하였다.

박정희 대통령 집권기 지정된 13개 국립공원:
① 67년 12월 지리산 ② 68년 12월 경주・한려해상・계룡산
③ 70년 3월 설악산・속리산・한라산
④ 71년 11월 내장산 ⑤ 72년 12월 가야산 ⑥ 75년 덕유산・오대산
⑦ 76년 주왕산 ⑧ 78년 서산해안이다.

자연보호 헌장은 1978년 10월 5일 선포하였다.
자연보호 헌장은 자연보호를 위한 범국민적 결의를 집약해 제정한 헌장이다. 전문과 7개의 실천사항으로 되어 있다. 헌장 전문에는 인간과 자연의 관계・자연생태계의 법칙 그리고 조상들의 자연 보호관을 소개하고 산업문명의 발달과 인구팽창에 따른 자연 파괴의 심각성을 경고하고 자연보호에 대한 국민의 의무를 명기하고 있다.

자연 보호 운동의 초기에는 자연정화에 힘썼고 77년 쓰레기 줍기 운동과 79년 쓰레기 안 버리기 운동 등이 점점 확산 되어 쓰레기 집으로 되가져 오기 운동으로 다양하게 자연보호 운동이 진행되어오고 있다.

출처 : WITH KRTA

https://webzine.krta.or.kr/healthy-communication/%EC%95%8C%EA%B3%A0-%EB%A8%B9%EC%9C%BC%EB%A9%B4-%EB%8D%94-%EB%A7%9B%EC%9E%88%EB%8A%94-%EC%A0%9C%EC%A3%BC%EB%8F%84-%EA%B0%90%EA%B7%A4/

〔4. 제주도의 감귤〕

우리나라는 삼국시대부터 귤류와 유자 등이 남쪽 섬에서 재배된 듯하나 큰 발전을 보지 못했다. 따뜻한 기후에서 열리는 과일이라 제주도 서귀포가 적합한 산지로서 조선 시대에는 귀한 진상품 중의 하나였다. 제주도에서 귤이 진상되면 유생들에게 특별 과거를 실시하여 귤을 나누어 주었다고 한다.

조선 말기 공물 개혁 이후 감귤을 조정에 바칠 일이 없어지자 제주 농민들은 식량을 심기 위해서 또 공물을 바치던 것이 싫어서 감귤나무를 모두 캐내 버리게 되어 사라지고 말았다. 하지만 1930년대에 와서 다시 제주도에서 감귤 재배를 하기 시작했고 일본산 감귤이 들어왔다.

1954년부터 재일교포에 의해 도입되기 시작한 감귤나무 묘목은 1970년까지 349만 주가 넘었다. 감귤은 1911년 프랑스 출신 엄탁가(EsmileJ.Taque) 신부가 밀감나무를 들여온 것이 효시가 되었다.

엄탁가 신부도 역시 온주 밀감나무를 일본에서 들여왔을 것이다.? 1960년대 이후 일본에서 도입된 품종은 궁천조생(宮川早生)과 임온주(林溫州)등으로 모두 온주밀감에 속한다.

경제적 재배는 광복 이후부터 시작되었고 1960년대 이후부터 해마다 재배 면적과 수량이 늘어나고 품질도 좋아져 지금은 매우 선호하는 과일 중 하나로 사랑받고 있다.
감귤이 대중 속의 과일이 되기 전에는 바나나와 함께 수입해서 먹는 과일로 특권층에서만 맛볼 수 있었지만 이제는 사과나 배·감처럼 일반화되어 누구나 만족하게 먹을 수 있는 과일 중 하나가 되었다.

제주도 감귤은 박정희 대통령이 대통령 되기 전 제주도 주민들의 소득증대를 위해 심었다고 알려져 있다. 1961년 9월 8일 박정희 국가재건최고회의의장이 제주도를 방문했고 제주도가 너무 낙후되어 있는데 현무암 토질이라 곡물 재배보다는 감귤 재배에 좋다며 일본으로부터 감귤나무를 수입해 오도록 했다는 것이다.

종합해 볼 때 조선 시대에도 감귤나무는 제주도에서 재배되고 있었으나 왕실과 몇몇 관료들에 올리는 진상품이었고 이후 사라졌다가 다시 감귤나무를 들여오기 시작했다.
현재의 감귤은 1930년대 이후 일본으로부터 재일동포들에 의해 들여온 것과 1960년 이후 박정희 대통령께서 주도하여 본격적으로 심은 것이 있다. 감귤은 제주도의 특산품으로·우리나라 국민이 가장 좋아하는 애호 과일로 각광 받으며 제주도의 높은 수익을 보장하고 있다.

예로부터 동서고금을 통하여 태평성대를 이룩한 통치자는 치산·치수治山治水를 잘하는 자였고 지형과 지질을 잘 활용하는 자였다. 따라서 박정희 대통령만큼 치산·치수와 지형·지질에 집중한 통치자도 사실상 찾아보기 어렵다.

박정희 대통령의
치산은 산림녹화로 완성했으며 치수는 4대강 정비로 완성했고 지형과 지질은 새마을운동과 토산품 재배로 완성했다. 푸르러진 국토가 훼손 될세라 자연보호 헌장을 선포하면서 정성을 다하는 국토 관리를 몸소 보여주신 분이었다.
그래서 치수로 홍수를 조절하고 치산으로 가뭄을 조절하니 천수답이 없어졌다. 우리 스스로 자연재해를 극복하고 자손 만년대계를 준비하는 가장 확실한 방법을 제공해 주신 분이 바로 박정희 대통령이시다.

경공업에서 중화학 공업으로, 나라의 안보는 자주국방으로 방위를 철저히 하고 보릿고개를 해결하고, 천수답을 수리답으로 해결하면서 산천을 영롱한 푸른빛으로 아름답게 조성하고 미숙한 국민들의 사고를 과학화로 수준을 높이고 삶의 질을 개선한 분은 오로지, 대한민국을 선진국으로 끌어올리기 위해 몸과 마음을 '민족의 제단 앞에 바치신 분'이 박정희 대통령이시다.

1961년 9월 제주도를 방문한 박정희 대통령은 식량 증산보다는 토질에 맞는 감귤을 재배해서 소득을 높이도록 적극적으로 권장하며 감귤 지사가 되고 감귤 군수가 되어 도민을 이끌어 가달라고 당부하였다.

1962년 10월에는 울릉도를 방문하고 돌아와 1963년 3월 본격적으로 울릉도 종합개발 계획을 수립하고 도동항과 저동항을 우선으로 해서 공사를 바로 시작 하였다. 울릉도는 1900년에 강원도에 소속되었다가 1906년에 경상북도에 편입되어 북면·남면·서면등 3면으로 나뉘었고 79년에 남면이 울릉읍으로 승격되었다.

(5. 울릉도 방문)
박정희 대통령이, 대통령 되기 전, 혁명을 일으켰던 그 이듬해
1962년 박정희 의장은 울릉도를 방문했다. 박정희 의장이 처음으로 울릉도를 방문하던 중 생사의 갈림길에 섰던 경험을 하게 되었다. 울릉도로 향하는 함선에서 소형 경비정으로 갈아타야 했던 박 의장은 접안 도중 격렬한 풍랑으로 전복 위기에 처하였다. 결국 도민들의 도움으로 위기를 모면했던 박 의장은 위험했던 이 순간에 '이래서 국가 원수가 한 번도 울릉도를 방문한 적이 없었음을 알게 된다. 라고 말하며 호탕하게 웃었다고 한다.

이만섭 기자에 의해 전해진 이 이야기는 당시의 위험한 상황에서 박 의장의 냉정함과 유머를 엿볼 수 있는 순간이었다면서 만약 그날 무슨 일이 있었다면 역사의 흐름이 크게 달라졌을 것임을 시사했다.
울릉도는 육지에서 멀리 떨어져 있어 관료들도 회피하는 곳이다.

박정희 의장은 군수관사에서 하룻밤 머물며 울릉도의 개발을 계획한다.

출처 :
논객넷https://www.nongak.net/board/index.html?id=nca123&smode=author&skey=%BE%C8%B5%BF%
C3%CC%B3%EB&page=33&no=20278

\<비하인드 에피소드 20 1971년 금오산 관광호텔에서\>

이른 새벽 청소부가 청소를 하던 도중 저 멀리서 희뿌연 그림자를 발견하였다.
그 그림자가 청소부가 있는 쪽으로 서서히 움직이고 있어서 가만히 지켜보고 있자니 점점 가까이 다가온 분은 바로 박정희 대통령이었다.

빗자루를 메고 관광객들이 흘리고 간 쓰레기를 줍거나 치고 있었던 것이다.
놀란 청소부가 인사를 하니까 박정희 대통령께서는 격려를 하면서 금일봉을 주셨다는 이야기가 있다. 박정희 대통령 비하인드 스토리에는 금일봉 이야기가 많이 있다.

친한 소설가 '선우 휘'[42]에게 새해 아침 선물로 촌지 5만원을 보냈다는 이야기도 있다.
이후 하도 고마워 합석한 자리에서 인사를 했더니 연말이 되면 쓸쓸함을 달래기 위해 보내고 있다며 약 300분 정도 된다고 했단다. 만약 보내던 분이 돌아가신다면 그 이름 자리에 알고 있던 다른 분을 선별해서 보내고 있다는 것이다.

우리는 얼마나 좋은 세상을 누리며 살고 있는지도 모르고 불만이 많은 국민이다.
박정희 대통령은 수출 공업화를 지향하면서도 농업·어업·임업·축산업 등을
외면하지 않으며 농어촌과 도시의 균형을 위하여 함께 챙기신 분이다.

---

[42] 박정희 대통령 자신은 전혀 모르고 있었던, 이후락 정보부장의 과잉 충성에서 비롯된 김대중 납치사건은 정말이지 박정희 대통령을 참으로 곤혹스럽게 만들었다. 조선일보 선우 휘 주필이 '당국에 바라는 우리의 충정'이란 제목으로 쓴 김대중 납치사건에 관한 사설의 내용을 본 박정희 대통령은 선우 휘 주필을 만난 자리에서 다음과 같이 진솔하게 말한다. '부국강병'으로 이 나라가 반석 위에 올라앉고 전쟁 위험만 없어지면 미련 없이 툴툴 털고 이 감옥 같은 집에서 내 발로 걸어 나갈 겁니다. 그 시한을 81년 10월 1일로 잡고 있습니다. 벌써 선우 연 비서관에게 '하야 성명'을 잘 생각해서 미리 작성해 두라고 일러 놓았습니다. 라고~

박정희 대통령은 농민들의 가난한 삶을 개선하기 위해 새마을운동을 추진했다.
모내기 를 하고 있는 박 대통령
출처 : 이코노미톡뉴스(http://www.economytalk.kr)

　　서양은 산업화와 금융으로 돈을 많이 벌면 농업이나 힘든 노동력을 제3의
노동력으로 대체해 오면서 돈이 되는 것만을 장려하느라 돈이 되지 않는 것은
돌아보지 않았다. 하지만 박정희 대통령은 생산 수출 공업화를 지향하면서도
농업·어업·임업·축산업 등을 꼭 함께 챙기시며 도시와 농어촌이 함께 잘살 수
있도록 일구어 오셨으니 '새마을 운동'이 그것을 가능케 하였다.

오늘날까지 해외의 정치가나 학자들이 박정희 대통령을 한결같이 우러러 존경하는
이유도 여기에 있다.

2) 새마을운동과 훈장

- '하면 된다.' -

《새마을운동 제창》

새마을운동은 한국의 독특한 지역사회개발 운동이다. <근면>·<자조>·<협동>을 기본정신으로 하며 이의 실천을 통해 국가 발전을 꾀하려는데 목적을 두었다. 1970년 4월 22일 당시 대통령 박정희(朴正熙)는 전국 지방 장관 회의에서 새마을 가꾸기 운동을 제창하였는데 같은 해 5월 6일 구체적인 추진방안이 마련됨으로써 본격적으로 전개되었다.

1971년부터 전국적 범위로 확대된 이 운동은 생활 태도 혁신과 환경개선 및 소득증대를 통한 낙후된 농촌의 근대화를 위한 취지로 하여 정부 주도로 이루어졌다.

출처 : 경상북도 구미시 박정희로 107 박정희 대통령 생가

〔1. 전개과정〕

- 농어촌 환경정비사업을 첫 단계로 한 농어촌 새마을운동은 지붕개량·주택개량·농로개설·마을 도로확충·하천 정비·전기화 사업 등에서 가시적인 성과를 거두었다.

예를 들면 겨울철 농한기를 이용하여 전국의 동(洞)·이(里)에 시멘트를 무상지급함으로써 각 마을의 환경개선사업을 추진하도록 하여 볏짚 지붕의 슬레이트 대체 담장 보수·마을 진입로 정비 등이 효과적으로 시행되었다.

그리고 72년부터 주민 지도자를 발굴 훈련 시킴으로써 낙후된 주민의 정신을 계도시켜 나갔고 농어가의 소득증대를 위해 노력을 많이 기울였다.

- 도시 새마을운동은 10대 구심 사업을 중심으로 하여 전개되었는데 법질서의 준수와 건전 소비 풍토조성·도시녹화·뒷골목과 가로 정비·시민의식의 계발·새마을 청소·생활오물 분리수거·시장 새마을운동 전개·도시 환경개선·낙수 지역개발 등이 그것이다. 이와 같은 도시 새마을운동 등으로 조직화 되면서 점차 정부 주도를 탈피하였으며 80년 새마을운동 중앙 본부의 설립과 함께 민간주도로 전환되었다.

- 발전과정을 살펴보면 1971년~1973년까지는 〈기반조성단계〉로 자율실천의 기반구축과 새마을 정신의 점화 확산이 주된 과제였다. 그리고 74년~76년까지는 〈자조 발전단계〉로 경제난국 극복에 중점을 두었으며 전 국민 참여의 저변확대에 따라 도시와 농촌 간 소득격차 해소·새마을사업 소득증대의 연계추진 등이 마련되었고 도시 새마을운동이 전개되었다.

또 77~80년까지는 〈자립 완성단계〉로 국력 신장의 기층 확대 농어촌 복지기반 사업 확대 등을 추진하였다. 제5공화국이 들어선 81년 이후 〈민주 복지완성단계〉를 표방하며 민간 주도화 하였으나 여러 가지 맹점을 노출 시키면서 운동 그 자체도 위축되었던 것은 1979년 10월 26일 박정희 대통령께서 서거하심으로 인하여 강력한 지도력의 부재에서 온 현상일 것이다.

- 새마을운동을 추진하면서 투입된 물량은 1971년~1984년까지 총 7조2000억 원으로 연평균 5177억 원이었으며 총액의 57%가 정부투자·11%가 주민부담·나머지 32%는 민간단체의 희사(喜捨)로 이루어졌다.

또 용도별 투자 내역을 보면 생산기반 22.2%·소득증대 42.8%·복지환경 27.5%·

정신계발 2.8% · 도시 및 공장새마을 운동 4.7% 등으로 나타났다.

〔2. 성과〕
- 새마을운동의 성과로는 앞서 언급했던 점 외에도 수리 시설확충 · 농경지 확장 등을 통한 식량 자급의 기틀을 마련하였고 소득증대사업으로는 영농의 과학화 · 농가부업의 육성 · 농산물가격보장 · 새마을 공장 · 새마을금고 육성 · 농수산물 유통구조 개선 · 생산품 품질개선과 생산성 향상 · 근로자 후생 복지제도 및 시설 확충 등에서 획기적인 발전을 가져왔다.
그러나 그중에서도 가장 높이 평가받는 성과라면 무엇보다 전통 체제하의 농촌을 단기간 내에 현대적인 것으로 변환하도록 충격을 가했다는 점이다.

- 새마을 운동조직육성법運動組織育成法은 1980년 12월 13일 법률 제3269호로 제정되었다. 주요 내용은 새마을 운동조직 정의 · 출원금의 교부 · 국공유재산의 대부貸付 · 조세감면 · 새마을운동요원의 파견과 자료제공의 요청 · 홍보지 발간 · 결산보고 등이다.
- 농어촌개발공사도 설립했다. 농업의 기반시설 정비를 위한 투자를 시작하고, 농촌대책을 체계적으로 추진해 주곡 중심 농업에서 상업 영농으로 전환을 유도했다.
초기 '박정희' 정부의 농업 경제 정책은 치밀하지 못한 정책과 의욕만 앞세웠기 때문에 큰 성과 없이 끝났다.

'박정희' 정부는 1967년부터 농공병진(농업진흥과 공업화를 동시에 진행) 정책을 적극적으로 추진했다. '농어민 소득증대 특별사업'이 성공적으로 진행되었으며 정부의 적극적 개입과 앞서가는 농어민의 열성이 만들어내는 시너지 효과를 농민들이 자각하기 시작했다. 우리 농촌뿐 아니라 우리나라 경제사에서 획기적인 성과가 나타나기 시작했으므로 정부 또한 자신감을 느끼게 되는 계기를 맞는다.

1970년 9월 대통령 비서실에서 발행한 국토보존에 수록된 청도 신도1리 마을주민들의 이야기를 듣고 '박정희 대통령'은 크게 감동했다. 자발적이고 부지런하며 협동심이 강한 신도1리 마을주민들을 모범 삼아 농민들에게 근면 · 자조 · 협동 정신을 일깨우면 잘 살 수 있는 농촌으로 개발시킬 수 있을 것이라 기대했다.

그리고 새마을운동 제창 이전에 '박정희 대통령' 지시로 중앙행정기관 김보현 체신부장관(이후 농림부 장관 역임), 박숙현 국회의원 등 일행이 청도읍 신도1리 마을을 방문해 둘러본 후, 신도1리 마을에 금일봉과 공동전화 1대를 기증했고 · 마을주민이 공동으로 길러 소득증대에 도움이 될 수 있도록 양(羊)을 전달했다.

1971년 2월 5일 경향신문에서 보도한 신문 기사 내용에 따르면 "1971년 2월 4일 광주 지방 관서 순시를 마치고 부산으로 내려가면서 박정희 대통령은 경북 청도역 남쪽 신도(新道) 새마을 모범 부락을 지날 때 열차를 서행시키라고 지시하며, "이 마을이 잘살게 된 원인이 어디에 있느냐"라고 김보현 농림부 장관(재임 기간: 1970년 12월 21일~1973년 8월 7일)에게 물었다.

김 장관은 "밤과 감 단지를 만들어 생산된 감을 팔아 얻은 이익금으로 부촌이 되게 했다"라고 설명했다. 박 대통령은 청도읍 신도1리의 울창한 산림과 개량된 슬레이트 지붕·잘 쌓인 뚝 방을 보면서 '저것이 새마을 가꾸기의 본보기'라고 만족스러운 표정을 짓기도 했다"라는 일화가 있다.
새마을운동은 지역사회 주민의 자발적이며 자조적인 협동과 노력에 의해 주민들 스스로가 생활 태도와 정신자세를 혁신하고 경제적·사회적·문화적 생활환경을 개발·발전·개선해나가는 지역 사회개발 운동이자 사회 혁신운동이다.

우리나라 마을이 35,000여개가 되는데 작년 말(1978年) 호당 평균 소득이 1백40만원이 넘는 마을이 전체 마을에서 98%가 넘었다. 근면·자조·협동을 통해 잘 사는 농촌이 되었고 농촌개혁 운동을 통한 '새마을운동'은 전국적으로 확산 되어 나갔다. 새마을운동은 세계문화유산에 기록되며 농촌근대화가 조국 근대화의 지름길이 됨을 지금은 세계 도처에서 '진행형'으로 본보기가 되고 있다.

〔3. 새마을운동의 전신 - '목초의 날' 제정〕
주곡 중심 농업에서 상업 영농으로 전환을 유도하면서 축산업을 장려하기 시작한 것은 농가소득도 소득이지만 사실상 영양 보급이 잘되지 않아 어린이들의 발육상태와 국민들의 체력도 부실했던 탓도 있으리라 생각한다. 소득증대를 위한 육류산업을 추진하면서 거론된 것이 목축업에 가장 중요한 '사료' 생산이었다.

박정희 대통령은 1968년 '권농일' 행사에서 축산진흥을 제창하여 초지법을 제정하고, 대규모 초지 조성 계획을 수립하였다. 이후 1969년부터 9월 5일을 '목초의 날'로 정하고 제1회 '목초의 날' 행사를 통해 전 농축산 국민에게 초지 개발의 중요성을 알렸다.

다음은 천안 성환읍 종축장에서 제1회 '목초의 날' 행사를 통해 박정희 대통령께서

말씀하신 연설문이다. (원문 그대로 옮김)

박정희대통령 새마을운동 제창사진
출처 : 대구신문 (https://www.idaegu.co.kr/news/articleView.html?idxno=467043)

친애하는 농민,

　농촌 지도자 또 우리나라 농업에 대해서 관심이 많으신 내빈 여러분들!
정부가 이번에 '목초의 날'을 제정한 이유는 조금 전 충남 도지사의 치사에도 있는
바와 마찬가지로, 우리나라 전 면적의 3분지 2이상을 점령하고 있는 오히려 그보다
더 많은 4분지 3 가까운 면적을 접하고 있는 우리나라의 산을 앞으로 우리가 어떻
게 잘 활용을 해야 되느냐, 우리 농민이 보다 더 잘 살기 위해서는 현재 우리가 하
고있는 여러가지 영농, 여기에 대한 기술의 발전이라든지 또는 경영의 개선이라든지
여러 가지 노력할 점이 많지마는, 또 일보 더 나가서 우리가 보다더 잘 살기 위해서
는 우리나라의 4분지 3에 해당하는 산야를 잘 개발해서 이용을 해야 하겠다는 것을
우리는 항시 느끼고 있는 것입니다.

흔히 우리나라 사람들은 우리나라에는 강우량이 적고 또는 자주 한발이 들어서 산

에 목초를 심어도 잘 살지 않는다. 따라서 우리나라는 축산이 잘되지 않는다. 이런 이야기를 과거에 해 왔습니다.

그동안 나도 외국에 여러 번 나가서 남의 나라의 형편을 여러 곳 봤읍니다만, 내가 보고 느낀 종합적인 소감은 모든 자연적인 여건이 우리나라처럼 이렇게 많은 천연적인 혜택을 입고 있는 나라도 이 지구상에는 별반 없다고 생각합니다.

흔히 우리가 말하는 이스라엘이라든지 이런 사막을 개발해서 잘 사는 나라가 됐다는 이런 서부의 캘리포니아주의 광막한 평야를 비행기로 지나오면서 죽 공중에서 봤읍니다. 샌프란시스코라든지 로스앤젤레스라든지는 보통 1년에 비가 지금은 거의 오지 않읍니다. 4·5개월씩 어떤때는 근 반년 동안 비가 오지 않고 가문데, 그래도 거기는 들과 산에는 전부 푸른 목초, 푸른 농장으로서 공중에서 볼 때는 전부 푸르게 물들어 있읍니다.

이것은 순전히 인력으로서 그 지방에서 수백 마일 떨어진 원거리에 있는 하천이라든지, 또는 계곡의 물을 인력으로 파이프로 끌어와서 농경지에도 관개를 하고, 또한 이런 목장을 경영하는 데도 그런 물을 쓰고 나무를 가꾸는 데도 인력으로 끌어온 물을 쓰고 있읍니다. 그런데 비할 것 같으면, 우리나라와 같이 인력으로 무얼 하지 않더라도 여러분들이 주변에 있는 모든 풍경을 보시다시피 산이 저렇게 푸르고 풀들이 저렇게 잘 자라고, 1년에 비도 가끔 한 달은 뜬다고 하지만, 그래도 1년에 적당한 강우량이 있어가지고, 모든 식목이 살 수 있는 영농에 알맞은 이러한 좋은 기후 조건의 혜택을 입고 있는 나라는 별반 없읍니다.

그런데도 왜 우리나라 산이 개발되지 않느냐, 이것은 결국 우리나라 사람들이 산을 개발한다든지 또는 축산을 장려한다든지 하는 면에 있어서, 지금까지 우리의 연구가 부족했고 노력이 부족했다는 결론 밖에는 나올 것이 없는 것입니다.

지금 오늘 이 자리에 와 있는 농림 장관이 불과 며칠 전에 이스라엘을 시찰하고 돌아왔읍니다. 그 나라엔 거의 1년 내내 비가 오질 않읍니다. 저 먼 요단강이란 수백 마일 떨어진 곳에서 직경 3m·5m되는 이러한 그 파이프를 가지고 수백리 물을 끌어와서, 그 사막에다 물을 뿌려 가지고 풀을 심고, 목장을 만들고, 또는 거기다가 경작을 하고, 나무를 심어서 순전히 인공으로 가꾸고 있는데, 벌써 개발이 된 지역은 우리나라보다 훨씬 더 수목이 잘 자라 있고, 모든 농촌이 우리보다 더 잘 개발이 되어 있읍니다.

지하수를 파더라도 작년·금년 여러분들이 지하수 개발에 많은 애를 썼는데 우리가 얻은 경험으로서는 보통 한 7·8m, 충청남도 같은 데는 5·6m, 충북 같은 데는 며칠 전에 가보니까 평균 한 4·5m만 파면, 어지간한 데는 전부 풍부한 물이 나온다는 겁니다.

그런데 이스라엘 같은데는 어떠냐, 그것도 일부 특수한 지방 해변가 일부 지방에 적어도 60m·70m를 지하수를 파야만, 겨우 우리나라의 4·5m 또는 5·6m 파는 정도의 수량이 겨우 나올까 말까 한다는 것입니다. 우리는 이렇게 지하수가 풍부하고 매년 강우량이 풍부하고 모든 여건이 그들보다 훨씬 더 앞서고 있는데도, 우리나라의 산림이 그렇게 잘 자라지 않는다든지 축산이 발전되지 않는다든지 무슨 목초를 심어도 잘 살지 않는다든지, 그런 이야기가 나오는 원인이 결국 우리가 연구를 잘 하지 않았다는 겁니다.

지금 여러분들이 서 있는 그 장소 그 뒤에 광경을 여러분들이 보십시오. 푸른 초원에 우뚝 서 있는 나무라든지 저기서 풀을 뜯어 먹고 있는 저 육우, 이거야말로 도시 사람들이 상상도 못할 정서에 넘치는 아름다운 전원의 풍경입니다.
물론 '성환' 목장을 우리는 국립 목장으로서 그동안에 여러 가지 많은 투자도 하고 노력도 했지만, 그러나 이 부근에 자라고 있는 목초라든지 사료 작물이라든지 하는 것은 대부분 자연적인 강우로서 전부 된 것입니다.

우리가 여기 조금만 더 노력을 하면, 어느 나라 목장보다도 더 좋은 조건을 가지고 있다. 그래서 최근에 정부에서는 우리나라에도 축산을 장려해야 되겠다. 지금까지 우리가 하지 않았던 일을 갑자기 하는 데는, 반드시 여기에는 단계적으로 서서히 작은 규모로부터 점차 이를 확장해 나가겠다는 것이 정부의 기본 방침입니다.

흔히 우리가 과거에 어떤 사업을 벌릴 때에는, 어떤 구상만 하나 나오면 앞으로 그런 사업을 추진하는데 대한 구체적인 여러가지 계획과, 또 거기 따르는 여러가지 기술 문제, 거기 종사할 사람에 대한 훈련 문제, 그 사업을 추진하는데 여러가지 예산이라든지, 자금의 지원이라든지, 또는 거기서 생산할 물건을 앞으로 어디다가 소비를 하고 파느냐 하는 시장 문제·판로 문제·이런 등등 여러가지 갖추어야 될 조건을 충분히 검토함이 없이, 덮어놓고 사업만 이렇게 확장을 했다가 실패를 해서, 하다가 얼마가지 않아서 그 사업은 완전히 자취를 감추어 버립니다.

이런 예가 많았기 때문에, 이런 종전의 우리 실패를 감안 해서, 지금부터 우리가 하는 축산은 처음에는 아주 작은 규모에, 범위를 작게 해서, 가장 적기에, 이런 사업에 대한 의욕과 경험이 풍부한 이런 사람들을 선택해서, 정부가 여기 대한 충분한 자금 뒷받침이라든지 여기 지원이라든지 이런 것을 해가며 점차 키우자.

이런 방침으로 금년에도 민간 기업적인 축산을 몇 군데 시작을 해봤고, 기타 각 농가에서 부업 적으로 또는 겸업 적으로 하는 것도 일부 착수하고 있고, 또 정부가 직접하는 이런 국립 시범적인 종축장도 우리가 다시 한번 힘을 들여서, 앞으로 우리나라 축산에 하나의 지도적인 그런 역할을 해보자 해서 지금 착수를 한 것입니다.

그런데 우리가 축산을 하는데 여러 가지 문제들이 많지만, 가장 중요한 것은 동물들이 먹을 이 사료 목초입니다. 이것이 과연 우리나라 토질에 우리나라 기후에 이것이 잘 자라겠느냐 하는 문제, 작년에 내가 뉴질랜드와 호주를 방문하고 돌아와서, 그 나라의 여러 가지 여건과 또 그 나라 국민들이 오늘날 이 같은 전 세계적으로 이름나는 축산 국가로서 발전하는 과정에 있어서, 그 나라 국민들이 노력한 지금까지 이 걸어온 길을 검토를 해봐서, 우리도 노력하면 그 나라 못지않게 여러 가지 자연적인 조건은 충분히 갖추어 있다. 나는 이렇게 생각합니다.

물론 한 가지 우리가 불리하다는 점이 있다면, 겨울이 기온이 너무 내려가기 때문에, 이 부근에 영하 10˚·20˚ 이렇게 내려가기 때문에, 그런 어떤 기간만은 목초가 말라 죽는다든지 목초가 자라지 않는다든지 한 결함이 있기는 하지만, 그런 어떤 일정 기간의 사료만 우리가 해결할 수 있는 방법, 그것은 여러 가지 방법이 있는 것입니다.

사이로를 만들어 거기에다 사료 작물을 재배해서 미리 저장을 해둔다든지, 목초를 많이 심어서 초가을에 이를 베어서 사이로에다 저장을 했다가 겨울에 사료로 준다든지 몇 가지 문제만 해결한다면, 충분히 우리가 가진 핸디캡이라 그럴까 이것은 충분히 보완할 수 있다고 생각합니다. 특히 여름철 봄철부터 가을철까지의 목초 성장률이라든지 속도라든지 이런 것은 다른 나라보다 훨씬 더 좋은 것입니다.

그래서 이것을 앞으로 점차 우리 국민들도 우리나라 산이나 들이나 이런데 사람이 조금만 더 연구하고 노력하면 목초가 훌륭히 자랄 수 있다. 따라서 우리나라에도 축산이 얼마든지 발전할 수 있다. 이런 자신을 우리 농민들이 가져야 되겠습니다. 물론 여기에는 정부가 앞장을 서서 지도를 하고, 여러분들 하는 일을 뒤에서 지원을 하고 도와줘야 될 그런 일도 많지만,

첫째 우리 농민들 자신들이 축산이 된다, 가능하다는 이런 자신을 가져야지, 한국 땅에는 목초는 자라지 않는다, 한국에는 축산이 안된다는 이런 결론부터 먼저 내어놓으면, 한국의 축산은 영원히 발전하지 못하는 것입니다. 우리가 현실적으로 이 '성환' 목장을 보더라도 충분히 된다는 자신을 가지게 되는 것입니다.

지금 지방에 가보면 여기저기 소규모의 민간이 하고있는 목장이 많습니다. 전부가 대부분이 성공을하고 있습니다. 특히 경남 지방에 가봤는데 양산 어디에 있는 그 목장은 3·4년 전에 시작한 목장인데, 작년 재작년과 같은 그러한 흑심한 한발에도 그 목장에서 자라고 있는 목초가 하나도 말라 죽지 않고 그대로 자랐다 이겁니다.

그 목장은 규모는 작습니다. 불과 20정보 미만의 그런 목장인데 거기다가 자기들이 무슨 지하수를 개발했다든지 딴 데서 수원을 끌어온다든지 그런 시설도 되어 있지 않습니다.
산기슭에 있는 조그마한 목장인데 목초를 심어서 그 목초가 자라서 벌써 목초의 크기가 사람 키 절반 정도 이렇게 자라고 나니까, 그 다음에는 어지간한 한발이 오더라도, 그 풀 밑에 숨어있는 습기라든지 수분 때문에 그 목초가 죽지 않는다는 것입니다.

적어도 한달 이상 견뎌난다, 그런 동안에 비가 조금씩 온다, 그러면 그 목초는 충분히 그대로 살 수 있습니다. 거기다가 우리가 지하수를 개발한다든지, 가능하면 가까운 곳에 있는 물을 끌어와서 한발이 심할 때 목초에다 물을 뿌릴 수 있다면 더군다나 문제가 없을 것입니다.
그런 사업을 하자면 여기에 투자를 해야 되고 돈이 들기 때문에, 적당한 그런 장소를 선정 해서 잘 연구를 해서 할 것 같으면, 그런 수원을 끌어오지 않더라도 목초가 자랍니다. 물론 거기는 장차 우리가 투자를 해서 지하수를 개발한다든지, 다른데 물을 끌어오는 이런 것도 우리가 장차 발전시켜 나가야 되겠지만, 우선 그렇지 않더라도 할 수 있습니다.

그렇게 해서 우리나라 저 놀고 있는 저 산들, 오늘 아침에도 서울서 여기까지 고속도로를 거쳐서 오산으로 해서 내려왔는데, 지금 우리나라에 인구가 많고 국토는 작고 농경지가 부족하고 이런 소리를, 소위 뭐 상당히 아는 사람들이 이런 소리를 하는데, 그런 소리만 할 것이 아니라 내가 볼 때 우리나라의 놀고 있는 산야를 개발할 것이 무진장으로 많이 있다고 생각합니다. 우리 국민들이 좀 머리를 쓰고 하면, 인구가 현재 몇 배나 늘더라도 개발만 하면, 한국에 인구가 많아 비좁아 살지 못한다는 그런 일은 절대 없다고 생각합니다.

땅이 전부 놀고 있는 것 아닙니까, 여기도 목장을 만들어 개발해서 이렇지, 그렇지 않으면 전부 쓰지 못하는 재래종 소나무나 산 솔이나 잡목이나 이런 것을 가지고 아무 쓸모 없는 그런 땅이 됐을 겁니다.

이렇게 개발하니까 훌륭한 목장이 되고 여기서 생산을 하고 여러 가지 이 땅을 활용할 수 있게 되었습니다. 물론 여기에는 단계적으로 산을 어떻게 개발하느냐, 첫째는 거기 개발하는데 대한 계획이 있어야 될 것이고, 그것을 할 수 있는 여러 가지 기술을 알아야 할 것이고, 또 그것을 하는데 필요한 자금이 따라야 할 것이고 이러한 여러 가지 불리한 조건이 따르는 것입니다.

그러나 앞으로 우리가 어떻게 개발하느냐 이는 조금 전에 말씀드린 바와 같이 우리가 작은데서부터 점차 확대를 해 나간다, 우리 농민들에게 우리 국민들에게 이러한 기술이 아직 완전히 보급이 안되었고, 기술을 알더라도 이것을 개발할 수 있는 재원이 자금이 부족하기 때문에, 우선 그런 기술을 아는 그런 의욕이 있는 이런 사람들에게 소규모로 이를 착수시켜, 정보가 여기에 대한 충분한 뒷받침을 해 가지고 하나 둘·하나 둘 이렇게 발전을 시켜 나갑니다.

이것이 점차 앞으로 성공을 해 나가면 앞으로 파급이 되고 확대되어 나가도록 이렇게 하면, 우리나라 산은 앞으로 아주 유용하게 우리가 개발을 해서 이용을 할 수 있습니다.
미국같이 땅덩어리가 넓은 나라에 가더라도, 우리나라 산 모양으로 아무것도 없이 버린 땅이라곤 거의 없습니다. 물론 개간을 해서 농사를 짓는 땅도 있고, 그대로 두는 산도 있는데, 산도 그대로 두는 것이 아니라 반드시 돈이 될 수 있는 좋은 나무가 서 있어서, 앞으로 그 나무가 자라면 그 나무가 순전히 경제적인 그런 역할을 할 수 있는 그런 땅으로서 남겨 둔 거지, 아무 쓸모 없이 방치돼 있는 우리나라 산처럼 저거는 뭐 풀도 무슨 축산을 하는데 필요한 사료도 안되고, 나무가 서 있다 그래봤자

손가락 같은 저 재래종 소나무여서 10년·20년 두어 봤자 돈도 안되고, 기껏해 봐야 베다가 장작으로나 쓸 수 있는 그런 정도밖에 안됩니다.

이런 산이란 1전의 경제성이 없는 겁니다. 같은 땅 1정보라 하더라도 이것을 잘 개발하면 1년에 몇 10만원씩 수입이 나올 수 있는데, 우리나라 땅처럼 저렇게 버려두면, 거기는 1년뿐 아니라 10년을 두어도 단돈 1전도 나오지 않습니다.

그만큼 우리는 국토를 이용할 줄 모른다 이겁니다. 정부에서는 지금 국토개발 종합계획이란 것을 금년부터 착수를 해서, 앞으로 몇 년이 걸려야만 이것이 완성이 될 것이라고 보고, 지금 추진을 하고있는 이 '국토개발종합계획'이란 것은 무어냐, 우리 국토를 앞으로 어떻게 하면 가장 효과적으로 유용하게 개발을 해서, 이것을 할 수 있느냐 하는 그런 계획을 우선 세워 보자 이겁니다.

계획부터라도 있어야 되겠다 이겁니다. 과거에 우리나라에는 그런 계획이 전혀 없었습니다. 물론 거기에는 국가의 가장 근간이 될 수 있는 그런 도로를 어떻게 뚫어야 된다. 철도를 어떻게 놔야 되겠다. 또 해안가에 있어서는 어디 어디 항구로 개발해야 되겠다. 항구와 기간 도로와 도시와 이런데 어떻게 연결을 해야 되겠다.

어느 지역에 있는 우리나라의 지하자원을 개발하기 위해서 거기 대한 산업 도로를 어떻게 해야되고, 또 거기서 생산한 물건을 해외로 수출하고 하는데 항구로 어디를 개발 해야되고, 이러한 여러 가지 문제가 있겠지만 그 보다도 농촌이면 어떻게 하느냐, 현재 있는 농촌은 전부 지역별로 조사를 해 가지고, 이 계획은 앞으로 현재는 산으로 되어 있지만 이것을 가령 여기다가 나무를 심어서 경제림을 심어서 몇 십년 후에는 여기서 돈이 될 수 있는 그런 좋은 나무를 심는 그런 조림지대로 한다.

이 지대는 지금 산으로 되어 있지만, 앞으로 목장이 아니면 다른 어떤 경작지로 이를 개발한다, 이 지역은 현재 어떻게 되어 있지만, 이것은 앞으로 가령 공장을 짓는 공장 지대로 한다, 여기는 어떻게 한다, 이런 전국적인 종합적인 계획을 만들어 보자 이겁니다. 이것을 만드는데 몇 년 걸릴 겁니다.
그렇게 만들어서 아주 이것을 법제화해 가지고 그 다음에는 정부가 재원이 있는 데로 연차적으로 우선순위에 따라서 매년 매년 이렇게 투자를 해야 된다. 또 어떤 민간 사람들이 정부의 계획에 따라서 가령 이것이 목장을 할 수 있는 그런 지역이면 민간 사람들이 거기에 목장을 하겠다. 또 그만한 사람이 경험이 있고 기술이 있고 능력이 있는 사람이라면 정부가 목장을 개발하는 데 허가를 해준다.

그래서 민간에서 투자를 해서 목장을 만든다. 또 어떤 공장 지대는 공장을 만든다. 이것은 가령 목장을 만들게 돼 있는 그런 땅에 앞으로 무슨 집을 만든다든지, 공장을 한다든지 이런 것은 정부가 허가를 하지 않는다. 이렇게 해두면 물론 상당한 시일이 걸릴 겁니다.

앞으로 5년·10년·20년·30년 정부의 투자, 민간의 투자, 이런 것이 어떤 종합적인 계획 아래서 하나하나 실천이 되어 나가면, 먼 장래에 나가면 모든 것이 우리가 계획했던 그런 방향으로 하나 둘 이루어져 나가서, 국토가 가장 짜임새 있는 규모 있는 개발이 된다. 이렇게 하려고 하는 '국토개발종합계획'을 지금 만들고 있습니다.

이것이 돼서 우리나라의 산을, 또는 쓰지 않고 있는 소위 비산非山·비야非野라는 쓸모없는 산들, 저런데 앞으로 나무를 심더라도 쓸모 있는 그 나무가 앞으로 10년·20년 후에 재목이 될 수 있다 하더라도, 그러한 수종으로 하나씩 둘씩 바꾸어 나가고, 또 어떤 데는 목장으로 개발하고, 어떤 데는 또 개간을 해서 농작물을 심고, 어떤 데는 또 공장으로 개발하고, 또 어떤 데는 뭘 한다. 이런 계획을 하고 있습니다.

따라서 우리 농민 여러분들도 자기가 지금 경영하고 있는 그런 농토, 또 자기가 가지고 있는 그런 산, 이런 것을 그냥 방치만 해두고 있을 것이 아니라. 앞으로 어떻게 하면 같은 면적에서 보다 많은 경제성을 발휘할 수 있고 거기서, 수익을 올릴 수 있는 그런 방법이 무엇이겠는가 연구를 해야 됩니다.

아무리 연구해도 돈이 없어 못한다. 이런 이야기 할 사람이 있을는지 모르지만, 여러분들이 우선 연구를 해야 됩니다. 돈보다도 먼저 연구를 해야 됩니다. 연구를 하고 계획을 세워야 됩니다. 그렇게 해서 여러분들이 구상하는 그 계획 이것이 과연 확실하고 건실한 그런 계획이 되고, 또 정부가 국가가 생각하고 있는 그런 종합계획에 그것이 맞아 들어가는 그런 계획이라면, 정부는 점차 하나·둘 그런 사업을 지원을 해서 이것을 개발해 나가겠다, 그런 계획이 있다는 것을 여러분들이 아시고, 오늘이 '목초의 날'이란 것을 계기로 해서, 우리 국민들도 우리나라 땅에 산에 나무를 심지 못하면 목초라도 심자, 그냥 잡초로서 잡초가 우거져 가지고 아무 쓸모 없는 그런 땅을 버려 두어서는 안되겠습니다.

최근에 여기저기 사방 공사를 하는데, 조림 사방 공사의 일원으로서 사방 공사를 하는데, 사방 공사를 종전식으로 계단식으로 줄만 쭉쭉 그어서, 그 위에다 싸리나 쓰지 못할 잔디 같은 것을 심어둘 것이 아니라, 거기다 나는 가능하면 목초씨를 뿌려서 거기서 목초가 자라면, 그 목초를 베다가 부근에 사는 농가 또는 이런 축산을 하는 농가에서 사료로 쓰면, 얼마나 더 그대로 두는 것보다 유용하게 그 산을 쓸 수 있는가,
그냥 과거식으로 해두면 지금 여러분들이 지방에 다니시며 보겠지만, 붉은 산에다가 과거 몇 년 동안 우리 정부가 사방 공사를 상당히 힘을 들여했는데 한 것은 좋습니다. 줄을 먼 데서 보면 까만 줄이 쪽쪽 처 있는데, 그놈이 3년 4년, 완전히 그놈이 뻘건게 안보이고 줄이 없어지려면 적어도 한 5·6년 지내 7·8년 걸린다 이겁니다.

7·8년 걸려서 푸르러진 건 좋은데 거기서 자라난 게 무어냐, 기껏해서 가보면 쓰지 못하는 소나무, 무슨 싸리나무, 무슨 오리나무, 쓰지 못하는 풀들이 자라 있습니다. 물론 그것도 뻘건 상태로 있는 것보다는 훨씬 좋지만, 같은 값이면 거기다가 우리가 보다 더 가치가 있는 그런 잡초를 심는다든지, 또는 나무를 심더라도 과거에 우리나라에 매년 식목의 날이라 해서 지방에 가보면, 국민학교 아이들까지 전부 동원해서 나무를 심는데, 뭘 심느냐 쓰지도 못하는 소나무, 망국 솔이다 이겁니다.

나라를 망치는 솔입니다. 일본에도 과거에 그런 소나무 종자가 있었는데, 일본에선 과거에 이걸 전부 다 뽑아서 없애 버리고 수종을 완전히 바꾸어 버렸습니다.
아까 차안에 오다가 농림 장관보고도 이야기했는데, 우리나라도 산에 나무의 수종을 바꾸라고. 이것은 절대 1·2년 동안에 되는 것이 아닙니다. 어떤 한 개 정권하에서 정치적으로 무슨 선전 효과를 노리기 위한 이러한 조급한 생각을 해서도 안되며, 적어도 4·50년 이런 장기적인 계획을 세워 가지고, 연차적으로 서서히 우리나라의 수종을 바꾸어 나갑시다.

4·50년 후에 물론 그때 우리는 다 죽고 땅 밑에 가 있을는지 모르겠지만, 우리 자손들 대에 지금 저렇게 보기 싫은 소나무들이 자라 있고 하지만, 그때쯤 가서는 이렇게 울창한 아름드리 된 나무들이 산에 울창하게 서 있을 것입니다. 이게 벌써 우리나라의 국력입니다. 이걸 우리가 지금부터라도 계획을 세워서 해야 되겠습니다.

외국에 지금 소나무가 아니라 좋은 나무가 서 있는 것이, 물론 열대 지방같이 가만히 두어도 비가 잘 오고 기후가 더워서 저절로 자라는 이러한 지대도 있지만, 그러나 대부분의 나라에 가서 이런 좋은 수목이 있는 것은, 순전히 이건 사람의 노력과 정성으로서 과거 몇 십년 또는 몇 백년 동안 노력을 해서 이런 것이 자란 거지. 자연적으로 그런 나무가 서 있는 예는 거의 없는 겁니다.

요전에 미국에 갔을 때 캘리포니아주에 '요세미티'라는 국립공원이 있었습니다. 넓이가 우리나라의 한 군만한 이런 곳인데, 거기는 1년 내내 비가 오지 않습니다. 안오는데 지금 가보면 꼭 우리나라의 소나무와 향나무 종류의 나무인데, 굵기가 우리 사람의 이걸로써 두 아름드리 세 아름드리. 이러한 그 소나무가 높이는 한 50m·60m 이런 나무들이 그 일대에 거저 울창하게 서 있습니다.

또 어떤 지대에 가면 향나무, 우리나라에서 말하는 향나무 그것과 같은 종류의 나무로 봤는데, 우리나라의 향나무란 어디 보통 가정의 문 앞에 관상목으로 조금 심었거나, 시골 농촌에 가면 우물가에 향나무가 하나 자라 있거나 그나마, 우리나라 시골서는 옛날에 뭐 미신적인 뭔지 모르지만, 우물가에다가 향나무를 심어두면 우물에 벌레가 생기지 않는다, 이래서 그걸 심어뒀다고 그러는데, 우리 국내에서 본 향나무란 것은 기껏 봤자, 굵기가 여기 기둥 마한 이런 나무, 크기도 불과 얼마 되지 않는 이런 나무인데, 거기는 비도 오지 않는 그런 나라에 향나무가 사람 아름드리로 세 아름드리, 네 아름드리 된 것이·수 십미터 된 것이 그 산 일대에 울창하게 서 있는 겁니다.

그래서 난 우리 농림부에다가 거기에 있는 그 수종을 우리나라에 갖다가 심어서 살 수 있는가 시험을 해보라고 요전에 이야기했는데, 다만 거기에는 겨울에 눈이 조금 온다고 합니다.

눈이 와서 눈이 녹은 그 물이 하천에 조금 개울에 흘러갈 정도지 그 외는 거의 비가 오지 않는다는 것입니다. 그런데도 이렇게 잘 자란다, 우리나라도 옛날 한 몇 백 년전에는 그러한 나무들이 전국에 울창하게 서 있었다고 합니다. 그런데 왜 오늘날 그런 나무들이 없느냐, 다 우리 조상들이 잘라 먹은 겁니다.

좋은 나무는 전부 잘라 버리고 쓰지 못하는 나무만 남겨 두었으니까, 지금 와서 좋은 나무는 모두 멸종이 되어 버리고 쓰지 못하는 것만 잔뜩 산에 남아있습니다. 원래 나무라든지 풀 종류도 종자가 좋은 것은 번식이 느리고, 쓰지 못할 잡초가 빨리 자라는 것과 마찬가지로, 소나무나 이런 것도 쓰지 못하는 종자가 나쁜 것은 번식률이 굉장히 많다는 것입니다.

좋은 나무는 다 잘라서 과거에 때 버리고·없애 버리고, 지금 쓰지 못하는 것만 잔뜩 남아 있으니까, 우리나라 산에 가보면 어디를 가보더라도 쓸모없는 그런 나무만 남아 있습니다. 그것도 우리가 장기 계획으로 이것을 개량을 해나가야 하겠습니다.

이것은 결코 우리 당대에 또는 앞으로 몇 년 내에 이것을 서둘러서 성급하게 하겠다는 생각을 가지면 이건 되지 않습니다. 앞으로 50년·앞으로 100년·앞으로 한 몇 백년 후에 우리들 후손들이 지금 우리들이 살아 있는 이때 모습이 그때도 남을 겁니다.
사진이 있고 텔레비젼이 있고 영화가 있고 하니까, 우리가 살아 있는 이 세대에는 나무가 없는 뻘건 산에, 앞으로 몇 백년 후에 우리 자손들이 봤을 때, 아름드리 되는 나무들이 울창하게 서 있다, 이게 언제부터 이렇게 됐느냐, 언제 옛날에는 우리나라의 산이 이랬는데, 언제부터 우리 조상들이 이렇게 노력을 해서 지난 몇 백년 참 정성들여 가꾸어 가지고 오늘 이렇게 훌륭한 좋은 나무가 섰다, 이건 후손에 남겨 줄 우리의 유산입니다.

그렇게 했을 때 그 자손들은 그 나무를 그야말로 참 아낄 겁니다. 우리 조상들의 정성이 깃들어 있는 나무라 해서 아낄 겁니다. 요즈음 사람같이 그렇게 나무를 남벌을 하거나 그런 무엇을 하지 않을 것이라 생각합니다. 자손들한테 조상의 그런 어떤 정성이 깃든 것을 물려 주어야만, 후손들이 그걸 아낄 줄 알고 가꿀 줄 알고 소중하게 생각하는 겁니다.

그것이 없으니까 언제 무슨 우리 조상들이 뭐 우리에게 남겨 준게 있느냐, 이러한 생각들을 가진 후손이란 대단히 곤란합니다. 그 민족들이, 우리나라 저 산에 오늘 이 '목초의 날'을 계기로 해서, 앞으로는 반드시 목장이라고 해서 이렇게 '성환' 목장 모양으로 몇백 정보나 되는 이런 대규모의 이것만이 목장이 아닌 겁니다.

자기 부락 근처에 또는 자기 소유의 산에 알맞은 그런 땅에라도, 점차 하나 둘 개발을 해서 목초를 심어 가지고 잘 가꾸면, 그런 것이 도처에 많이 늘면 우리나라의 축산이 그만큼 발전이 되는 겁니다. 그리고 이 목초를 우리가 가꾸는데, 첫째 정성을 들여야 되겠다 이겁니다. 목초는 우리 한국 사람들이 특히 풀 나무에 대한 이런, 다른 재주는 비상한 국민이라 생각하는데, 풀을 가꾸거나 나무를 가꾸는 재주는 세계에서 제일 뒤떨어져 있습니다. 이것은 확실히 우리가 인정을 해야 됩니다.

서양 사람들 가정에 가보십시오. 집 앞에 나무 한 포기 가꾸고, 부락 옆에 나무, 어떻게 사람의 정성이 저렇게 들었을까 하는 이런 감탄을 하고 지나갈 만큼 나무라든지 풀을 아끼는데, 한국 사람들은 아낄 줄 모르고 키울 줄도 모르고 그에 대한 기술도 모른다 이겁니다. 결국은 여러 가지 거기 기술도 필요하겠지만 정성이 들어야 되는 겁니다. 올봄에 어느 시골 출장 중에 산을 훌떡 갈아가지고 목초를 심어 놓은 데 가본 일이 있습니다. 목초가 꽤 많이 자랐습니다.

불과 한 두 달 밖에 안되는데 이렇게 자랐는데, 목초도 자랐는데 잡초가 목초보다도 더 자라 있더라 이겁니다. 그런 목초를 심을 때는 우리가 보리농사를 한다든지 콩 농사를 한다든지 딴 작물을 재배하는 것과 마찬가지로, 잡초도 뽑아주고 수시로 비료도 뿌려 주고 한발이 좀 심할 때는 사람이 물을 져다가도 좀 뿌리고 그런 정성을 들여야 목초가 잘 자라지,

한국 사람의 관념이란 풀이란 것은 그저 그대로 내버려 두면 그대로 잘 자라는 거다, 안 자라는 것은 이건 비가 오지 않아서 안 자라기 때문에, 사람의 잘못이 아니라 이건 하늘의 잘못이다, 이런 사고방식을 가졌기 때문에 우리나라 목초가 발전이 되지 않았다고 생각합니다.

따라서 오늘이 '목초의 날'이란 것을 계기로 해서, 우리나라 국민들도 좀 더 풀과 나무를 가꾸는 데 대해서 관심을 가지고, 거기에 대해서 좀 더 이런 지식을 많이 가지고, 반드시 축산을 한다. 또는 산림에 대해서 기업적으로 사업을 하는 사람뿐만 아니라,

누구든지 이런데 대해서 관심과 그 일반적인 지식을 가지고 보다 더 연구를 하고 노력을 하면, 우리나라의 산도 머지 않아서 지금과 같은 쓸모 없는 나무라든지 별반 쓸모 없는 저런 잡초가 우거져 있는 저런 산이 되지 않고, 거기 훌륭한 목초가 자라서 도처에 축산이 발전이 되고, 또 나무도 쓸모 있는 나무들이 도처에 우거져서, 장래에는 우리나라의 산에도 훌륭한 그런 좋은 나무들이 울창하게 될 때가 머지 않아서 올 수 있다. 이런 것을 오늘 여러분들에게 특별히 당부를 하는 바입니다.

감사합니다.

'목초의 날'을 제정하면서 말씀하신 연설문 내용을 다음과 같이 축약해 볼 수 있다.

① 나무 한그루•풀 한 포기를 심더라도 경제성이 있도록 하자.
② 자본이 없다고 미리 용기를 잃지 말고 일단 연구라도 하자. 정성을 들이자.
③ 하늘만 쳐다보며 비가 안 온다, 가진 것이 없어서 못한다, 이런저런 핑게로 못한다는 부정적인 생각을 없애고 놀고 있는 땅이 없도록 땅 한 뼘이라도 활용 할 수 있도록 연구해서 1전(50년대 돈의 최소단위)이라도 만들자.
④ 세계 여러 나라의 악조건에도 불구하고 우람한 나무들을 가꾸는 정신을 배우고 또 집 앞의 식물 하나 가꾸는 것도 저절로 되는 것은 없다는 것을 알자.

'목초의 날'을 정하시고 그 이듬해 새마을운동을 시작하셨음을 보면 축산장려를 위하여 제정한 '목초의 날'은 농가소득 향상과 농가 개량을 위한 '새마을운동'의 전신이 된다.

1970년4월22일한해대책지방장관회의에서새마을운동을 제창했다. 출처 : 대구신문(https://www.idaegu.co.kr)

대구신문(https://www.idaegu.co.kr/news/articleView.html?idxno=467043)
출처 : 한국일보 https://www.hankookilbo.com/News/Read/201807021469062395

〈비하인드 에피소드 21 새마을운동 비판〉

　　구미 주민들은 '새마을운동' 흔적43)을 지우려는 장 시장을 대한민국의 영웅 '박정희 대통령'의 흔적을 지우려는 의도라 보고 집회를 했다고 보도했다. 경북 구미지역 보수단체들이 2일 오전부터 구미 장 시장의 '새마을운동' 흔적 지우기 취소를 촉구하고 나섰다.

　　자유대한호국단·경북애국시민연합·대한애국시민연합 등 70여 명이 모여 항의 집회를 열었다.

　　미래학자 앨빈 토플러는 "민주화는 산업화가 끝난 후에나 가능한데 이런 인물을 독재자라고 말하는 것은 언어도단이며 박정희는 세계가 본받고 싶어 하는 모델"이라고 극찬했다.44)

　　『4마리의 작은 용』의 저자이며 평소 한국 군사 정권을 비판해온 에스라 보걸 하버드대 교수도 "박정희가 없었다면 오늘날의 한국은 없다. 그는 헌신적이었고 개인적으로 착복하지 않았으며 열심히 일했다. 국가에 일신을 바친 리더였다"고 말했다.

　　공산권 권력자인 러시아 푸틴 대통령도 "박정희 관련 책은 다 가져와라. 그는 나의 모델"이라 했고 중국 개방을 이끌었던 덩샤오핑마저도 "박정희는 나의 멘토"라고 말했다. 미국 랜드(RAND)연구소는 "덩의 개혁은 박정희를 모방한 것"이라고 분석했다.

　　대한민국 근대화의 영웅이자 최연소 대통령이었던 박정희 대통령은 슬프게도 해외에서는 높게 평가받지만 국내에서는 애써 모른 체하고 있다.

---

43) 2018. 7. 2. 15:00 김재현기자 k-jeahyun@hankookilbo.com 장세용 구미시장 취임식날 "새마을 운동 흔적 지우기 중단하라"
44) 앨빈 토플러가 극찬한 불세출의 '영웅 박정희'를 기억한다.

《훈장》
- 박정희 대통령은 '훈장' 제도를 명확하게 제정함으로써 새마을 정신을 진작시켰다. -

한국의 훈장 제도는 1900년 (고종37) 4월 19일 칙령 제13호로 훈장 조례가 제정·공포되면서 실시되었다. 국가에 공훈이 있는 사람을 포상하기 위하여 훈위(勳位)와 훈등(勳等)을 정하고 그 기준에 따라 훈장을 수여하였다.

대한민국 정부가 수립된 뒤에는 대통령령으로 건국공로훈장령(1949. 4. 27)이 제정 공포되면서 대한제국말 훈장 조례 이후 새로운 상훈제도가 설치되었고 계속해서 무궁화대훈장령(1949. 8. 13)·무공훈장령(1950. 10. 19)·포장령(1949. 6. 6) 등이 공포 시행되었다.

1963년 12월 14일 법률 제1519호로서 단행법령으로 운영되어 오던 각종의 상훈관계법령을 통합한 상훈법이 공포 시행되었다. 처음에는 무궁화대훈장(무등급)·건국공로훈장(3개등급)·무공훈장(5개등급)·소성훈장(5개등급)·근로공로훈장(5개등급)·수교훈장·문화훈장·산업훈장(3개등급)의 8종이 있었다. 그 뒤 수차례에 걸쳐 상훈제도의 보완이 이루어졌고 67년 1월 16일 법률 제1885호로 상훈법이 전문 개정되었으며 제도적 정비작업이 추진되었다.

건국공로훈장이 건국훈장으로·소성 훈장이 근정(勤政)훈장으로·근로공로훈장이 보국훈장으로·문화훈장이 국민훈장으로·수교(樹交)훈장이 수교(修交)훈장으로·산업훈장에 철탑과 석탑이 추가되어 5개 등급으로 바뀌었다.

70년 11월 17일 다시 개정되어 보국훈장과 수교훈장의 등급별 명칭이 각각 정하여졌으나 73년 1월 25일 법률 제2447호로 또다시 개정되어 문화훈장·새마을훈장·체육훈장이 신설되고 수교훈장·광화장이 광화대장과 광화장으로 분리됨으로써 상훈제도가 완비되었다.

- 특히 73년에 신설된 새마을훈장은 새마을 운동을 통하여 국가 사회 발전에 기여한 공적이 뚜렷한 자에게 수여되며 새마을훈장 자립장·새마을 운동 자조장·새마을 운동 협동장·새마을 운동 근면장·새마을 운동 노력장 등 5개 등급을 두었다.

에 자꾸 늘어나고 처음에는 숫자가 적다가 몇 해 후에 가면 대부분 그런 동네가 되고 아주 게으

른 사람들만 모여 사는 동네만이 낙후되어 보기 싫은 동네가 가끔 보일 정도로 거꾸로 이런 현상

이 나타나야 하지 않겠느냐 하는 것입니다. 중앙에서도 지금 이런 연구를 하고 있지만 지사들도

한 번 연구를 해 보는 게 좋겠읍니다.

모범적인 부락도 여러 군데 있는데 특히 경산, 청도 같은 데를 한번 보십시오.

전부 근처에 있는 뻘건 농촌하고 비교를 해 보십시오. 같은 농촌인데 왜 이렇게 달라지겠읍니까?

그 다음 또 한 가지 이 기회에 이야기하고 싶은 것은 여러분들이 예산을 써서 하는 건설 공사

에 대한 사전 사후 감독을 좀 더 철저히 해야 되겠다는 것입니다.

최근에 서울시의 시민 아파트 붕괴 사건이 일어났기 때문에 하는 얘기가 아니라 건설 공사에

대해서는 잡음이 있었읍니다.

도로 공사라든지 교량, 농업 용수 개발, 저수지, 접수 암거, 양수장 시설, 기타 지방 공공 시

설, 시민 아파트, 이런 여러 가지 사업들을 많이 하고 있는데, 이 사업들을 아주 말단의 계급이

낮은 공무원들이 다루고 있지 않은가 생각해 봅니다. 그러나, 사전의 설계나 시공, 시공이 끝난 뒤

의 준공 검사 등에 대해서 책임질 만한 공무원에게 책임을 지워 철저히 감독해서 절대 그 공사가

부실해지거나, 또 정당히 써야 할 자재가 안 들어가고 유용이 된다거나, 설계가 엉터리가 되어서

얼마 가지 못하고 허물어져 버린다거나, 이런 일이 없게끔 각별히 유의하고, 특히 모든 사업이

마찬가지입니다만 지방 도시에 도시민들 주택난 해결을 위해서 아파트를 짓고 있는데, 이 아

38

3. 자주국방
- 유비무환 有備無患 -

6.25사변에서 목숨 걸고 싸웠던 낙동강·다부동·영천방어전·백마고지 전투와 베트남 전투에는 우리나라 국군의 정신이 그대로 살아있다.
우리나라의 군인은 '**나라의 간성干城**'·'**건설의 역군**'·'**겨레의 방패**'로 그 숭고한 역할을 다해 왔으며 앞으로도 그 지대한 역할은 나라의 명운과 함께 할 것이다.

〔참고 1973년 10월 1일 제25회 국군의 날 기념식에서〕
박정희 대통령은 유시를 통해 대한민국의 안전을 위협하고 우리 겨레의 자존을 모독하는 어떠한 형태의 도발도 이를 결단코 용납하지 않겠다는 일치된 국민적 결의를 보이자고 말씀하셨다.

박정희 대통령은 민족의 생존권은 절대 불가침의 천부적 권리라고 강조하고 그러나 이 권리는 남이 지켜주거나 또한 지켜줄 수도 없는 것이라고 말하면서 그렇기 때문에 국방의 정신적 바탕은 자주와 자조 정신에 있다고 역설하셨다.

박정희 대통령은 이어서 '자주'와 '자조'의 정신이 협동의 대 전제이며 국제사회에서도 자기를 수호하려는 노력이 있을 때 비로소 상호방위의 유대도 강화될 수 있다고 지적하고 자주·자조·협동의 정신이 바로 집단안보의 기본이 되어야 한다고 강조하셨다.

박정희 대통령은 또 '유신'이념은 자주국방 태세의 확립과 총력 안보의 정신적 지주이며 그 추진력은 바로 새마을 정신이라면서 자주적 창의성을 발휘한 교육훈련과 전술의 발전, 과학적이고 경제적인 군대로 성장하기 위한 여러 가지 국방자원의 효과적 유지 관리 등을 이룩하는 군의 새마을운동을 적극적으로 펴나가도록 촉구하셨다.

박정희 대통령은 지나간 25년 동안 우리 국군은 불퇴전의 용기와 강철같은 단결력 그리고 조국에 대한 무한한 충성심으로 수많은 역경과 시련을 극복하면서 승리와 영광의 전진을 거듭해 왔다고 치하하고 그리하여 지금은 막강의 위용을 자랑하는 국군으로 성장했다고 말씀하시면서 우리 국민들이 오늘과 같은 안정 속에서 번영된 내일의 조국을 건설하기 위해 마음 놓고 생업에 종사할 수 있다는 것은 오로지 우리 국군의 덕택이라고 말씀하셨다.

박정희 대통령은 이어서 평화공존을 향해 줄달음치는 세계사적 추세와는 달리 우리 주변은 북한 공산주의자들에 의한 남북대화의 일반적인 중단 등 새로운 형태의 긴장이 조성되고 있다는 점을 지적하고 국군장병들은 우리 국민 모두가 올바른 국가관과 민족사관을 바로 세워서 총력 안보의 기반을 튼튼히 해나가는데 앞장서 줄 것을 당부하셨다.

우리의 자주국방은 침략을 위한 것이 아니라 평화와 번영을 위한 것이며 이 평화와 번영은 우리 국민 모두를 위한 것이라 하셨다.
그리고 진정한 평화와 번영은 오직 그것을 차지할 수 있는 힘과 용기와 슬기를 가진 사람만이 차지할 수 있다고 말씀하셨다.

이날 제25회 국군의 날 기념식에 이어서 국군장병들은 서울에서 시가행진을 벌였는데 수많은 시민들로부터 뜨거운 박수와 격려를 받으면서 그 늠름한 모습을 자랑했다.

- 유튜브 자유세상 방송국 제공 -

1) 민족의 수난
(1. 6.25 사변)
오늘날에 와서는 6.25사변을 6.25 한국전쟁이라 말한다. 필자가 초·중·고를 다니던 시절에는 6.25를 사변으로 알고 졸업했다. 필자가 그렇게 배워서 하겠다기 보다는 6.25는 전쟁의 의미보다 사변이라 말함이 옳다고 보고 앞으로 이 책에서는 6.25사변이라 부르겠다. ※ 사변과 전쟁의 차이점[45]

1950년 6월 25일 북한군이 남침하여 53년 7월 27일 휴전 협정이 조인될 때까지 3년 1개월 동안 계속된 사변은 민족을 극단적으로 분열시키고 대립시켰다. 이때 남한은 10만 병력을 갖추었다고 하나 북한 군사력과는 비교가 되지 않았다.

8개 사단중 4개 사단은 후방에 배치되어 제주도 4.3사건·여수 순천 반란사건 등 공산 게릴라 소탕 작전에 여념이 없을 때였다.

---

45) 사변과 전쟁: 전쟁은 선전 포고를 하는 것이라면 사변은 선전포고 없이 기습적으로 침투하는 것이다. 한국전쟁(Korea War)을 6.25 사변 (6.25, S- War)으로 했습니다. S= Surprise 인데 첫 스펠링 s를 대문자로 표기했습니다. * '혁재자'와 '6.25사변' 스펠링은 제가 임의로 만들었습니다. 참고해 주시기 바랍니다.

모두가 잠든 사이 1950년 6월 25일 새벽 북한군은 38°선 전역에 걸쳐 기습적으로 남침하였다. 이는 6.25전쟁이 아닌 6.25사변이라 부르는 이유도 된다. 이 당시 미국은 트루먼 대통령 집권 시절이었다. 트루먼 대통령은 북한의 기습적인 남침 소식을 듣고 즉각 미군을 파견하는 동시에 유엔 안전보장 이사회를 열어 16개국의 유엔군[46]을 파견하며 전쟁 물자까지 지원해 주었다.

　　제대로 싸워보지도 못하고 낙동강까지 일방적으로 밀리던 전투는 미국 트루먼 대통령의 적극적인 지원과 맥아더 장군의 인천상륙작전으로 말미암아 일단 반전되어 북한 압록강까지 밀고 올라갔지만 중공군 개입으로 또다시 국군은 남으로 밀리게 되었다. 이렇게 밀고 밀렸던 6.25사변은 엄청난 인명피해와 손실을 남긴 치열한 전투로서 1953년 7월 27일 드디어 휴전 협정이 되면서 승패 없이 끝이 났다.

〔2. 6.25 사변의 피해〕

　　6.25 사변이 우리 민족에게 끼친 영향은 이루 말을 할 수 없을 뿐만 아니라 국제 정세에도 많은 영향을 주었다. 특히 미국은 우리의 6.25사변을 계기로 세계 최강대국으로서의 위치를 굳혔고 미국과 소련의 냉전도 더욱 심화 되었고 세계 제2차대전에서 패배한 일본의 경제부흥과 안정에 이바지하게 되었다.

---

46) 유엔 16개국: 미국·영국·프랑스·오스트레일리아·캐나다·뉴질랜드·남아프리카공화국·터키·타이·그리스·네덜란드·콜롬비아·에티오피아·필리핀·벨기에·룩셈부르크.

먼저 북한을 살펴보면 농지가 36만6840ha 손상되었으며 민가 60만채·학교 5000개·병원 1000개 가량이 파괴되었다. 남한은 휴전 직후 집을 잃고 거리에서 방황하는 전재민(戰災民)의 수가 200여만명에 이르렀고 약 900개의 공장이 파괴되었으며 60만채 가옥이 파손되었다.

사망 인적 손실은 남한이 약 230여만명·북한은 약 292만명에 달한다고 하며 먼 이국땅에 온 유엔군 손실은 약 15만명이며 미군은 전사자 실종자 포로 모두 포함해서 약 17만2800여명이며 전사자는 3만6천명~5만4천명 이상이라 한다.
미국 행정부와 어머니들은 얼굴도 모르는 머나먼 이국땅 한국으로 소중한 아들들을 보내서 우리나라와 국민을 위해 피 흘리며 함께 싸웠기에 그래서 우리는 미국을 혈맹의 우방국이라 한다.

그리고 휴전 이후, 추위와 굶주림에 시달리던 시절에 미국이 그래도 밀가루와 우유 등 식료품과 의류를 보내 주었기에 그나마 오늘의 우리가 존재할 수 있었다. 가장 어려웠을 때 생명과 물심양면으로 도와준 은혜로운 시절이 있었기에 때로는 미국이 좀 이기적인 서운한 면이 있어 실망스러워도 목숨 바쳐 우리를 지켜준 의리만은 저버리지 말아야 하는 것은 바로 우리 자신을 위하는 최선의 방법이기도 하다.

즉 미국과는 혈맹 우방을 하면서도 독자적 노선을 지향할 수 있지만 북쪽 다른 나라와는 그런 점에서 미국과 같지 않다. 박정희 대통령께서도 미국에게 얼마나 많은 실망을 당하고 분개도 했지만 미국과의 신뢰및 의리만은 깨뜨리려 하지 않았다.

「그렇다고 우리에게 좀 도움이 될 거라고 생각하며 지난날의 의리에 묶여 미국에 '사대(事大)' 하자라는 말은 아니다. 좀 더 공부하고 연구하고 노력하며 더 잘살면서 미국과의 의리도 지키자는 밀이지 그 이상도 이하도 아니다.

미국도 자기 국익이 중요하니까 그런 면은 감안하고 인정하면서 유지해야 할 필요가 있다.
19세기를 관찰하고 살펴보면
미국과의 우방들은 노력하면 잘사는 나라로 성장했지만, 북쪽 나라들과의 우방국가는 하나같이 가난한·범죄집단 국가가 되어가는 것이 눈으로 확인되지 않는가?

미국과 같은 거대한 나라를 강력한 혈맹 우방국으로 곁에 두면서 우리 스스로 우리를 지킬 수 있을 때까지 힘을 키우고 강대국들 사이에 끼어 있는 우리도 하루빨리 선진 강국이 되도록 하자. 라는 뜻이 필자가 하고 싶은 말이다. 그러면 약소국의 설움도 느끼지 않을 것이다.

일본을 돌이켜 보면 알 수 있다. 일본이라고 해서 왜 자존심이 없겠는가?
제2차 세계대전 때, 미국으로부터 핵을 맞고 비참하게 패망했음에도 불구하고 미국과의 끈을 놓지 않으려고 노력하는 것을, 보면 참으로 눈물겨울 정도이다.

인간적인 면모를 잃지 않는 선에서 이성을 냉철하게 발휘하며 국익을 위해 미국과의 관계를 어떻게든 좋게 유지하려고 애를 쓰는 모습을 보자. 미국이 헐렁한 핫바지라면 일본이 그렇게 하겠는가 말이다. 반대하는 국민이 왜 없겠는가?.
일반 국민으로 있었을 때는 반대했더라도 막상 통치자가 되면 국익에 따라 움직이는 모습은 정말 지극히 상식적이다.」

중국군 손실은 90만 명으로 추정한다. 이외 엄청난 물적 손실은 남북한 전체를 통해서 학교·교회·사찰·병원 및 민가를 비롯하여 공장·도로·교량 등이 무수히 파괴되었다. 사실 이 물적 피해보다 더 심각한 문제가 있었으니 그 문제가 바로 민족 내부의 불신과 적대감으로 인한 이념적 문제이다.

> 우리에게 절대로 잊고 살아선 안 되는 한 가지가 있다면 그것은 박정희 대통령의 은혜입니다. 6.25 사변 이후 잿더미로 뒤덮인 폐허 위에서 주린 배를 움켜쥔 국민들을 위하여 배불리 먹을 수 있는 터를 닦으셨고 〈조국의 평화적 통일과 한국적 민주주의 토착화〉를 위한 '유신' 헌법을 공포하여 우리가 살아가야 할 방향을 제시한 분이 바로 박정희 대통령이십니다.
>
> 박정희 대통령은, 모르는 것은 끊임없이 배우신 분이시고 6.25사변 격전지에서는 앞장선 최고전사였으며 반공전선 최선두에 서셨으니 죽음을 두려워하시지 않은 분이었습니다.
>
> 굶주리고 있는 절망의 위기에서 민족을 구한 박정희 대통령의 은혜를 모른다면 우리가 어떻게 머리 위에 하늘을 이고 살아갈 수 있겠습니까?

[3. 6.25사변과 대한민국]

6.25사변은 대한민국의 반공 질서를 강화시켰다. 처참한 사변 경험은 국민들을 반공정신으로 무장토록 하였으며 미국과의 동맹관계를 돈독하게 하였고 유엔에 대한 믿음 또한 강화시켰다.

경제면에서는 미국의 경제원조와 유엔의 경제원조를 바탕으로 6.25사변의 엄청난 피해를 복구시켜 나갔다. 이 6.25사변은 대한민국 국민의 자주적인 성장 가능성을 상실케 하는 면도 있었지만 군사적 측면에서는 사회 부문보다 월등하게 한국의 군부를 급격히 성장시키는 계기가 되었다.

또한 6.25사변은 민족의 대이동을 초래하여 사변 발발로부터 휴전 성립 이전에 약 29만 명이 월북하였거나 납북되었고 약 45~65만명이 월남한 것으로 추정한다. 이는 1950년대 중반과 후반의 실업률이 심각할 정도로 높아서 먹고살기조차 어려웠음을 입증하고 있다.

그때는, 인구는 많은데 일할 곳이 없어서 밥만 먹여줘도 감지덕지로 말 한마디 하지 않고 일하는 시대였다.

출처 : 중앙일보6.25 사변 사진 (https://www.joongang.co.kr/article/4595952)

특히 낙동강 전투의 치열함은 그곳 주민들의 처참한 생활상을 말해 주고 있으며 사망자가 없는 집이 없을 정도로 군인으로·학도병으로 또는 북한군에 납치되어 가거나 퍼부어 대는 폭격에 인명피해가 말로 다 할 수 없었다.

〔4. 6.25사변과 박정희〕

1950년대의 박정희는 청년 장교이던 시절이었다. 어렸을 때는 자신이 태어난 시대가 일제시대인 줄도 몰랐고 대구 사범학교를 졸업하고 문경서부심상소학교 교사직에 있으면서 조국과 민족을 위하여 살아야겠다는 것을 깨닫는 순간 고향을 떠나 만주로 가서 군사학교에 입학하였다고 생각한다.

그때의 박정희는 일본 치하에 있었으므로 그 영향을 벗어날 수가 없음을 알고 일본 군사학교에서 신교육 군사교육을 받았고 미 육군포병학교 고등군사반 유학생으로 선발되어 유학을 한 세계의 최첨단 군사교육을 받은 최고 엘리트였다.
우리는 박정희 대통령을 향해서 '독재자'라고 쉽게 폄훼할 수 없는 인물임을 분명히 알지 못하면 우리 스스로 부끄러운 민족이 될 것이다.

박정희는 대구사범학교 1년 후배 송재천의 소개로 충북 옥천에 사는 육종관의 딸 육영수를 만난다. 육영수는 송재천의 외사촌 누이였다. 6. 25사변 때 박정희는 부산으로 피난 간 육영수 여사를 틈틈이 찾아다니며 사랑을 꽃피우더니 청혼하며 드디어 대구 천주교 계산동 성당에서 결혼식을 올렸다. 박정희와 육영수의 혼인을 극구 반대하던 육영수 여사님의 아버지 육종관은 끝내 식장에 나타나지 않았다.

박정희 중령은 6.25사변 때 부산으로 피난을 간 여사님을 만나 대구에서 결혼식을 올리고 신혼 5일 만에 강원도 전투에 참여하며 전공을 세운다. 그는 최전선 전방 전투와 치열한 낙동강·영천 전투에 참여해서 전과를 올렸으며 이후 받은 8개의 훈장을 열거해보면 다음과 같다.

① 중령 계급으로 1950년 12월 30일 '금성충무무공훈장'을 받았고
② 대령 계급으로 1951년 12월 5일 '화랑무공훈장'을 받았다. 그리고
③ 충무 무공훈장 ④ 은성 충무무공훈장 ⑤ 은성을지무공훈장 ⑥ 금성을지무공훈장
⑦ 국가방위훈장 ⑧ 충무무공훈장등 8개의 훈장을 받은 뛰어난 '호국 전사'였으며

6.25사변에 직접 온몸을 던져 전투에 앞장선 '구국의 전사'이기도 하다.

<비하인드 에피소드 22 결혼식>

> 박정희와 육영수 결혼식의 주례는 대구시장 허 억이 맡아 예식을 이끌었다. 허 억은 박정희를 한 번도 만난 적 없었으나 조재천 경북지사의 부탁을 받아서 선 것이다.
>
> "지금부터 '육영수군'과 '박정희양'의 결혼식을 거행하겠습니다."라고 말하자 조용하던 하객들이 갑자기 폭소를 터뜨리며 술렁거렸으니 결혼을 극구 반대하던 아버지까지 오시지 않아 우울하던 육영수 여사는 한결 표정이 밝아진 아름다운 결혼식을 올리게 되었다고 한다.

박정희는 우리나라를 잿더미로 만든 6.25사변을 겪었고 잿더미 위에서 배고픔을 참아야 했던 굶주림을 겪었고 외세가 혼잡된 혼란 시대를 몸소 겪었으므로 우리 민족의 문제점도 정확하게 꿰뚫어 보고 있었을 것이므로 극복할 수 있는 그 답도 알고 있었을 것이다.

따라서 박정희 대통령 자신은 떠나가더라도 우리 민족이 이념 전쟁에서 살아남으며 강대국의 의존에서 자립하며 영원히 굶주리지 않고 살 수 있도록 단도리를 한 것이 바로 '유신維新'이라 생각한다.[47]

유신헌법으로 개헌함을 박정희 대통령이 권력을 평생 독점하기 위하여 실시한 것이라고 말한다면 몸 바쳐 헌신하신 분에 대한 모독이요 왜곡이 아닐 수 없다. 왜냐하면 그때는 박정희 대통령의 생각을 국민들이 미처 헤아리지 못했지만 2025년 작금의 사태를 보면서 우리 민족은 문무를 겸한 강력한 지도자가 통치하는 법치 제도가 꼭 필요한 민족임을 알 수 있으니 말이다.

특히 박정희 대통령은 문무를 겸한 통치자이다. 그림도 잘 그리셨으며 시적 감성도 뛰어나 시집이 남아있다. 음악적 감성은 '나의 조국' 과 '새마을노래'[48]를 직접 작사 작곡하셨고 한학에도 밝으셨고 한학자를 좋아하셨다. 서예도 잘하셔서 쓰신 글도 남아 있다.

---

47) 유신헌법은 1980년10월22일 개정헌법안이 국민투표로 확정됨에 따라 폐지되었다. 박정희 대통령은 자신의 조국인 대한민국 경제를 이제 반석 위에 올려놓았으니 자신은 떠나더라도 영원히 낙후되지 않는 나라로 이어지기 위한 궁여지책으로 개정한 것이 유신헌법이라 할 수 있지만 폐지되므로써 실패하였다.
48) 박정희 대통령께서 직접 작사, 작곡하신 '나의 조국'과 '새마을 노래'에는 유신의 정신이 가장 잘 담겨있다고 하겠다.

우리 민족의 장점과 단점을 잘 알고 있어서 장점은 살리고 단점은 고쳐서 부지런하고 근면한 정신을 살리도록 근면·자조·협동을 강조하면서 '하면 된다, 할 수 있다.'(Can do 정신)는 자신감을 심어준 대통령이었으며 실제로 또 그렇게 할 수 있다는 것을 몸소 보여준 대통령이기도 하다.

선조들이 남긴 문화를 발굴하고 높이 살리며 사회적으로 문제가 되는 것들은 확연하게 밝혀 민족의 정신을 깨우고 대한민국 국토를 조상의 박물관으로·온 나라를 첨단과학으로 다듬어 나가신 분이 박정희 대통령이었으니 공직자들은 감히 부정부패를 조작할 생각조차 할 수 없었던 통치의 천재였지만 그때도 부정 축재자들은 있었다. 그러나 최소한 박정희 대통령만은 '윗물'로서 맑은 분이셨던 것이다.

(공직자들의 상관으로서 청렴한 모습을 보여주시기 위해 '솔선수범하신 분'임을 말함.)

(5. 6.23 평화통일외교정책선언)[49]

1973년 6월 23일 박정희 대통령에 의하여 발표된 선언이다. 평화통일의 기반을 조성하기 위해 공산권에 대한 문호개방과 남북한 유엔 동시 가입 등이 내용으로 되어 있다. 7개 항의 선언 내용은 다음과 같다.

① 조국의 평화통일을 위한 계속적인 노력.
② 남·북한 상호 내정불간섭과 불가침.
③ 남·북 대화의 구체적 성과를 위하여 계속적인 노력.
④ 북한과 함께 국제기구에 참여하는 것을 반대하지 않는다.
⑤ 남·북한 유엔 동시 가입을 반대하지 않는다.
⑥ 호혜 평등원칙하에 모든 국가에 문호개방을 하며 이념과 체제가 다른 국가들도 우리에게 문호를 개방할 것을 촉구한다.
⑦ 대한민국 대외 정책의 기본은 '평화실현'이다.

---

49) 이승만 대통령의 북진통일이라면 박정희 대통령의 평화통일이다. 시대와 상황에 따라 정책이 달라지는 것은 당연하다고 생각한다. 그러나 오늘에 와서 평화통일을 제일 먼저 선언한 분이 '박정희 대통령'이시라는 것을 우리는 꼭 기억해야 할 것이다. '평화'란 용어가 오늘에 와서 엉뚱한 분의 전유물이 되어 있는 것 같은 염려에서 확실하게 밝혀 두고자 한다.

2) 박정희와 핵 개발
《박정희》

박정희(1917~1979)는 군인이었고 혁명가였으며 정치가였다. 박정희는 경상북도 선산군 상모리읍 가난한 농가에서 1917년 11월 14일 하급 군관인 효력부위[50]를 지낸 농민 박성빈과 백남의 부부 사이에서 태어났다. 일제시대에 태어난 박정희는 20리 산길을 오가며 학교를 다녔다.

일설에 의하면 부친 박성빈은 동학에 가담했다가 자수를 하여 사면을 받았다고 한다. 너무도 가난한 살림에 아이가 7명이나 되니 그도 그럴 것이 먹고 사는 것이 걱정이 아니 될 수 없었던 시절이다.

그래서 어머니 나름대로 뱃속의 아들(박정희)을 떼어내기 위해 배를 천으로 둘둘 감아 아이가 뱃속에서 더이상 자라지 못하게 한다거나 또는 짜디짠 간장을 한사발이나 들이키면서 낙태되기를 원했고 또 높은 언덕에서 일부러 굴러떨어지며 낙태되길 바랐고 심지어는 배가 찢어지길 바라며 디딜방아 공이 아래 드러눕기도 했다.

이렇듯 온갖 노력을 다해 보았지만 인명은 재천이라 박정희는 5남 2녀중 막내로 기어이 태어나고야 말았다.
- 태어난 박정희는 우리 민족의 '가장'이 되었고 '장남'이 되었다.

어머니 백남의는 아들 박정희를 45살 늦은 나이에 임신하게 되어 부끄럽기도 하였거니와 (사실 산달이 큰딸 귀희와 같은 달이었다.) 가난한 집안에 식구가 늘어나니 걱정이 더 많아졌다. 태어난 박정희는 태아 때 어머니의 뱃속에서 고생한 탓도 있겠지만 거기다 너무도 가난하여 젖도 제대로 마음껏 못 먹고 큰 탓인지 성인이 되어서도 다른 형제간에 비해 발육상태가 원활하지 못해서 다소 왜소한 체구를 가졌다.

이런 와중에도 우여곡절 끝에 박정희는 대구 사범학교에 합격한다.

---

50) 효력부위란 벼슬은 말단 9급 하위직이다. 박정희 대통령 부친 박성빈은 그 당시 유생儒生이었던 것이다. 박성빈은 동학에 가담하면서 투옥되기도 하였다. 그런 연유로 영영 벼슬을 할 수 없었다.

박정희의 구미보통학교 졸업 사진. 셋째 줄 오른쪽 끝이 박정희.
출처 : 대구신문(https://www.idaegu.co.kr)

어머니 백남의는 합격을 하고도 돈이 없어서 학교에 다니지 못한다면 한으로 남겠지만 박정희 자신이 떨어지면 누구도 원망하지 못하고 학교도 안 가게 되니까 가난으로 쪼달리는 살림살이에 등록금이라는 시름을 앓지 않아도 된다고 생각하고 박정희가 사범학교에서 떨어지길 기다리며 불합격을 빌었다고 한다.

그러니 이후 어머니 백남의는 정희를 키우면서 아마도 미안하고·죄스럽고·기쁘고·안쓰럽고·대견스러운 등 온갖 말할 수 없이 교차하는 마음을 안고 살았으리라.

〔1. 교사에서 군인으로〕

　1937년 3월 박정희는 대구사범 학교를 졸업한 뒤 40년까지 문경초등학교에서 교편을 잡고 있다가 애절하게 붙잡는 어머님을 뒤로하고 눈 내리는 경북 구미역 플랫폼에서 북행선을 타고 만주로 간다. 이후 만주 신경군관학교를 거쳐 일본 육군사관학교를 졸업하고 소위로 임관된 뒤 관동군에 배치를 받았다.

어머니와의 사진 / 구미생가 출처 : https://m.blog.naver.com/dj1283/221645228403

　　5군단 예하 보병 8단(연대) 연대장 작전 담당 부관으로 1년 1개월 근무했다. 이 부대는 모택동 공산당군 11·12·13사단을 토벌하기 위한 보병부대였고 연대장은 중국인 단제영 대령이었다. 여기서 근무할 때 무장 투쟁하는 독립운동가들의 활동 내용을 알게 되었고 무엇보다 역사 조작을 알게 되는 계기가 되었다고 한다.
그리고 박정희는 1945년 7월 만주군 중위로 진급했다.

그러나 일본의 패망 소식을 접하자 직위에서 해임되고 무장해제를 당했다. 9월 팔로 군의 지휘를 받는 6사단과 함께 이동 중 9월 21일 도망치면서 일본군과 만주군에 소속된 장교 경험자를 찾고 있던 한국광복군에 편입되어 한국광복군 제3지 대장 김 학규가 지휘하는 제1대대(평진대) 제2중대장에 임명되어 광복군 장교로 활동하였다 가 4월 평진대(제1대대)가 해산된 후 5월 8일 미군정의 방침에 의해 미군 수송선을 타고 부산항으로 귀국하였다. 고국으로 귀국한 후 1946년 육군사관학교를 2기생으로 졸업하고 육군 대위로 임관되었다.

먼 훗날 박정희 대통령은 '만주' 그 먼 곳으로 꼭 가야 하느냐며 눈물로 말리는 어머님의 흰 저고리가 한점으로 보일 때까지 하염없이 손을 흔들고 계셨던 어머님.

- 공산당 혐의를 받고 옥고를 치르자 상심이 커져 몸져 누우시다 돌아가신 어머님.
- 폭우로 무너져 내리는 무덤을 새로 손질하며 소자가 불효막심했습니다. 라고 흐르는 눈물로 참회를 한다.
- 49년 여수·순천반란 사건과 관련해서 공산주의 혐의자로 군법에 회부, 사형을 선고받았으나 동료들의 (백선엽 장군 등) 구명운동으로 석방되어 예편되었다.

- 1950년 6.25사변이 터지자 소령으로 군에 복귀·육군 정보국 작전정보과장·제9사단 참모장 등을 거쳐 1953년 11월 25일에 준장으로 진급한 후·미국 육군포병학교에 고등군사반 유학생으로 선발되어 미국 유학을 떠난다.

박정희 대통령은 미 육군포병학교 유학을 마치고 1954년 6월 27일에 돌아왔다. 이후 박정희 소령이 1950년 6.25사변 영천 사수 전투에서 북한군을 물리쳤기에 최대고비였던 낙동강 전투를 버텨낼 수 있었고 다부동·안강·왜관 전투에서 큰 전공을 세웠었다.

〔2. 군인에서 정치가로〕

김종필을 비롯한 육사 8기 장교를 중심으로 군사혁명위원회·국가재건최고회의를 조성하고 의장에 취임·2년 7개월간 군정을 실시하여 정치·사회개혁·경제개발계획 관철 등 조국 근대화의 기틀을 마련했다.

63년 대장으로 예편하고 민정에 참여, 민주공화당 총재로 제5대 대통령선거에서 민정당 후보 윤보선을 이겨 당선되었다.
한국의 근대화를 위해서는 미국의 군사원조와 일본의 경제원조가 불가피하다고 판단·미국과 유대를 강화하는 한편 65년에는 6.3사태등 국민의 거센 반대를 무릅쓰고 한·일 국교를 정상화하여 대일청구권 자금을 끌어냈으며 미국의 요청으로 베트남 전쟁에 국군을 파병하였다.

<비하인드 에피소드 23 '청운각'>

박 대통령이 문경 서부 심상소학교(문경초등학교) 교사로 근무했을 때 학교 길 건너 가까운 곳에서 1937년 3월부터 1940년 4월까지 3년간 하숙을 하였다. 아담한 초가지붕 아래 안채와 사랑채가 있고 디딜 방앗간과 우물도 있는 집이다.

교사를 그만두고 만주로 가서 '만주국 육군 군관학교(신경군관학교)'에 다닐 적 고향에 내려와 쉴 때 그리고 대통령이 되신 후에 문경 인근지역에 행사가 있을 때면 이곳에서 머물다 가셨다고 한다. 1976년 당시 그 하숙집을 삼창 광업개발 김종호 대표가 매입하여 문경군 교육청에 기부하였다.
이후 '청운각'이라 이름하고 육영재단에서 관리하다가 지금은 문경시에서 관리하고 있다.

그곳에 가면 박정희 대통령께서 서거하신 1979년 10월 26일 당시 60년 된 살구나무 고목이 있었다. 박정희 대통령께서 서거하신 이틀 뒤, 때아닌 살구꽃 두 송이를 피운 후 고사枯死한 나무이다.

사람들은 박정희 대통령 젊은 시절 함께했던 정이 못내 아쉬워 서거를 슬퍼하다 고사한 나무라 하여 '충절의 나무'라 부르는데 지금은 안타깝게도 그루터기만 남아 옛정만을 보여주고 있다.

1956년 제5사단장·58년 제7사단장을 지내고 소장으로 승진되었다. 1959년 서울 군관구 사령관, 60년 4.19를 전후해 부산 군수기지사령관을 지내고 대구 2군 부사령관으로 있던 61년 5.16군사 혁명을 일으켰다.
<그러므로 제2군 사령부는 5.16혁명의 발상지가 된다>

62년 제1차 경제개발 5개년계획을 수립, 추진한 이래 일본의 자금과 차관 등을 들여와 산업기지 건설·수출 드라이브 정책 등 고도성장을 이룩하여 국민의 절대빈곤을 해소하였고 도시와 농촌의 빈부 격차를 없애기 위한 <새마을운동>을 펼치는 등 과감한 경제성장 정책을 실시하였다.

67년에 대통령으로 재선되었으며 70년 경부고속도로를 완공하고 포항제철·지하철 등을 건설하여 한국경제를 <한강의 기적>이라 불리는 고도성장 궤도에 올려놓았으니 한국은 비로소 세계 개발도상국 가운데 가장 빠른 발전을 이룩한 공업 국가의 하나가 되었다.

3선개헌을 통해 71년 야당 후보 김대중(金大中)을 물리치고 대통령에 3선 되었으며 72년 7월 남북 긴장 완화를 위해 남북대화를 추진하여 남북공동성명을 발표하였다. 72년 10월 정당 및 국회를 해산하고 전국에 계엄령을 선포한 뒤 '유신헌법'을 국민투표에 부쳐 확정하고 <통일주체국민회의>에서 제8대 대통령에 당선, '유신' 시대를 열었다. 그러나

74년 8월 15일 조총련계 문세광의 저격으로 부인 육영수 여사님을 잃었고 77년 박동선의 코리아게이트사건 등 국제적 스캔들에 휘말렸으며 70년대 후반에는 미국의 반대를 무릅쓰고 '자주국방'을 위해 독자적인 핵무기 개발을 추진하면서 엄청난 여론에 휘말리게 된다.

1960년대 후반부터 잇따라 일어난 북한의 도발과 그에 따른 남북관계의 악화 그리고 베트남의 공산화 등 그 무렵의 국제 정세를 보면 박정희 대통령은 더이상 '핵개발'을 미룰 수 없었다. 핵이야말로 말이 필요 없이 막강한 힘으로 상대를 제압할 수 있기에 군사적인 측면보다 정치적인 측면에서 꼭 필요한 것이었다.

더구나 1969년 7월 25일 괌에서 미국 닉슨 대통령이 닉슨 독트린을 세계에 선포하고 이듬해 해군 방송선 피랍사건이 발생하자 박정희 대통령은 방위산업 육성에 적극적으로 뛰어들게 되었던것이다.

또 1967년에는 대한민국 발전을 이루기 위해 민족중흥의 동량, 시대적 혁신을 위한 인재를 양성하는 것이 매우 중요하다는 교육 철학과 애국·애민 정신으로 영남대학교를 설립하고 영남대의 교육 지표를 제시하였다.

이로써 박정희 대통령의 군인 적인 우국충정으로 한국 근대화를 위한 성장의 기틀을 이룩한 지도자로서의 업적은 높이 평가되어야 마땅한 것이다.

박정희 대통령은 한학에 밝은 사람을 좋아했고 유학자 박종홍 박사를 스승으로·협조자로 모시며 유학을 즐겼다. 구미보통학교 입학 전에는 서당에 다니면서 『사자소학』을 공부했고 대통령이 되어서는 정약용의 『목민심서』를 즐겨 읽었다. 평소에는

<비하인드 에피소드 24 '김재규'>

알려진 바에 의하면 박정희 대통령을 저격한 김재규는 김형철의 아들이라고 한다. 김형철은 박정희 대통령께서 태어나고 자란 구미시 상모리 동네에서 가난하고 굶주리는 사람들의 빛이 되고 힘이 되어 주신 분이다.
김형철은 박정희에게 아들인 김재규를 잘 이끌어 달라며 부탁했다고 한다.

필자 생각에는 가난했던 박정희 집안도 김형철의 도움을 좀 받으며 지냈으리라는 생각이 들고 고향 땅 마음 좋은 아저씨 김형철의 아들이기에 박정희는 김재규를 내치지 못하고 끝까지 함께 하고 싶어 했던 것 같다.

박정희와 김재규는 9살이나 차이나지만 육사 2기 동기생이다.

대구사범학교 심상과 4학년 대표하는 나팔수(오른쪽 끝 박정희) 20세기 화전문고 제공
출처 : 대구신문(https://www.idaegu.co.kr)

지족知足을 최고의 가치로 알고 살았으며 청와대 식탁엔 반찬 4가지를 넘지 않게 했고 밥은 보리를 3할 넘게 섞어서 먹었다.

문경심상소학교
운동장에서
밴드 연습중인 박정희
(1939년 여름방학 때로 추정)

출처 : 문경 청운각

〈비하인드 에피소드 25 문경심상소학교(문경초등)교사시절 '진남강' 소풍가서..〉

박정희 대통령이 문경초등 소학교 교사 시절, 나팔을 좋아했고 또한 잘 불었다. 하루가 열리는 희뿌연 새벽 5시가 되면 박정희 선생님은 학교 운동장 교단 위에 올라가 나팔을 불었다.
동네 사람들은 박정희 선생님의 나팔 소리를 기상나팔 소리로 들으며 깨어나서 소여물도 쑤고 학교 갈 준비도 하며 하루 일과를 시작했다고 한다.
또한 교장 선생님을 설득해 나팔 4개를 더 구입하여 4명의 아이를 나팔수로 뽑아 나팔도 (1939년?) 가르쳤다.

여기서 하고 싶은 이야기는 진남강 소풍가서 있었던 이야기이다.
봄기운이 완연한 4월 어느 날, 진남강으로 소풍 갔을 때도 박정희 선생님은 나팔을 메고 갔다. 문경에서 점촌 쪽으로 조금 내려가면 '진남'강이 나온다.

나팔을 불며 수건돌리기 하며 재미있게 놀이를 하고 있는데 어디선가 날카로운 비명소리가 들려왔다. 그때 박정희 선생님은 숨돌릴 새도 없이 비명소리가 들리는 쪽으로 달려가더니 한 아이를 업고 나왔다.

같이 있던 사람들이 허둥지둥 어쩔 줄 몰라 하는 사이 박정희 선생님은 쏜살같이 달려가 물에 빠져 허우적대는 한 아이를 구해서 나온 것이다.
물살이 세차게 굽이치는 강인데도 두려워하지 않고 옷 입은 채로 강물에 뛰어들었으니 대단한 담력과 뛰어난 수영 실력을 알아볼 수 있다.
(매우 민첩한 운동신경이 돋보인다.)

〔3. 국민교육헌장 선포〕

교육은 백년대계라고 말한다. 박정희 대통령은 권오병 문교부 장관에게 여러 계층의 의견들을 수렴해 교육장전(教育章典)을 제정해 보라고 지시했다. 이에 권오병 문교부 장관은 교육장전의 초안 작성을 위하여 1968년 7월 준비위원회를 청와대에서 열었다.

이 자리에서 박정희 대통령은 박종홍 박사에게 우리사상·우리나라 문화·우리 고유의 문화·민족문화·민족 주체사상·한국철학에 대해 질문을 하고 또 대답을 들으며 알게 되었다. 본디 박종홍 박사는 연구 업적이 획기적인 분이다.
최초의 철학논문「퇴계의 교육사상」을 등재하였고 1922년 잡지 <개벽>에 '한국 미술사'를 연재하였고 1960년대는 한국 사상회 회지 <한국사상>에 '한국철학사'를 연재하신 분이다.

박종홍 박사는 이인기·유형진과 함께 '국민교육헌장' 초안을 잡고 다듬었다. 박정희 대통령도 문안의 완성과정에 참여하였다. '국민교육헌장'은 1968년 11월 정기국회 본회의에서 마침내 만장일치로 통과되었고 12월 5일 박정희 대통령이 직접 선포하였다.

'국민교육헌장' 이념은 뒤이어 공포된 '유신헌법'의 기초가 되었으며 국적 있는 교육·새마을 교육 등의 새로운 교육 구호를 정당화하는 기반으로 널리 활용되었다.

'국민교육헌장'을 기초하고 구축하는데 함께 한 박정희 대통령과 박종홍 박사의 관계는 그 후에도 끈끈하게 이어졌다. 박정희 대통령은 미국의 미군 철수로 인하여 국제정치 전문가 겸 세계 전략에 조예가 깊은 정책보필의 보강이 심각하게 필요했을 때 김정렴 비서실장의 권유로 박종홍 박사를 교육·문화계 청와대 특별보좌관으로 임명한다.

이 특별한 기회를 박종홍 박사는 안심입명安心立命의 기회로 삼지 않고 자신의 철학을 산 철학으로 하는 것은 민족이 사느냐의 문제와 같다며[51] 최선을 다하겠다고 다짐한다. 라고 자신의 일기장에서 밝힌다.

평생을 교육에 헌신하고 우리 민족 사상을 연구하신 박종홍 박사와 박정희 대통령은 정치가와 학자의 만남으로 이어가며 서로가 예의를 깍듯이 갖추었다고 한다.
박정희 대통령은 직접 "저는 대통령이기 전에 선생님의 제자입니다." 라고 스스로 칭하며 잘못하는 게 있으면 따끔한 가르침도 부탁드린다며 스스럼없이 말하였다고 한다. 박종홍 박사가 특별보좌관으로 취임한 후 국민 정신문화 연구와 진흥 및 국민계도를 위한 국민 정신연구원 건립계획서를 구체적으로 작성한 후 박정희 대통령에게 진언했다.

---

51)『불굴혼의 박정희』: 고산 고정일 저, 6권, p.334, 2014년 5월

그때의 박정희 대통령은 나라 살림은 나날이 좋아지지만 자유로 포장된 서구문화가 걸러짐 없이 우리의 생활 속에 스며들어 미풍양속을 깨뜨리고 우리 민족 고유의 의식을 망각하는 세태가 염려스러워 우리의 것을 찾고자·이어가고자 마침 고심하고 있을 때였다.

1976년 3월 17일 평생을 교육에 몸 바친 박종홍(1903년 출생) 박사는 인생의 끝자락에서 우리 전통문화를 바로 세우기 위해 안간힘을 쏟아내던 세월의 무게를 이겨내지 못하고 그만 세상을 떠나시고 말았다.

그 소식을 들은 박정희 대통령은 돌아가신 스승님을 위해서라도 '국민 정신연구원' 건립을 내가 꼭 완성해야겠다고 스스로 다짐하였다.

이후 국민 정신연구원의 후보지를 헬리콥터와 자동차를 타고 찾아 나서며 열정적으로 밀어부쳐 1977년 1월에 한국정신문화연구원 최종 설립안이 확정되고 5월에는 설립추진본부가 발족했다. 9월에는 이 분야의 전문학자들로 연구 준비위원회가 구성되고 사학·철학, 윤리학·사회학, 교육학, 고전·한문학의 4개 분과에 17명의 위원이 임명되었다.

1978년 6월에 경기도 성남시 분당구 운중동 '국사봉 기슭'에 한국문화 심층연구 및 교육을 하게 되는 '한국 정신문화 연구원'이 창립 개관했다. 한국정신문화연구원 개관식에 참석한 박정희는 하늘나라에 계시는 박종홍 박사를 향하여 말한다.

> 선생님과 제가 꿈꾸었던 '한국정신문화연구원'이 문을 열었습니다. 국민의 정신을 일으켜 민족중흥의 역사를 단단히 세우려 노력했던 선생님과 제 열정이 이제 열매를 맺었습니다. 이곳에서 한국 현대철학의 역사적 연구뿐 아니라 우리 국민의 건강한 정신이 바로 세워질 것입니다. 선생님, 이제 마음 편히 쉬십시오.'라고...

'한국정신문화연구원'은 우리 민족의 정신문화 연구를 위하여 박정희 대통령의 의지로 1978년에 건립되었으며 2005년 '한국학중앙연구원'으로 개칭되었다.

항상 검은 썬그라스를 하고 다니시는 박정희 대통령께 보좌관들이 살며시 실내에서는 썬그라스를 벗으심이 어떠냐는 말에 조용히 벗어 내리며 자신의 눈을 보게 하였다.

멋으로 튀려고 하는 썬그라스가 아니고 며칠 밤을 뜬눈으로 지새운 덕에 눈이 뻘겋게 충혈되어 남들 보기에 좋지 않으니 가리기 위하여 썬그라스를 하고 다니신 것임을 보좌관들은 그때서야 비로소 알아차렸다.

저서로는 『우리 민족의 나아갈 길(1962)』·『국가와 혁명과 나(1963)』·『민족의 저력』·『민족중흥의 길』이 있고 소책자 『지도자도指導者道』[52] 등 5권이 있다.

결혼 사진 출처 : 매일신문 https://www.imaeil.com/page/view/2015032105134979718

---

52) 박정희 대통령 혁명 1달 후 1961년 6월 16일 출간한 최초의 저서이다. 지도자의 리더 십에 대한 박 대통령의 생각을 정리한 책이라 하겠다.

《향토예비군 창설》

  평시에는 사회생활을 영위하고 유사시에 국토방위 임무를 수행하기 위하여 퇴역 장병을 주축으로 조직된 한국의 비정규군이다. 1968년 4월 1일 250만명으로 창설되었고 5월 29일 <향토예비군설치법>이 공포되면서 그 체계가 완성되었다.

〔1. 창설 배경〕
'경제'를 잃으면 조금 잃은 것이요 '안보'를 잃으면 전부를 잃은 것이다.
  "일하면서 싸우자"
  ~~ 한 손에 총 칼 들고 나가 싸우자~일하며 싸우고 싸우며 일하세~ 향토방위의 노래 가사에 나온 내용이다.

1962년 북한은 기존의 평화통일에서 무력 적화통일로 정책을 전환, 이른바 <4대 군사노선>을 채택하고 노농적위대(勞農赤衛隊) 142만 명과 붉은청년근위대 70만명을 무장시켰다. 그 뒤 68년 1월 21일 '무장 공비'를 남파하여 청와대 습격을 기도하다 미수에 그치고 이틀 뒤 미 해군의 '푸에블로호'를 납치하는 등 여러형태의 사건을 일으켰다.

이에 한국 정부는 '자주국방'의 기치 아래 날로 증가하는 북한의 위협에 대처하고자 현역 병력 외의 민방위 병력으로써 향토예비군을 창설하였다.

〔2. 임무〕
향토예비군의 임무는

① 전시·사변·기타 이에 준하는 국가 비상사태 아래에서의 현역 군부대의 편성이나 작전 수요를 위한 동원에의 대비.
② 적 또는 반국가단체의 지령을 받고 무기를 소지한 자(무장공비)의 침투가 있거나 그 우려가 있는 지역 안에서의 적 또는 무장 공비를 소멸하는 임무.
③ 무장 소요가 있거나 그 우려가 있는 지역 안에서 무장 소요 진압. <경찰력만으로 그 소요를 진압·대처할 수 없는 경우에 한함>
④ 위의 ②와 ③지역 안에 있는 중요시설·무기고 및 병참선 등의 경비.
⑤ 민방위 기본법에 의한 민방위 업무의 지원 등이다. <향토예비군 설치법 2>

〔3. 조직과 편성〕
① 대한민국 국민으로서 지원자 중에 선발된 사람.
② 병역법 규정에 의한 예비역의 장교·준사관·하사관.
③ 그 복무를 마친 날의 다음 날부터 8년이 되는 날이 속하는 해의 12월 31일까지 예비역의 병(兵) 및 보충역의 하사관·병 등으로 조직되며 대원의 거주지 또는 직장을 단위로 하여 지역예비군 또는 직장예비군을 편성하되 대통령령이 정하는 규모 이상의 예비군 지원이 있는 직장의 장은 직장예비군을 편성·운영하여야 한다.

〔4. 운영〕
　예비군에 관한 사항은 국방부 장관이 관장하며 국방부 장관은 예비군이 그 임무 수행을 위하여 출동이 필요하다고 인정할 때는 대통령령이 정하는 바에 따라 예비군 대원에 대하여 동원을 명할 수 있다.
국방부 장관은 대통령령이 정하는 바에 따라 연 20일 한도 내에서 예비군을 훈련할 수 있고 임무상 필요하면 무장할 수 있다.

《3사관학교 건립》

　1968년 1월 21일 청와대 기습사건이 일어나고 북한의 무장 군사노선이 날로 높아져 가자 박정희 대통령은 향토예비군을 창설했다. 향토예비군은 예비역의 병및 보충역의 하사관 병 등으로 조직되었으니 지역예비군 또는 직장예비군을 훈련시킬 장교 양성이 필요했을 것이다.

박정희 대통령은 장교 양성을 위해 6.25사변 당시 치열한 격전지였던 영천에 육군3사관학교를 1968년 10월에 창설하면서 '충성대'라 이름하며 무척 기대가 컸다.

3사관학교는 박정희 대통령의 큰 기대에 부응하는 듯 군의 중추적 역할을 하면서 지대한 공을 세웠다. 교훈은 조국·명예·충용이며 졸업기념으로 받는 임관반지의 보석은 청순과 성실을 의미하는 파란 사파이어라 한다.
1.21 청와대 기습 사태 이후 박정희 대통령은 철통같은 안보를 위해 향토예비군을 창설하고 3사관학교를 설립하고 민방위대를 창설 하면서 '유비무환'의 시대를 열고자 했다.

〈비하인드 에피소드 26 1.21 사태〉

이 당시 우리나라에 있는 빨치산을 말하면 지리산·백암산·조계산·덕유산에 30만 명이 퍼져있었다고 한다. 1968년 1월 21일 북한이 청와대를 습격하기 위하여 민족 보위성 정찰국 소속 124군 부대 무장 게릴라 31명을 서울에 침투시켰던 사건이 있었다. 우리는 이 사건을 두고 1. 21사태라 말한다.

게릴라전 특수훈련을 받은 이들은 청와대 습격과 정부 요원 암살 지령을 받고 국군 복장에 수류탄·기관단총 등으로 무장하고 18일 자정에 군사분계선을 넘었다.
야간 산악행군을 계속하여 새벽 파주군 법원리의 뒷산에서 공비를 만난 우씨 형제의 신고를 받고 달려온 경찰보다 더 빠르게 20일 밤 서울 종로구 신영동 세검정 파출소 관할 자하문 초소에 이르렀다.

이에 군경은 비상 경계 태세를 갖추고 합동 수색 작전을 펼쳤다. 초소에서 경찰의 불심검문을 받게 되자 검문 경찰관에게 수류탄과 기관단총을 난사하고 지나가던 시내버스에 수류탄을 던져 승객들에게 부상을 입힌 뒤 뿔뿔이 흩어져 도주하였다.

이때 전두환은 많은 조명탄을 쏘아 올리는 지시를 내려 밤에 도망하는 김신조 일당의 소탕과 생포 작전에 큰 역할을 하였다.
일당 중 김신조를 생포하고 31명중 28명을 사살했으며 2명은 도주한 것으로 간주 되어 사건을 마무리 지었다.

이 사건에서 비상 근무를 지휘하던 종로경찰서 최규식 서장이 순직하고 민간인 5명이 죽는 등의 피해가 있었고 김신조는 귀순하였다. 이 사건은 향토예비군 창설과 학생 군사훈련을 실시하는 계기가 된다.

《민방위民防衛 창설》

　적의 무력 침공이나 자연 재난으로부터 국민의 생명과 재산을 지키기 위한 일련의 조직적인 민간방위 활동이다. 본래 전쟁으로 인한 재해에 대비하는 민간인의 방호활동을 뜻하였으나 오늘날에는 전쟁 이외의 자연적·인위적 재해에도 대처하는 광범한 방호·구조·복구 활동을 포함하고 있다.

특히 전쟁에 대비하여 강구되는 민방위 양상은 제2차 세계대전 이전과 같은 재래식 무기는 물론 핵무기·화학무기·생물무기까지 방위 활동의 대상으로 포함하고 있다. 한국에서 현대적 의미의 민방위 제도는 1951년 1월 국방부 계엄사령부에 민방공본부와 각 도에 지부를 설치한 것이 처음이다.

그 뒤 민방위 업무는 내무부 치안국에 이양되었고 72년 1월부터는 매월 15일을 <방공·소방의 날>로 정하고 민방공 훈련을 실시하였다. 75년 6월 27일 <민방위의 날에 관한 규정>이 대통령령으로 제정되었으며 그해 7월 25일에는 <민방위기본법>이 제정·공포되었다. 이에 따라 민방위 업무를 통합·관장하게 되었으며 그해 9월 22일에는 전국적인 민방위대가 창설되었다. 민방위대는 75년 창설 당시 8만4662개대 390만7000명으로 출발했으나 87년 8만6920개대 450만 명의 국민 자위 조직으로 성장하였다.

민방위 조직은 <민방위기본법>에 따라 편성·운영되며 중앙에 민방위에 관한 중요 정책을 심의하는 민방위 중앙협의회가 있고 지방에 지역민방위협의회가 있다. 또한 민방위대에는 지역민방위대·직장민방위대가 있다. 민방위대원이 되는 자격은 17~50세까지의 남자이다.

〔참고. 1977년 1월 28일 해군사관학교 졸업식에서〕

　제31기 해군사관학교 졸업식에 참석한 이날 '박정희 대통령'은 유시를 통해 우리 해군은 장비 현대화 계획 등 전력증강을 위한 일련의 계획들이 순조롭게 진행돼 북한 괴뢰군을 제압할 수 있는 막강한 힘을 갖추게 되었다고 밝히고 바다에 대한 국제사회 관심이 날로 높아져 가고 있는 오늘날 3면이 바다로 둘러싸인 우리나라는 바다가 제2의 영토와 다를 바 없으며 따라서 우리 해군의 책무도 그만큼 무겁다고 강조했다.

박정희 대통령은 해군사관학교 졸업식에 참석한 뒤 방위산업시설을 돌아보고 현장에서 수고하는 우리 방위산업 기술진들을 격려했다. 이날 박 대통령은 우리 국군 장비 현대화 계획에 따라 전투기를 제외한 모든 공중 보급수송 장비와 지상무기 등이 이미 대량 생산단계에 들어섰으며 앞으로 몇 해안에 모든 무기가 완전히 국산화돼서 자력 국방태세를 완벽하게 갖추게 될 것이라고 밝혔다.

「박정희 대통령은 철저한 '유비무환有備無患' 정신에서 '평화를 원하면 전쟁을 준비하라'. 는 말에 충실한 국방정책을 실천하고자 했음을 확인할 수 있다.」

《영부인 육영수 여사님》

박정희 대통령 부인, 육영수 여사님은 충청북도 옥천(沃川)에서 출생하셨다. 1942년 배화여고를 졸업한 뒤 옥천여자중학교 교사를 지냈으며 50년 부산으로 피난 갔을 때 육군 중령 박정희를 만나 대구 천주교 계산성당에서 결혼식을 올렸다.

외사촌 동생 송재천이 소개한 군인 박정희를 육영수가 처음 본 순간 작은 체구이지만 그렇게 든든하게 보일 수가 없었다고도 했다. 당찬 눈매·몸을 수그리고 구두끈을 묶는 모습·걸음걸이에서 보여지는 기백등이 육영수의 마음을 흡족하게 채웠다.

부부는 신혼 5일째가 되던 날 박정희 중령이 강원도 평창으로 이동, 중동부 전선 전투지로 떠난다. 이 전투에서 혁혁한 전공을 세워 '금성충무무공훈장'을 받는다. 박정희 대통령은 6.25사변에 참여하고 총탄이 빗발치는 전투지역을·병사들과 뛰어다니며 생사고락을 함께한 우리나라의 위대한 군인이었다.

63년 박정희 의장이 대통령에 당선된 후 육영수 여사님은 양지회(養志會)를 결성하고 각종 사회 육영사업 즉, 고아와 노인 등 불우한 사람들을 도우는데 힘썼다. 또한 남산에 어린이회관과 능동(陵洞)·구의동(九宜洞) 일대에 어린이 대공원을 조성하였고 어린이 잡지 『어깨동무』를 발간하였다.

또한 정수 직업훈련원을 설립하는 등 사회복지사업에 앞장섰고 적십자 활동에 적극 참여 하였으며 '자연보존협회' 총재 등을 지내셨다. 그리고 육영수 여사님의 발자취를 따라가다 보면 '전남 나주 한센인 정착촌' 방문을 빼놓을 수 없다.

1965년 고 육영수 여사님께서 이 마을을 처음 방문했고 방문 뒤에는 목욕탕 건립 민원도 해결됐다며 좋아했다. 이후 1971년 두 번째 방문 때는 종돈種豚 55마리를 기증했는데 이는 현재 마을주민들의 자립기반 씨앗이 됐다.

주민들은 이에 보답으로 1975년 육여사의 추모비를 건립하고 매년 추모행사도 갖고 있다.

박근혜 대통령께서 당선되시고 '전남 나주 호혜원 한센인 정착촌'[53]에서 어머님이 살아 계실 때 인연이 있다며 박근혜 대통령께 편지를 보냈다. 그때 그분들도 이제는 나이가 들고 동떨어진 섬과 같은 동네이기에 한번더 도움을 청한다는 내용이었다고 한다.

한센인 정착촌 찾았던 육영수 여사 (나주=연합뉴스)

[1. 가뭄과 홍수]

1967년 여름과 1968년 여름의 가뭄은 조선을 이은 대한민국엔 재앙이었다. 말라 타들어 가는 도가니탕 같은 열기에 온 나라가 하늘만 쳐다보고 있는 실정이었다.

남편 못지않게 나라 안팎을 꼼꼼히 챙기는 육영수 여사 역시 타들어 가는 가뭄이 들면 세수하기도 미안하고 숭늉물 마시는 것조차 송구스러워 못견뎌 했다.

68년 곡창지대 전남의 뜰이 타들어 가는, 거북이 등껍질처럼 갈라져 있는 논바닥

---

53) 2013.7.12 <지방기사 참조. 나주시 제공>

위에서 아낙들과 위로받고 위로하며 눈물을 훔치고 있을 때 박정희 대통령은 가뭄 대책으로 재해 민에게 국세 7억 원을 감면하고 중소기업에 9억 원을 긴급 방출하여 그 해에는 풋보리 뜯어다 먹는 사람은 나오지 않았다

하늘은 마음도 없는지 한쪽은 타들어 가는데 잠원동은 동네 전체가 홍수로 온통 물에 잠겨 고립되었다. 어둠이 내리는 해 질녘, 육영수 여사는 컴컴한 물살의 두려움도 뒤로 한채 겁먹어 손사래 치며 가지 않으려는 사공에게 간절히 사정했다.
육영수 여사님의 간절한 사정을 외면하지 못한 사공은 수재민이 모여 있는 근처에 내려 주곤 불어나는 강물에 겁먹었는지 쏜살같이 가버렸다.

엄청나게 불어난 검은 강물과 쏟아지는 빗줄기에 온몸 젖어가며 수재민이 모여 있는 교실로 들어간 육영수 여사님은 변변치 않다며, 구호품을 내어놓으며 수재민을 찾아 위로하는 모습에 모두가 눈시울을 적셨다. 눈물을 닦아내는 아낙들 옆 남정네들은 울분을 삼키며 허탈한 심정을 가라앉혔다고 한다.

고 육영수 여사님은 1974년 8월 15일 장춘 체육관에서 행해지던 광복절 기념식장에서 조총련계 문세광(文世光)에게 저격당하여 서거하셨다.

장례는 국민장으로 치러졌으며 지금은 동작동 국립묘지 박정희 대통령 묘역 옆에 안장되어 있다. 세월이 가도 세월이 비껴가는 참신함이 은은히 묻어 퍼지는 잔잔한 미소와 구김살 없는 표정에 빛나는 화평함은 누구나 고개 숙여 흠모하지 않을 수 없는 모습이다.

 육영수 여사님, 누가 당신의 모습에 비유될 수 있겠습니까! 전에도 없었고 앞으로도 없을 · 수줍어할 줄 아는 품격있는 청초한 모습은 아무리 세월이 흘러도 변함없이 사랑받을 것입니다.

〈비하인드 에피소드 27 "시집갈 준비 하거라"〉

육영수 여사는 고등학교를 졸업하고 실제로 학교에서 교사로 재직했었는데 1940년대는 실제로 불가능한 성취였다. 당시만 하더라도 대부분의 여성은 고등학교에 진학하지 않고 시집갈 준비를 하는 것이 당연한 시절이었다.

마찬가지로 육 여사의 아버지 육종관 역시 딸 영수에게 시집갈 준비하기를 원했기에 '학업을 그만두고 집에서 살림 배우며 시집갈 준비 하라.'고 말하자 육영수는 대답했다.

"아버지, 나라가 위험한 위기에 처한다면 여자라도 나라를 위해 조금이라도 보탬이 되는 일을 해야 될 것 같아요, 그렇게 하기 위하여 저는 더 배워야 하겠어요" 라며 시집가라는 아버지의 말씀을 거부하였다고 한다.

〈비하인드 에피소드 28 결혼을 극구 반대한 아버지〉

박정희 대통령과 육영수 여사의 결혼식에 여사님의 아버지인 '육종관'씨는 참석하지 않았다.
결혼식 전날 아버지인 '육종관'씨가 이 전란에 군인에게 시집간다는 것이 말이 되느냐며 심하게 반대하자 여사님은 남편에게 무슨 일이 생기더라도 운명으로 여기겠다며 소신을 접지 않았다.

이런 육영수 여사의 말에 아버지는 앞으로 너는 내 딸도 아니고 아무것도 아니라며 극심하게 반대하였다고 한다.

더하여 육영수 여사님의 어머님인 이경영 여사님까지 딸 결혼을 반대하는 남편의 등살에 떠밀려 집을 나와 딸과 함께 살았는데 대통령은 남편과 싸우고 나온 장모를 청와대에서 극진히 잘 모셨다고 알려져 있다.

사실 박정희 대통령은 어머니 백남의에게는 걱정만을 끼쳐 드리다 저세상으로 가게 하셨으니 어머니에게 못다한 효도 장모님께 해드렸을 것이다.

〈비하인드 에피소드 29 영부인의 수줍음〉

1960~70년대 시절 때만 해도 남녀 간, 눈에 뜨이는 애정 표현을 아름답게 보지 않았다. 주위 사람들의 시선을 어려워하지 않을 수 없었던 시절이다.

육영수 여사님과 박정희 대통령 역시 그러했던 것 같다. 물론 사람들이 있는 곳에서는 함께 있는 것조차 어색해하며 서로 마주 보는 것까지 주위의 눈치 보는 표정이 묻어났던 것이다.

시대가 그런 것도 있지만 선천적으로 타고난 육영수 여사님의 여성적 성정과 그리고 조신한 정서적 분위기들이 가정 교육을 잘 받고 자란 순수한 표정과 같은 남다른 면을 간직하셨다.

여기서 하고자 하는 이야기는 두 분 사이의 관계에서 부르던 호칭이다. 요즘은 새댁과 새신랑 사이에 '여보'나 '당신'이란 호칭을 자연스럽게 주고 받지만 육영수 여사님께서 문세광에 의해서 서거하실 때까지 남편인 박정희 대통령을 부르실 때 '저~기~요'라던가 '여기 보세요~'라던가 '어디 계세요~' 라고 불렀다고 한다.

박정희 대통령께서 여사님을 부르실 때는 '영수' 또는 '임자'라고 부르셨다고 하니 그러니까 두 분 사이는 남녀관계에서 자연스럽게 오가는 '여보'나 '당신'이란 호칭을 육영수 여사님께서 서거하실 때까지 한 번도 써보지 못했다고 전해진다.

대통령 부부로서 두 분은 당당함보다는 겸손함으로 · 잘남보다는 평범함으로 수줍어하는 모습은 누구도 흉내 낼 수 없는 돋보이는 담박함을 지니셨던 두분이다.

다음은 '육영수 여사님을 떠나보내시고 박정희 대통령께서 쓰신 시'이다.

당신이 먼 길을 떠나던 날

- 박정희 -

청와대 뜰에 붉게 피었던 백일홍과
숲속의 요란스러운 매미 소리는
주인 잃은 슬픔을 애닲아 하는 듯
다소곳이 흐느끼고 메아리쳤는데

이제 벌써 당신이 가고 한 달
아침 이슬에 젖은 백일홍은
아직도 눈물을 거두지 못하고 있는데
매미 소리는 이제 지친 듯
북악산 골짜기로 사라져 가고

가을빛이 서서히 뜰에 찾아드니
세월이 빠름을 새삼 느끼게 되노라
여름이 가면 가을이 찾아오고
가을이 가면 또 겨울이 찾아오겠지만

당신은 언제 또다시 돌아온다는
기약도 없이 한번 가면 다시
못 오는 불귀의 객이 되었으니
아~ 이것이 천정의 섭리란 말인가 아~ 그대여
어느 때 어느 곳에서 다시 만나리

- 1974년 10월

〈비하인드 에피소드 30 박정희는 이런 사람.〉

박정희 대통령께서 서거하신 지도 반세기나 되어가는 이즈음 아직도 박정희 대통령의 愛民애민적 삶의 향수에서 벗어나지 못하고 있는 분으로부터 필자가 직접 들었다. 본인도 지금까지 변기에 벽돌 한 장 넣어두고 산다는 것이다.

그것은 박정희 대통령께서 청와대 시절 변기에 벽돌 한 장을 넣어두고 사용하셨다는 감동적인 이야기를 자신이 직접 들어 알고 있었던 후부터였다고 한다. 그 모습은 가뭄에 허덕이는 농부를 생각하고·물 부족으로 급수차가 물을 실어 나르던 때 박정희 대통령의 가슴에는 고생하는 국민들을 잠시도 잊지 않은 생활상이다.

그리고 당신이 시원할 때면 땡볕에 땀 흘리는 농부들의 생각으로 에어컨을 켤 수 없었고 전기가 부족해서 돌아가던 공장이 서는 것을 생각하며 국민들과 함께 하고자 한 사람이 바로 박정희 대통령님이시다.

그런 삶의 형태는 집집마다 상수도가 들어와 물이 해결되고 곳곳에 댐이 건설되면서 천수답을 면한 이 시점에 와서도 국민을 사랑하는 처음 먹은 마음이 삶의 환경이 해결되었다 해도 변함없이 이어지는 사랑의 표현이라고 필자는 생각한다.

왜냐하면 아무리 좋아졌다 하더라도 근본적으로 고생이라는 틀을 벗어날 수 없는 것이 농업이요 국민들의 삶이라는 것을 아시는 분이기 때문이다. 그리고 정부의 시책에 한결같이 지지하고 따라준 국민들을 향해 고마워하는 마음을 가슴 깊이 새기고 있기 때문이기도 할 것이다.

나를 따라주는 국민 여러분들을 최소한 더 이상 고생시키지 않으리라는 결심과 만년대계로 이어지는 이 나라·이 조국을 기필코 잘사는 나라로 만들어 놓고야 말겠다는 집념에서 비롯된 마음이,

무더운 여름 에어컨도 켜지 않은 채 부채로·한 바가지의 물도 절약하기 위해 화장실 변기에도 벽돌을 놓아두었던 등 작은 마음이 간직한 태산 같은 거대한 계획을 우리는 읽을 수 있어야 할 것이다.

《핵 개발》

　박정희 대통령 입장에서는 언제나 '빵'과 '대포' 사이에서 어느 한 가지도 소홀하게 할 수 없었다.

이것은 국가 경영에서 가장 어려운 난제이기도 하다. 고무풍선과도 같이 한쪽을 밀면 밀리는 쪽은 움푹 패이기에 어느 하나도 놓을 수 없는·2개를 동시에 잡을 수 밖에없는 시급한 문제였던 것이다.

1970년대는 한국의 핵 무기 및 미사일 개발 계획을 둘러싼 한국과 미국 간의 갈등이 날로 첨예하게 대립해 갔다. 1970년대 초 박정희 대통령은 주한 미군 철수 움직임 등으로 나타나는 미국의 대한對韓 안보 공약을 믿을 수 없기에 자주국방 실현을 위해 핵 무기 및 미사일의 자체 개발을 시도하였다.

박정희 대통령은 미국에게 미사일 자체 개발 의지 및 미국의 협력이 없으면 제3국으로부터 기술을 도입할 것 등을 통보하고 프랑스로부터 핵무기 원료인 플루토늄 추출에 필요한 재처리시설 도입을 추진했다.

미국은 이러한 한국의 핵 개발 움직임을 동북아시아는 물론 미국의 이익에 대한 직접적 위협으로 간주하고 프랑스와 캐나다 정부를 설득하여 한국의 핵 개발을 돕지 않겠다는 약속을 받아내는 한편, 한국 정부에 대해 상업적 원자력 분야의 협력은 물론 차관제공 중단 등 강력한 외교적 압박과 회유를 거듭하였다.

그 뒤 한국의 반발과 미국의 압력으로 양국은 줄다리기를 거듭하였으며 마침내 한국 정부는 미국의 상업적 원자력 기술 제공을 조건으로 핵 무기 및 미사일 개발을 잠정 연기하였다. 이와 관련된 미국의 공식 외교문서가 98년 최초로 공개되었다.

지나간 권력자의 서운함을 지금에 와서 어떻게 되돌릴 순 없지만 미국도·카터도 돌아가시기 전 '박정희 대통령'의 마음을 너무 몰라주며 냉대했던 것을 지금에 와선 후회하고 있을지도 모른다.
청와대 박종규 경호실장은 미국이 북한보다 더 무섭다고 말했다고 한다.[54]

- 냉혹한 미국. 그렇지만 놓을 수 없는 미국, 왜냐하면 대한민국의 큰형님으로 미국

---

54) 영웅 박정희, 송창달 저. 2012. 그린비전코리아 출판.

김일성과 지미 카터의 사진출처 : 세계일보 https://www.segye.com/newsView/20241230513678

박정희 대통령 집권 시절 미국은 5명의 대통령이 집권하였다. 박정희 대통령이 경제개발을 시도하며 자본이 없어 이리저리 돈 빌리러 다닐 때는 케네디 대통령이었고 케네디 대통령이 암살되자 존슨이 케네디 대통령의 남은 임기를 승계하고 또 다음 대통령에 당선되었다.

존슨 대통령의 베트남 파병과 베트남 전쟁이 장기전으로 되어 가자 미 국민들은 불안해하며 반전 분위기가 커져갔다. 닉슨 대통령이 베트남전을 종식 시키겠다며 그 틈을 타고 집권하였다. 닉슨 대통령이 '괌'에서 '닉슨 독트린'을 발표하며 베트남전을 종식하였고 재집권하면서 워터게이트 사건으로 물러나자 남은 임기를 포드 대통령이 채웠다. 카터는 포 드 대통령을 선거에서 승리하면서 미국 39대 대통령에 당선되었다.

〈비하인드 에피소드 31 이중인격자 '지미카터'〉

이중인격자 "지미 카터" 그토록 '박정희 대통령'을 못마땅해하신 분이기에 생각할수록·한스럽도록 원망이 되기도 한다. '박정희 대통령'과는 그토록 핏대를 세우시며 몰아치시고 돌아서셔서는 북한에 가서서 김일성 영접을 받으셨다. 호기롭게도 3차례나 북한을 왕래하셨다니 얼마나 야속하신 분이시던가.?

핵도 핵이지만 인권이네·뭐네 하면서 여러 가지로 그냥 박정희 대통령을 들들 볶으신 것 같으니 아마도 이래저래 '박정희 대통령'은 '지미 카터'씨로 인해 속이 녹아 분해되셨을 것 같다.

카터는 외교 관례를 무시하고 한밤중에도 방문했고 어떤 의식절차도 없이 바로 미군 캠프로 가기도 했으며 정상회담에서도 사사건건 간섭하면서 대치對峙 하였다. 북한 침략에 대해선 아무런 대책도 없으면서 마구 미군을 철수하겠다고 곧잘 협박하곤 한 것이다.

'생각하면 생각할수록 참말로 야속도 하신 분이다. 이젠 하나님 곁에 가서서 편히 쉬고 계시겠지만 살아생전 정말 '박정희 대통령'님 속을 무던히도 태우신 분이시다.' 인권 유린한다며 '박정희 대통령'님 속을 그렇게도 뒤집어 놓으시곤 인권을 말살하는 북한 가셔선 한마디 말도·입도 벙긋 못하고 김일성의 환대를 즐기며 다니시다니?

우리 민족을 위해서 반공 정책을 제일 우선하시고·미국 편에 서서 반공 정책으로 일관한 '박정희 대통령'님 속을 그렇게도 몰라주셨나?, 어쩌면 이제는 미국도 후회하고 있으리라.

케네디 대통령은 박정희 대통령에게 돈 빌리러 온 가난한 약소국의 설움을 옴팡 안겨준 사람이다. 그리고 닉슨은 박정희 대통령의 뒤 퉁수를 친 사람으로 기억된다.

사실 박정희 대통령을 국빈초대 하여 카퍼레이드로 환대한 대통령은 베트남 파병시 만났던 존슨 대통령이며 박정희 대통령과 가장 호흡이 잘 맞은 대통령이기도 하다. 박정희 대통령이 김재규의 저격에 서거하실 때는 카터 대통령 재임 시절이었다.

카터는 사사건건 박정희 대통령과 대립하며 열불을 토하게 했다.

〈비하인드 에피소드 32 윤ㅇㄱ·박ㅎㅅ박사〉

윤은 육사에서 수석 졸업했다고 알려져 있다. 박은 뛰어난 과학자로서 지금도 그런 분이 없다고 한다. 윤과 박은 박정희 대통령께서 유난히 믿고 기대했던 인물들이다. 핵의 모든 과정을 도맡아서 했었고 숨소리만 들어도 서로를 알아차림에 익숙하여 함께했던 사람들이란다.

박정희 대통령은 이러한 인물들과 그렇게도 염원하던 핵실험을 앞둔 마지막 과정에서 김재규의 총에 서거하셨다.
이 아니 억울하지 않은가? 생각만 해도 가슴이 방망이질하고 아쉬움에 온 몸이 떨리는 것은 왜일까?

우리 민족의 유일한 염원·박정희 대통령의 마지막 집념, 그것은 오로지 핵이 아니었을까?

'핵보유국'으로 가는 길목에서 조금이라도 핵보유국에 가까이 가기 위해 단거리 미사일·장거리 미사일·원자력발전소의 설립을 거듭하며 '자주국방'이라는 거대한 목표 아래 하나하나 먼 세월을 두고 준비해 왔음은 모두가 알고 있는 비밀이었다. 숨어서 조마조마 미국이 알세라·북한이 알세라..

마지막 과정인 핵실험을 앞두고 '자주국방'의 화룡점정이었던 '핵보유국'을 성취하시지 못하고 먼 길을 가실 때는 그 마음 어떠하셨을까? 무슨 말로도 이 슬픔을 다할 수는 없을 것이다.

윤과 박·이분들이 더욱 한스러워했던 것은 전두환 대통령 정권 시절에도 연구를 이어가려 했지만 전두환 대통령은 전혀 관심이 없으셨기에 그동안 해오던 핵보유국을 위한 피땀 어린 모든 업적을 덮어야만 했던 것이란다.

이 이야기를 저에게 해주신 분은 그때 해병대 장교로 계시면서 윤ㅇㄱ·박ㅎㅅ씨와 친밀한 교분 관계를 유지했다고 하시며 말씀하셨으니 그동안 긴가민가? 설마설마? 하며 돌아다니던 이야기들이 확실한 사실이었음을 알게 되었다.

〈비하인드 에피소드 33 박정희 대통령 집권 시절〉

1970년대 시절 국민들은 하루 밥 먹는 것조차 힘들게 어려웠고 말 그대로 일할 곳이 없었다. 즉 일하고 싶어도 일할 데가 없어 할 수 없었던 시절이다. 박정희 대통령께서 집권을 시작하시던 그 시절은 그랬다.

거기다 하루가 멀다 않고 일으키는 북한의 시비로 무장 공비나 간첩들이 심심하면 내려와 민간인을 해치곤 했다. 그런 혼란스런 와중에 1970년 향토예비군을 기를 때도 최소한의 훈련 장비나 무기가 있어야 함에도 불구하고 없었다.

68년 북한의 김신조 일당(31명 남파)이 1.21사태를 일으키고 울산·삼척에 120여 명의 무장 공비를 내려보낸 일촉즉발의 전쟁 발발 시점에 대통령은 국방과학 연구원에 20개 사단을 무장할 수 있는 기본화기(소총·박격포·수류탄 등) 만들 것을 주문했다.

그로부터 54년 만에 우리나라의 방위산업체가 현무 미사일·청상어(국산 경어뢰)·세계 최고의 명품 K9자주포·최첨단 장갑차·최첨단 전투기를 생산하게 되었다. 현대중공업·대우조선(한화로 넘어감)·삼성중공업 등에서 최첨단 이지스함·구축함·잠수함이 만들어지고 있다.

돌아 가신지 46년이나 되었는데 그분이 뿌려놓은 결실로 그분의 그늘 아래 오늘의 우리는 먹고살고 있음을 알아야 할 것이다.
(음수사원-물을 마실 때 그 물의 근원을 생각하라.)

국민들의 막막한 생활을 걱정하면서 경제개발 5개년 계획을 달성하기 위해 아침에 일어나면 밥도 먹지 않고 일단 수출 현황 보고부터 받았고 또한 하나부터 열까지 직접 눈으로 확인하기 위해 전국 방방곡곡 현장을 두루 누비며 다녔다.

오로지 만년대계 자자손손·잘사는 나라를 한시바삐 만들어야 한다고 생각하며~~

3) 베트남 파병

〔1. 역사적 배경〕

1964년 당시 미 지상군에게 안보의 한 축을 의탁하고 있던 우리나라의 입장에서는 베트남의 사태를 남의 일처럼 바라볼 수만은 없는 입장이었다. 따라서 당시의 박정희 정부는 존슨 대통령의 파병 요청 이전부터 베트남의 사태를 예의 주시하고 있었는데 베트남 전쟁이 장기화 되어가자 미군 철수가 염려되었다.

때마침 미국의 요청과 함께 남베트남 정부에서도 파병을 요청해 오자, 한국 정부는 "한국 6.25사변 시 참전한 우방국에 보답한다."는 명분과 "베트남 전선은 한국 전선과 직결되어 있다."는 국가안보의 차원에서 국회의 동의를 얻어 파병을 결정하였다. 이런 연유로 박정희 대통령이 베트남 전쟁에 파병함으로써 1거3득을 올리게 되었다.

① 우리나라의 미군 철수를 막을 수 있었다.
② 베트남에 파병을 하므로서 미국으로부터 두터운 신뢰를 받을 수 있었고 동시에 경제개발 자금을 마련할 수 있었다.
③ 6.25 사변 때 파병하면서 도와준 우방국들에 보답을 할 수 있는 기회를 얻게 되었다.

〔2. 경과〕

정부의 파병 결정에 따라 제1차 파병으로 제1 이동 외과병원 요원 130명과 태권도 교관단 요원 10명 등 140명이 1964년 9월 11일, 해군 LST 편으로 부산항을 출항하여 22일 남베트남의 수도 사이공에 도착하였다.

이후 제1 이동 외과병원은 붕타우에 주둔하고, 태권도 교관단은 육·해군 사관 학교와 육군 보병 학교에서 남베트남군을 지도하게 되었다.

제1차 파병에 이어서 미국과 남베트남 정부로부터 추가 파병을 요청받은 정부는 2차로 후방지원과 건설 지원 임무를 수행하는 2,000명 규모의 비전투부대를 파병하기로 결정하고 '국군의 해외 추가 파병에 대한 동의안'이 국회에서 가결되자, 경기도 위치한 국군 제6사단 사령부에서 '주월 한국군 군사 원조단본부'를 창설하여 평화를 상징하는 뜻의 '비둘기 부대'로 명명하고 파견하였다.

창설된 한국군 군사 원조단은 3월 10일 인천항을 출발하여 16일 사이공에 도착하였으며, 사이공 동북방 22km 지점의 디안에 주둔하였다. 한국군의 제2차 파병이 있었던 1965년의 베트남 상황은 미국의 강력한 폭격에도 불구하고, 호치민 루트를 이용한 북베트남군의 남파가 계속되면서 남부의 전 지역에서 지상전이 가열되고 있었다.

이에 따라 미국과 남베트남 정부는 한국에 1개 사단 규모의 전투 부대 파병을 요청해왔다. 당시 미국은 본토의 예비 병력과 해외 주둔군의 일부를 베트남전에 투입하였기 때문에 주한 미군 2개 사단도 언제 남베트남으로 이동할지 모르는 상황이었다.
박정희 대통령은 미국과 남베트남 정부의 파병 요청을 긍정적으로 검토하고 있었다. 이동원 외무부 장관이 브라운 대사에게 제시하였던 요구 사항은 1965년 5월 17일과 18일 양일간에 워싱턴에서 개최된 한·미 정상회담에서 대부분 타결되었다.

이에 따라 정부는 8월 13일 국회의 의결을 거쳐 수도사단과 제2해병여단의 파병을 결정하였다. 이어서 10월 12일 여의도(5.16) 광장에서 박정희 대통령 임석하에 파병되는 수도사단의 환송식이 열렸으며, 수도사단은 11월 1일까지 퀴논에, 제2해병여단은 10월 9일 캄란에 도착함으로써 제3차 파병이 마무리되었다.
한편 남베트남에서 한국군의 눈부신 활약이 계속되고 있는 가운데 전투 병력 부족으로 애로를 겪고 있던 미국 정부는 베트남의 "작전 환경에 한국군이 가장 적합하다."는 결론을 내리고 한국군 전투 병력의 증파를 요청하였다.

한국 정부에서도 "5만명 선까지는 무리가 없다."는 판단을 내리고 있었기 때문에 1966년 3월 20일 국회의 의결을 거쳐 수도기계화사단(맹호부대) 제26연대와 제9사단의 파병을 결정하였다.

이에 따라 수도기계화사단 (맹호부대) 제26연대는 4월 15일 퀴논에 상륙하여 수도사단의 통제하에 들어가고, 제9사단은 10월 8일까지 닌호아 일대에 전개하였다.
1960년대 후반에 접어들면서 미국 내에서는 TV와 신문 등 언론의 영향으로 반전여론이 고조되고 있었다.

1969년 1월 미국의 대통령에 취임한 닉슨은 남베트남에서의 단계적인 철군을 발표하고, 1969년 7월부터 일부 병력을 철수시키면서 "베트남 전쟁은 베트남인이 수행하게 한다."는 '베트남 전쟁의 베트남화 정책'을 추진하고 있었다.
미국이 베트남에서 일부 병력을 철수시키자, 전투 부대를 파병한 오스트레일리아·뉴질랜드·필리핀·타일랜드 등 연합국도 이에 동조하여 철수를 시작하였으며,

1972년 초에는 100여명 정도의 상징적인 병력만을 잔류시키고 있었다.
그러나 당시의 주)베트남 한국군의 병력은 47,860명을 유지하고 있었다.

〔3. 닉슨쇼크〕

카터도 카터지만 닉슨도 상식적이지 않은 사람이었다. 박정희 대통령에게 갑질하며 피를 말린 사람 중 하나이다. 1969년 8월 박정희 대통령과 정상회담을 할 때는 친구를 불러와 곁에 두고 키득거리며 옆에 있는 박정희 대통령에게 수모를 느끼게도 하였고 더구나 본인이 한 약속도 지키지 않았었다.

① 공산당과는 수교하지 않겠다고 약속해 놓고 대만의 장제스와는 관계를 끊고 모택동과 수교를 맺으면서 약속을 지키지 않았다.
② 주한 미군을 철수하지 않겠다고 약속해 놓고 최전선에 배치된 미 7사단을 철수시키면서 2만명을 감축시켰다. 이후 닉슨 대통령은 '닉슨 워터게이트' 사건에서 거짓말한 것이 들통나 사임하였다.

<비하인드 에피소드 34 탱크도 만들 수 있었다.>

베트남전으로 인하여 온 세계가 숨죽이던 시절 그때 우리나라는 남대문 상가·청계천 공구상을 돌면 탱크도 만들 수 있는 그런 재료들이 널브러져 있었다고 한다.

그런데 남대문 도깨비시장이나 청계천 공구상에서도 못 구하는 것들은 미군부대에 몰래 숨어 들어가서 슬쩍해와 마이크로미터로 분해해서 수십 차례 실험하고 실험하여 마침내 소총·수류탄·박격포 등을 만들기 시작했다는 것이다.

1971년 11월 국방연구소가 성공한 1차 사업은 '번개 사업'이다. '번개 사업'이라 하는 것은 번개같이 뚝딱 만들어 냈다는 데서 '번개 사업'이라는 이름이 붙었다고 한다. 2차 사업은 백곰 사업이었다. (에피소드 18 참고)

〔4. 결과〕

한국 정부는 1971년에 접어들면서부터 '베트남 전쟁의 베트남화 정책'에 따라 파병 병력의 철수를 검토하고 있었다. 이에 1971년 12월 4일 제2 해병여단의 철수를 시작으로 1972년 4월 1일까지 9,476명의 병력을 철수시켰다. 반면 2개 보병 사단을 주축으로 한 전투 병력(37,000여 명)은 1973년 초 휴전이 될 때까지 계속 잔류시켰다.

이로써 주)베트남 한국군의 병력 규모는 1972년 후반기부터 미국의 지상군 규모를 능가하여 참전국 가운데 가장 많은 병력으로 남베트남군을 지원하고 있었다. 주)베트남 한국군의 제2단계 철수는 1973년 1월 8일, 파리에서 체결된 휴전 협정의 규정 사항인 "모든 외국 군대는 휴전 후 60일 이내에 베트남으로부터 철수한다."는 조항에 따라 실시되었다.

이에 따라 한국군은 잔류 부대의 철수를 지시한 국방부 훈령(1973.1.26)에 의해 1973년 1월 30일 125명의 선발대가 항공편으로 철수하였으며·3월 14일까지 본대가 철수하고·3월 23일 후발대 118명이 항공편으로 철수함으로써·남베트남에 주둔하였던 모든 부대가 철수를 완료하였다.

〔5. 의의와 평가〕

한국군의 남베트남 파병은 조약상의 의무에서 비롯된 것이 아니었으며 '자유우방에 대한 신의'라는 명분에서 시작되었다. 또한 당시의 시각에서 볼 때 베트남 전쟁은 한반도의 안보와도 직결되는 것이었다. 따라서 한국군의 파병은 당시의 한국 정부가 국내·외적으로 여러 가지로 어려운 상황에서 결정한 국가의 생존 및 발전 전략으로써 역사의 큰 획을 긋는 중요한 사건이 되었다.

〔6. 경제적 이익〕

베트남 파병으로 인하여 한국은 미국의 원조와 경제적 지원을 받아 빠른 경제성장을 이루는 계기가 되었다. 1953년의 대한민국은 1인당 국민총소득이 약 67달러(약 93,420원)였으나 2021년에는 35,168달러(₩48,760,080)로 증가하였다.

6.25 사변이 휴전을 맺은 당시 대한민국은 심각한 가난을 겪고 있었지만 현재는 어엿한 선진국 반열에 오른 대한민국을 '압축성장' 국가로 정의 내릴 수 있다.
60년대 정부는 경제개발 5개년' 계획에 따라 여러 정책을 추진하고자 하였으나 당시 한국에게는 이를 원활하게 추진할 자본이 턱없이 부족하였다. 그리하여 박정희 대통령은 한국의 풍부한 노동력을 이용하여 외화벌이에 나선 것이다.

① 박정희 대통령은 명목상으로는 한·일국교 정상화였지만 실제로는 한·일 수교를 통하여 일본에게 무상 원조와 차관을 할 수 있었다.

② 인력난에 시달리고 있는 서독에 광부와 간호사를 파견하므로서 인력을 해외로 수출하여 국가 이익 증진에 이바지 하였다.
③ 베트남 전쟁에 군대를 파병하여 우리나라의 정치·안보·경제 등에 아주 큰 이익을 얻게 되어 경제성장의 토대를 이루었다.

· 박정희 대통령은 위의 3가지를 실현함으로써 '경제개발 계획'을 차질없이 성공시킬 수 있었다.

<비하인드 에피소드 35 '이인호' 대위>

1966년 정보장교 이인호 대위의 이야기이다.
베트남전에서 베트콩과 치열하게 싸울 때 부하들의 앞에 서서 동굴을 수색해 들어가며 직접 적을 살피던 중 갑자기 대원들 앞으로 수류탄이 굴러왔다. 그때 동굴 안으로 따라 들어오는 부하들을 살리기 위해 이인호 대위는 수류탄을 피하지 않고 직접 몸으로 덮어 부하들을 살렸다. 즉 부하들은 살리고 자신은 산화했던 것이다.

박정희 정부에서는 이인호 대위에게 소령으로 1계급 추서하고 최고의 영예인 '태극무공훈장'을 수여하였으며 미국에서도 '은성무공훈장'을 전달하였다. 모교인 해군사관학교는 정문 앞에 이인호 대위의 동상을 세워 그의 정신을 기리고 있고 그리고 고등학교의 모교인 대구 대륜고등학교에서도 동상을 세워 그의 정신을 기리고 있다.

〔7. 필리핀 회담〕
우리나라가 주창해서 그 실현을 본 박정희 대통령은 1966년 10월 24일 월남의 평화와 자유를 마련하기 위한 회담에 참석하였다.

필리핀의 국회사당에서 열린 '월남전 지원국 7개국 정상회담'에서 각국 수뇌들의 기조연설 중 박정희 대통령의 연설을 소개하면 다음과 같다.

「우리가 우리와 정의를 위해서 기꺼이 희생할 수 있는 용기 있는 사람들이라는 것을 세계만방에 다시 천명하고 특히 침략자들에게 이를 알려서 그들로 하여금 그들의 모든 침략 기도를 포기하도록 하기 위해 이곳에 모인 것이라 전제하고 대한민국 정부와 국민은 하루속히 월남에 평화가 회복되기를 희구한다.」고 강조했다.

그러나 우리가 원하는 평화는 월남 자유민의 의사를 무시하는 침략자의 평화가 아니라 월남 국민의 자유의사가 존중되고 그들이 원하는 형태의 정보와 사회제도가 보장되는 진정한 명예로운 평화여야 한다고 했다.

이어 박정희 대통령은 월남의 문제는 아시아의 문제인 동시에 태평양 지역의 문제라고 강조하고 월남에 대한 평화의 위협은 인접 국가의 안위와 직결되어 있다고 지적하면서 지원국 공동노력의 당위성을 강조했다.
또 박정희 대통령은 열강의 손에 위탁하던 구시대의 방식을 반대한다고 말한 뒤 이 역사적인 회합을 통해 월남과 태평양 지역에 수호할 단호한 결의를 공동으로 선언하자고 제창했다.

회담에 참석한 각국 수뇌들은 자유의 목표 선언, 아시아 및 태평양 지역에 있어서의 평화와 진보에 관한 선언 그리고 공동성명을 발표했다. 이는 박정희 대통령의 기조연설에서 밝힌 바와 같이 우리의 주장이 최대한 반영된 것으로 정상회담에 임한 박 대통령의 굳은 신념과 노력의 성과라고 하겠다.

자유의 목표 선언과 아시아 및 태평양 지역에 있어서의 평화와 진보에 관한 선언의 내용을 보면

① 침략으로부터의 자유.
② 굶주림과 무지無知 및 질병의 정복.
③ 안전 질서 및 진보의 지역건설.
④ 아시아 태평양 전 지역에 있어서 화해와 평화의 추구 등을 전 세계에 엄숙히 선언했다.

공동성명에 대해서는 월남전의 명예로운 해결을 위한 공동노력을 강화할 것을 비롯해서

① 월남 국민의 의사 존중을 전제로 한 모든 평화 해결 제안에 문호개방.
② 월남 참전국의 공동보조와 협상에 참전국이 필히 참여할 것 등 31개 항목을 발표했다.

회담을 전부 마치고 귀국 여정에 오르기 전 박정희 대통령은 필리핀 교포들과 오찬을 나누며 "여러분들의 조국은 나날이 발전하고 그 면모를 달리하고 있다고 말하면서 언제 어디서나 민족의 긍지와 자부심을 간직하라고 격려했다.

공항으로 가는 도중 박 대통령은 필리핀의 국군 묘지를 참배 헌화한 뒤 자유를 위해 젊음을 바친 용사들의 명복을 빌었다. 1966년 필리핀은 한국보다 훨씬 잘살았다. 당시 필리핀 GDP는 약 63억 7100만 달러였던 반면 한국의 GDP는 39억2800만 달러로 필리핀의 절반 수준에 불과했다.

〈비하인드 에피소드 36 위문편지〉

필자가 초등학교 4학년 시절 파월 국군장병에게 위문 편지를 보낸 적이 있다. 그때는 필자뿐 아니라 전교생이 써서 보내는 시기였기에 특별한 일은 아니었지만 답장이 오는 예는 드물었다. 그런데 나에겐 답장이 왔다.

그 주고받은 편지가 초등학교 6년까지 갔고 기억에 중학교에 들어가서도 계속 주고받았는데 그 장병 아저씨가 귀국한다는 편지를 받고 난 뒤엔 저절로 끊어진 것이다.
얼마나 흘렀을까? 갑자기 생각이 나서 편지함을 열어보니 편지함이 꽉 차도록 몇 년을 주고받은 것이다. 꽤 양이 많았다. 월남의 야자수 나무 아래 서서 찍은 사진도 보내 주었고 그림도 보내 주고 했었다.

지금에 와서 생각하면 얼굴 한번 본 적 없이 편지만 주고받다 자연스레 끊어진 것이 아쉽게 느껴지기도 한다. 그때 우리가 즐겨 놀던 고무줄놀이도 '맹호부대' 노래 부르며 놀았다.

그제나 이제나 언제나 씩씩한 대한민국 군인들을 생각하면 든든하고 자랑스러웠다.

〔8. 채명신 장군〕
※ 채명신 장군을 생각하면 참 위대한 박정희 대통령에게는 정말 멋있는 명장군名將
軍이 계셨구나! 하는 감탄을 금할 수 없다.

주월 한국군 사령관 '채명신 장군'이 7월 20일 오전, 만 9개월 만에 귀국했다. 붉
게 탄 얼굴에 건강한 웃음을 지으며 땀에 젖은 야전복 차림 그대로 내린 채 장군은
김종필 공화당 의장을 비롯한 국내외 여러 인사들과 가족 친지들의 뜨거운 영접을
받았다.

이어 동작동 국립묘지를 찾은 '채 장군'은 진혼의 나팔 소리가 울려 퍼지는 가운데
월남에서 싸우다 산화한 옛 부하들의 묘 앞에 일일이 백합꽃을 심어주며 눈물지었
다.
이날 오후 2시 '박정희 대통령'은 '채 장군'으로부터 귀국 신고를 받은 다음 3성
계급장을 손수 달아주며 그의 노고를 치하했다. 이 자리에서 '채 사령관'은 국민의
성원으로 주월 한국군의 사기는 날로 높아가고 있으며 앞으로도 계속 임무 수행에
최선을 다하겠다고 다짐했다.

자신의 영광을 전사한 전우들에게 돌린다고 말한 '채 장군'은 기자 회견을 통해 아
군의 전사는 367명인데 비해 베트콩 확인 사살이 3315명으로 약 10대1의 전과를
거두고 있다고 말하면서

'요전에 제가 어떤 사병 식당 대열에 끼어 이렇게 있으니까 어떤 병장 하나가 이렇
게 고개를 내밀고 "오늘 메뉴가 뭐야" 배식대에 닭고기가 많이 놓여 있거든요, "에
이 제기랄~ 오늘 또 닭고기야" 하면서 아주 그 불평스런 표정 짓는 걸 보고 저는
무한한 행복감을 느꼈다고 말하며 그래서 제가 "왜? 닭고기가 맛이 없냐?" 그러니
"아 아닙니다. 괜찮습니다."라고 했다고 한다.' 이어서 '채명신 장군'은

"저는 군대 생활을 통해서 가장 행복스런 불평을 들어봤다고 생각합니다."라고 말
하며 이어 채명신 장군은 온 국민의 거족적인 성원에 감사하면서 '대통령 각하와 전
국민의 그 뒷받침과 성원, 여기에 우리 파월 장병들이 크게 힘을 입고 그렇게 전 국
민이 우리를 뒷받침하고 있다는 거기서 우리의 사기라든가 투지라든가 자기 임무
수행에 대한 의욕이 더 왕성해지는 겁니다.라고 말했다.

아! 뭐? 그런 면에서 국민의 그와 같은 성원과 뒷받침에 대해서 우선 감사를 드

리고 싶고 또 직접 파월 장병 개개인들의 사기는 일반 국민의 뒷받침이 필요하지만 그 가족·가족들의 그런 그 성원이 크게 사기에 작용하는 것입니다.

지금까지 파월 장병들의 사기가 월남에선 제일 사기도 왕성하고 투지도 왕성하다는 것은 가족 여러분들이 귀중한 남편이나 또는 동생·자식을 보내고 참 밤낮 가리지 않고 뒷받침해주시는 덕이라고 생각해서 장병들 가족에게 참 심심한 사의를 표하겠습니다.라는 말로 귀국 인사를 마무리했다.

<1969年 채명신장군 귀국신고> brightsunTV Shor

〈비하인드 에피소드 37 여자 속옷〉

우리 장병들이 자유를 위해·베트콩과 싸우기 위해 월남으로 파병되었을 때 가수 송춘희님 뿐만 아니라 윤복희·이난영·남인수·현인등 월남을 넘나들며 위문공연에 참여한 가수가 한둘이 아니었다.

실제로 남진님 같은 경우는 월남전에 직접 참여해서 베트콩과 싸우고 돌아온 용감한 전사이자 가수이다.
여기서는 월남으로 4차례나 위문공연 다니셨다는 가수 송춘희님 이야기이다.
송춘희님이 위문공연 갔을 때 숙소에서 속옷을 씻어 널어놓고 아침에 일어나 보면 여자들 속옷이 없어져 장교를 붙잡고 속옷이 없어진다고 물었더니 웃으면서 이해해달라고 했단다. 알아보았더니, 그때 군인들 사이에는 여자가 입었던 속옷을 품고 있으면 부적처럼 전쟁에서 살아온다는 말이 있었다고 한다.

그래서 다음 위문공연을 갈 때는 속옷을 100장 정도 사서 한 번도 안 입은 새것도 입었던 것처럼 세탁해서 누런 봉투에 담아 작전 나가는 부대원에 돌리며 안아주고 다독거려주며 격려하고 돌아왔다고 한다.

〔참고1 1969년 - '싸우면서 건설하자'〕

　18년 집권 중의 주요동정을 살펴봄으로써 잠시도 쉴 틈이 없었던 일정을 확인해 본다. 사실 박정희 대통령은 항상 어려운 결단을 명쾌하게 내리곤 했다.

국가 경제건설이냐·국가방위산업 육성이냐를 놓고서 노심초사하지 않을 수 없었던 것은 넉넉하지 않은 재원을 가지고 이것저것 다 해야 했기 때문이다.
빵이냐·대포냐에서 북한의 김일성은 대포를 선택했고 박정희는 빵과 대포를 동시에 선택했다. 경제와 안보 2마리 토끼를 동시에 잡은 박정희는 이미 북한 김일성을 능가하고 있었던것이다.

1969년 새해를 맞은 박정희 대통령은 새해 시정을 밝히는 연두 기자 회견을 가진다. (육성을 정리하였음.)
　한마디로 집약을 한다면 국방과 치안 태세를 더욱 튼튼히 하면서 우리의 총력을 겸비해서 경제건설에 매진하자 이렇게 말씀드릴 수가 있겠습니다.

먼저 경제면에 있어서 그 지표를 말씀드린다면
안전기조 위에 지속적인 고도성장을 추구하면서 점차적으로 우리 경제의 체질을 강화해 나가자 하는 것이 금년도 경제시책의 기본 지표가 되겠습니다.
다음의 국방면에 있어서는 '자주국방' 태세를 더욱 강화해 나가야 되겠다.

이 '자주국방'이란 개념에 대해서 이해를 잘못하는 사람이 있는 것 같기도 한데 이것은 쉽게 말하면 우리 마을은 우리 마을 사람들이 지켜야 되겠다.
우리 직장은 우리 직장인 사람들이 지켜야 되겠다. 똑같은 이치로 말하면 우리 국토는 우리 힘으로 지켜야 되겠다. 하는 것입니다

<기자 회견 후>
- 경부고속도로중 수원·오산간 개통식에 참석
- 제2회 태극 킹스컵 대회와 제5회 ABC 농구 선수권 대회에서 전승한 우리 선수단 일행이 개선함. 박 대통령 내외분은 이들을 접견하고 그 공을 높이 치하하면서 이 승리는 세계로 뻗는 새로운 한국의 약진이며 승리라고 격찬함. 이어서

- 여섯 번째로 맞은 '수출의 날' 기념식에 참석. 이날 기념식에서 박 대통령은 수출 증대에 공이 큰 업체를 표창함.

- 이곳은 농어민 소득증대사업 전시관, 박 대통령은 전시장을 둘러보면서 짧은 기간에 이렇게 성장해 온데 대해 만족의 뜻을 표함.
- 경부고속도로 중 천안·대전 간의 개통식에 참석. 이 길의 개통으로 서울에서 대전까지 불과 2시간이면 달릴 수 있게 됨.

·1969년 1월 13일부터 있은 초도순시
- 박정희 대통령의 각 부처에 대한 박 대통령의 초도순시이다.
  이 순시에서 박 대통령은 '싸우면서 건설하는 해' 69년을 맞아 각 부처는 창의와 노력으로 일관하라고 당부함. 그리고

- 각 도에 대한 지방 초도순시.
강원도 시찰에서 박정희 대통령은 춘천 경공업 단지를 년내 완공할 것과 소양댐 수몰지구에 대한 보상금 지불을 조속히 하라고 지시함.
그리고 경기도 시찰에서는 고속도로의 적도 구역내의 가옥은 이주시키도록 하고 비역우[55]의 판로를 개척하라고 지시했다.

- 충청북도에서는 농가소득 증대사업을 추진할 경우 계획성 있게 과감히 실시하도록 지시했다.
- 충남에 들린 박 대통령은 농업용수 개발에 적극 힘써라고 지시함. 그리고

- 전라북도에서 박 대통령은 전주 공업단지의 조속한 완공과 야산 개발 사업 및 축산단지 조성으로 농가소득을 올리도록 지시함.
- 전라남도 순시에서는 해마다 겪는 한해旱害 대책으로 지하수 개발 사업을 적극 추진하라고 지시함. 그리고

  도내 지하수 개발 현장도 시찰함. 또한 인초[56] 가공 공장도 둘러봄. 지방 순시에서 돌아온 박 대통령은 농협중앙회를 순시함.

- 박 대통령은 이 자리에서 농협의 체질 개선으로 합리적인 운영을 하라고 지시함. 그리고
- 수협 순시에서는 수산물의 수출 품목을 확대하고 어선의 장비 현대화로 해상으로 침투하는 간첩에 대비할 수 있게 하라고 지시함.

---

55) 역우 役牛 : 일하는 소 / 비역우 非役牛 : 일하지 않는 소
56) 골풀로 돗자리 짜는 공장.

- 3월 5일에 역사적인 가정의례준칙 선포에 앞서 박 대통령은 가정의례준칙 원문에 서명함.

- 국토 통일원의 발족.
이날 개원 유시를 통해 박 대통령은 국민의 중지를 모아 긴 안목에서 단계적으로 통일을 위한 연구를 추진하도록 당부함.

- 69년도 서울대학교 졸업식에 참석함. 박 대통령은 치사를 통해 이기주의의 만연을 경계하고 사명감과 애국심이 바탕이 된 개척자의 기백과 실천력을 일깨워 나가야 한다고 강조함.

- 육군사관학교 69년도 제25기 졸업식. 박 대통령은 이 자리에서 군인의 최고 영예는 국토 수호와 국민 보위라고 강조함. 그리고 공군사관학교 졸업식에 참석함.

- 해군사관학교 제23기 졸업식에 참석. 이 자리에서 박 대통령은 해군 용사들은 바다에서 살고 바다에서 싸우며 바다를 지켜 달라고 당부함.

- 한미 장거리 공수 합동작전 참관.
한미 2나라의 장거리 공수·공격 합동작전에 참석함.

- 원호 병원에서 있을 파월 전상자 복지 기금을 마련하기 위한 바자회. 육영수 여사가 참석한 이 바자회는 파월 전상자들이 직접 만든 제품들이 출품되었음.

- 이곳은 장병 휴게소. 육영수 여사를 비롯한 육군 장성 부인 회원들은 모처럼 휴가나온 장병들을 찾아 이들에게 간식을 만들어 대접하면서 따뜻한 모정을 베풀었다.

- 하계 봉사활동 중 대학생들이 만든 죽세품 바자회. 또한 육영수 여사를 비롯한 주한 외교사절 부인들은 적십자 봉사활동을 베풀어 봉사의 정을 두터이 함. 육영수 여사의 알뜰 주부들 접견. 이 자리에서 육영수 여사는 낭비를 일삼는 일부 지각없는 여성에게 알뜰 정황을 널리 알려 알뜰한 여성 기품을 펴나가자고 당부함.

- 미국 민주당 원내총무 칼 알버트씨 접견.
신임 주한 벨기에 대사 코겔스씨와 신임 주한 우루과이 대사 파스토리씨의 신임장 제정. 미 국무성 동북 아시아 및 태평양 담당 차관보 마샬 그린씨의 접견.

- 박 대통령은 권오병 문교부 장관의 후임으로 홍정철 문공부 장관을 임명 발령하고 신범식 청와대 대변인을 문공부 장관에 임명함.

- 4월 5일 식목일 박 대통령은 서울 근교에서 손수 나무를 심고 물을 주며 이 강산을 푸르게 만들자고 당부함. 한편 육영수 여사는 양지 회원들과 함께 광화문 녹지대에 여러가지 꽃모종을 심어 충무공 동상 주변을 미화했음.

박 대통령은
- 북괴의 미군 정찰기 격추사건에 관해 기자 회견을 가짐. (육성)
4월 15일 동해 상공에서 격추당한 EC-121 미국 정찰기는 그동안 우리가 확인된 모든 정보와 그동안 우리가 수집한 여러가지 확실한 근거에 의할 것 같으면 다음과 같은 3가지 문제가 분명히 드러났다.

첫째는 이 비행기가 격추당할 당시에 있던 위치는 분명히 공해[57] 상공이었다는 점과 20·21일 정찰기가 그 당시에 북괴 영공을 침범한 사실이 전혀 없다는 그럼에도 불구하고 이 비행기를 공격해서 격추를 시킨 자가 바로 북한 괴뢰 공군이었다는 이 3가지 사실이 확인되었습니다.

그렇다면 이번 사건 이것은 틀림없는 국제법을 무시한 하나의 해적 행위라고 우리는 단정하지 않을 수 없습니다.

- 박 대통령의 부평 공업단지 시찰, 이곳 시찰에서 박 대통령은 공업단지 내 통신의 편의를 제공해 주라고 관계관에게 지시했다.

- 충무공 탄신 424주년을 맞은 69년 4월 28일 현충사에서 있은 중건 준공식에 참석. 이날 준공식에 이어 박 대통령은 활을 당기면서 공의 유업을 기렸다. 그리고 새로 단장된 유물전시관의 개관 테이프도 끊었다.

- 박 대통령의 울산 공업단지 시찰, 이날 시찰에서 박 대통령은 한국비료의 암모니아 부설공장을 세울 것과 태화강의 종합개발계획을 세우라고 지시함.
이어서 박 대통령은

- 부산으로 향하는 길에 양산군에 있는 낙농 목장을 시찰함.

---

57) 公海공해: 공공의 바다. 200해리를 넘은 영역.

호남지방 시찰에 나선 박 대통령은 군산에 있는 우풍 화학공장 준공식에 참석함.

- 박 대통령의 초청으로 우리나라에 온 이스마일나시루딘샤 말레이시아 국왕 내외 방한·환영식·거리의 환영. 시민들과 꽃가루·국왕 접견. 방한 이튿날 박 대통령은 나시루딘샤 국왕을 접견하고 2나라의 우호와 협력 증진을 위한 의견을 나눔.

- 우호조약 체결을 위해 내한한 자헤디 이란 외상 접견. 그리고 전 주월 한국군 사령관 채명신 장군의 귀국 신고와 월남 정세에 관한 보고를 받음.

- 유엔 주재 비율빈(필리핀) 대사 접견. 그리고 토이기(튀르키예)의 하원의장 볼트베일리씨 일행의 접견. 아시아를 순방 중이던 로저스 미 국무장관을 접견함.

- 제47회 어린이날을 맞아 남산 중턱에서 박 대통령 내외분이 참석한 가운데 어린이 회관이 기공됨.

- 8번째로 맞이한 5.16 민족상 시상식 광장에 참여함.

- 춘천 여성회관 준공식에 참석함. 개관 테이프를 끊은 육영수 여사는 피아노 한대를 기증하고 우리 여성들은 힘을 모아 알뜰한 주부가 되어야 한다고 강조함.

- 이곳은 자활 용사촌에 세워진 양말공장임. 이 공장은 자활 전 가족들의 일터로서 년간 40만 켤레의 양말을 생산 군납하는 공장임.
육영수 여사를 비롯한 양지회원들과 주한 외교사절 부인들의 적십자 봉사활동임.

- 경회루에 베풀어진 재해민 구호를 위해 벌어진 자선의 밤 행사. 박 대통령도 참석한 이날 밤 1380만 원의 성금이 모아졌는데 재해대책 협의회에 전달됨. 양지회원들은 일선 장병을 위문함.

- 풍년을 기원하는 '권농일' 행사에 참석. 박 대통령은 수원 근교에서 있는 기념 모내기에 참석. 농사는 하늘이 지어 준다는 과거의 관념을 버리고 농민 스스로가 잘살겠다는 의욕을 가지고 노력해 줄것을 당부하였다.

출처 : 음성신문 (https://www.usnews.co.kr/news/articleView.html?idxno=29618)

【부지런한 농사꾼에겐 나쁜 땅이란 없다.】

부지런하지 않은 사람은 나라도 도울 수 없다. 스스로 가난에서 벗어나려는 의지가
없으면 하늘도 정부도 이웃도 등을 돌리고 말 것이다.

공무원도 농촌지도자도 책상에만 앉아 있지 말고 발로 뛰며 현장을 살펴야 한다.
하늘을 탓하고 팔자를 탓하며 도박하고 주색에 빠지면 누가 도와주고 싶겠는가!

<고산 고정일 '불굴의 혼' 박정희 제7권 중에서>

- 원호 사업 협조를 촉구하는 원호 기간에 국립 공보관에는 원호 대상자들의 생산품이 전시되었음. 이곳 전시장을 둘러본 박 대통령 내외분은 생산품의 판로를 개척하라고 지시함.

- 우리나라에서는 처음으로 년간 15000톤 규모의 알미늄 재련 공장이 울산에 세워짐. 이에 공장 준공식에 참석한 박 대통령은 기술혁신과 경영 합리화로 값싸고 질 좋은 물품을 만들어야 한다고 강조함.

- 69년도 상반기 운영실적을 분석 평가하고 하반기 운영 지침 시달을 위한 예비군 관계관 회의 및 우수 예비군 시상식에 참석함. 이날 오후 박 대통령은 철도청에 자체 강화 시범훈련에 참관했다.

- 제18회 국제 기능올림픽 대회 파견선수들이 개선함. 박 대통령은 이들 선수단 일행을 접견하고 이들에게 산업훈장과 산업포장을 주면서 노고를 치하했음.

- 24돌을 맞이하는 8.15 광복절, 박 대통령은 이날 경축사에서 나라 사랑하는 마음 하나에 우리 모두가 한데 뭉치면 국토통일도 조국 근대화도 모두 이룩할 수 있다고 강조함. 이날 식에 참석했던 거류민단 일행을 접견한 박 대통령은 모국을 위해 힘써 달라고 당부함.

- 월남의 티우 대통령 부처가 박 대통령 내외분의 초청으로 우리나라에 옴.
- 이곳은 미국의 샌프란시스코.
1969년 8월 21일 박 대통령은 미국의 닉슨 대통령과 회담하기 위해. 이곳 공항에 도착. 이날 공항에는 닉슨 대통령과 경제 요인들 그리고 많은 교포들이 박 대통령 내외분을 환영했다.
박 대통령은 도착 성명에서 공산주의자들에겐 진정한 의미의 평화란 존재하지 않으며 그들의 평화란 새로운 침략 준비를 위한 가장된 평화라고 강조함.

2나라 대통령은 성 프란시스코 호텔에서 2차례에 걸친 정상회담을 갖고 공동성명을 발표함. 정상회담이 끝난 후 2나라 대통령은 나란히 기자 회견을 갖고 한미 2나라의 보다 굳은 유대를 전 세계에 거듭 밝혔다.

이어서 닉슨 대통령 부처는 박 대통령 내외분을 위해 만찬을 베풀고 극진한 예우를 했다. 이 한미 정상회담에서는 주한미군의 계속 유지와 미국의 대한 방위 공약을 재확인 하였다.

- 새로 임명된 대법원 판사들에 대한 임명장 수여식을 진행함.
- 미국 AP통신 총지배인 웨스갤러거씨 접견
- 9월 초의 지방 행정 시찰임.

　강원도 시찰에서 박 대통령은 동해 어민들의 지원책을 강구 하도록 지시하고 춘천의 경공업 단지도 둘러봄. 또한 박 대통령은 우리나라 발전상을 주제로 한 9인 미술전을 둘러보심.

- 효창공원에서 있은 원효대사 동상 제막식에 참석함.
- 충남 국립 종축장에서 있은 '제1회 목초의 날'(9月5日)기념식에 참석한 박 대통령은 종축장 풀밭을 돌아보며 풀밭 적지를 개발해서 목초를 많이 심어야 한다고 강조하심.

- 9월 중순 남부지방에 큰 장마가 들었음. 이 소식을 전해 들은 박 대통령은 피해지구의 현황을 파악하기 위해 현지로 향함. 박 대통령은 수재민 구호와 피해 복구작업에 55억원을 투입, 빠른시일 안에 복구하도록 지시하는 한편 수재민들을 위로 격려하심.

- 박 대통령 현충사 참배함. 건군 21돌을 맞기 하루 전날 박 대통령은 현충사를 참배하고 충무공의 유업을 기렸음. 그리고 김유신 장군 동상 제막식에도 참석하심.

- 건군 21돌을 맞이한 국군의 날 행사에 참석하심. 이날 박 대통령은 기념식 치사에서 또다시 북괴가 6.25와 같은 사변을 도발한다면 우리는 모든 것을 희생하는 한이 있더라도 군관민 그리고 전후방이 한데 뭉쳐 마지막까지 싸워 통일의 재기를 마련해야 한다고 강조하심.
그리고 이날 국군의 시가행진과 공중 전시 등 다양한 행사가 베풀어짐.

- 제6회 저축의 날 기념식에 참석. 이날 박 대통령은 국민 저축 운동에 공이 큰 사람들에게 여러 가지 훈장을 수여하심.

- 경부고속도로 중 오산·천안 간 개통식에 참석하심. 68년 4월에 착공 18개월 만에 개통식을 갖게 된 이 고속도로는 경부 428㎞ 중 86㎞가 개통된 것임.
- 박 대통령은 충남 아산 벌판에서 있은 벼 베기 대회에 참석했음.
- 수해 복구현황을 살피기 위해 지방 시찰에 나선 박 대통령은 남강 댐 준공식에 참석함. 착공 7년 만에 준공된 이 댐은 50년 만의 숙원을 이룬 것임.

- 육영수 여사를 비롯한 양지회원들은 전투경찰대를 위문하고 삼남 지방의 수재민을 돕기 위한 양지회 자선 바자회를 준비함. 수재민 돕기 바자회가 뉴서울 슈퍼마켓에서 열림.
육영수 여사를 비롯한 200여 명의 양지회원들이 출품한 각종 물건 4만여 점이 전시 판매되었는데 박 대통령도 이 자리에 나와 자녀들의 의복 등을 사면서 회원들의 노고를 치하했음. 양지회에서는 일선 장병들을 위한 위문품을 만들어 국방부에 전달했음.

- 69년 10월 17일 개헌안에 대한 국민투표가 실시됨. 박 대통령 내외분도 서울 궁정동 투표소에서 주권을 행사함. 국회에서 통과된 개헌안의 국민투표에서는 1160만여 명이 투표해서 그 70% 가량인 755만 명의 찬성을 얻었음.
- 10월 21일 박 대통령은 내각과 요직 개편을 단행함.

- 10월 22일 중앙 선거관리위원회에서는 개헌안의 가결을 정식으로 공포했음.
- 바쁜 정무 속에서도 잠시 가족과 함께 휴식을 취함.
- 제18회 미술 전람회가 국립 현대 미술관에서 개최됨. 총 2332점이 전시된 이 미술전에서 영예의 대통령상에는 박재동씨의 서양화 '흔적'이 차지함.

- 박 대통령 내외분의 초청으로 아프리카에 있는 니제르 공화국의 하마니디오리 부처가 우리나라에 왔음. 방한 이튿날 디오리 대통령 부처는 박 대통령 내외분을 예방 환담하고 다음 날에는 2나라의 현안문제를 협의하는 정상회담을 갖고 니제르를 위한 의료 및 기술지원과 유엔에서의 한국 지지 등을 협의했음.

- 인류 사상 처음으로 달착륙에 성공한 미국의 아폴로 11호 우주인들이 부인과 함께 우리나라에 왔음. 박 대통령은 이들 일행을 접견하고 이 자리에서 박 대통령은 우주개발에 공헌한 이들의 위업을 치하했음.

- 현 미국 부통령 휴버트 험프리씨 부처를 접견했음. 국제 의원연맹 미국 대표단 일행의 접견.

- 새로 선출된 국회 상임위원장들의 접견. 그리고 제3공화국 수립 6주년을 맞아 재헌 국회의원 208명중 생존자 94명과 그 유족에게 국민헌장 무궁화장을 수여하고 이들의 공로를 치하함.

- 12월 5일 국민교육헌장 선포 1주년 기념식에 참석. 박 대통령은 기념사를 통해 각계각층의 지도자들이 이 헌장의 일상적인 실천에 힘써 교육 한국의 새로운 전통을 세우자고 강조했음.

- 박 대통령 내외분의 안성·천안지구 시범 농촌지구 시찰함. 이 자리에서 박 대통령은 모든 농민이 노력만 하면 우리 농촌도 잘살 수 있다고 강조함. 또한

- 박 대통령은 향토예비군 '가포' 부대 현시 동원 상황을 시찰하기 위해 6군단 사령부와 그 예하 부대를 돌아봄. 예비군 창설 이후 처음으로 실시된 이 '가포' 작전은 서울과 경기도 일대 예비군들이 3일간 소집되었는데 이 작전에 동원된 2만여 장병들은 불과 48시간 만에 해당 부대에 응소함.

- 엄동설한 박 대통령은 전방부대를 시찰하면서 현지에서 수고하는 장병들의 노고를 치하함. 세찬 눈보라 속에 남과 북이 대치한 가운데 69년의 한해도 저물어 갔다.

(참고2 1972년 9월 여주·단양·제천·서울 한강변 등 수해 상황시찰)

수해(홍수)나 한해(가뭄)가 심해 주민들의 피해가 심각한 곳에는 항상 박정희 대통령이 앞장서 갔다. 헬기를 타고 피해지방을 상세히 살피며 충분한 식량 공급과 교통수단을 빨리 복구하도록 당부하며 긴급 복구작업에 마을주민과 향토예비군에게도 자력으로 나서 줄 것을 당부하였다.

유실된 가옥의 복구를 위해 보조금을 지급할 것을 관계 당국에 지시하고 작업에 필요한 한도 내에서 충분한 융자를 해주도록 하며 구호 대책에 만전을 기하라고 지시하였다. 한편 재해대책본부는 복구 자재를 수해지구에 긴급 수송했다.

해마다 찾아오는 자연재해, 한·수해가 그냥 지나간 적이 없었다. 박정희 대통령은 언제나 모든 일정을 뒤로하고 재해 지역을 향해 먼저 우선으로 날아갔다.

(참고 3 1973년 1월 12일 연두기자회견)

61년 혁명을 시작하고 조국 근대화·민족중흥을 위해 밤낮으로 달려온 후, 79년 서거하실 때까지 목표 달성 2/3를 달성했다. 그러므로 1973년이 후진국 60년대의 구차한 생활에서 획기적인 선진국 삶의 형태로 들어가는 기점이 된다. 이러한 중요한 의미를 갖는 1973년을 돌이켜 보면 다음과 같다.

① 경공업에서 중화학 공업으로 (70년대~80년대의 목표)
  - 제철 생산 100만톤에서 1000만톤으로 올림.
  - 조선 사업 현재 25만톤에서 500만톤으로 올림.
  - 자동차 생산 현재 3만대에서 50만대로 올림.
  - 전기 생산 380만kW에서 1천만kW로 올림.
  - 시멘트 생산 800만톤에서 1천6백만톤으로 올림.
② 전 국민의 생각을 과학화로
  - 과학기술의 발달 없이는 선진 국가가 될 수 없음을 알고
  - 모든 사람들이 과학기술을 배우고 익힐 것을 강조했다.

※ 박정희 대통령은 사·농·공·상士農工商의 시대에서 명실상부 과학자·기술자가 존중받는 사회를 열었다.

(정부기록사진집) https://www.ehistory.go.kr/view/photo?mediasrcgbn=BK&mediaid=18&mediadtl=3242
출처:조선일본

'내 一生 祖國과 民族을 위하여'

Ⅲ장

'민족의 빛나는 얼'

제3장 교육과 민족중흥·호국

조상이 물려준 문화 전통과 정신·유산을 알뜰히 보존하고 창조적으로 개발하여 격조 높은 민족문화를 꽃피우는데도 역시 건전한 사회가 그 밑바탕이 되어야 합니다.

1. 교육개혁과 정신문화 발굴
- 교육개혁과 문화수호 그리고 유신 -

「일제시대 때 반민족적인 행위로 끌어모은 재산을 기부받아 발족한 5.16 장학회는 그 뒤 꾸준히 불우한 학생들에게 학비를 지원하게 되었다.

박정희 대통령은 돈 때문에 뛰어난 두뇌와 자질을 갖고도 학업을 포기할 수밖에 없는 많은 학생들에게 희망과 용기를 북돋아 주는 장학회 운영에 허술함이 없도록 신신당부했다.

- 소학교 교사를 지내신 박정희 대통령은 교육자로서의 사도(師道)를 한시도 잊어버리신 적이 없으셨다.」[58]

1) 교육개혁
〔1. 야간학교 개교〕

근무시간 외의 시간을 이용하여 학교 교육을 받을 수 있도록 야간에 수업을 개설한 학교이다. 정시제 학교의 한 형태이며 일반적으로 의무교육 뒤의 상급학교나 직업 정시제 교육으로 실시되고 있으나 여러가지 이유로 의무교육을 받지 못한 사람들을 위해 교육받는 기회로 야간학교가 개설되었다.

근로 청소년들이 편리하게 공부할 수 있도록 학비 또한 무상이기 때문에 저소득층의 자녀들을 위한 교육 기회균등의 구현이라는 면에서 정부도 적극 권장하였다.

특히 1950년에 6.25 사변을 겪고 폐허가 된 잿더미 위에서 건설의 기치를 걸고 열심히 일하면서 배움에 목말라하는 산업체 근로자에게 배움의 기회를 주기 위해 박정희 대통령께서 일반 학교와 같이 균등하게 보장하기 위한 시책의 일환으로 야간학교가 이루어진 것이다.

1963년 구로공단을 직접 시찰하고 다니시던 박정희 대통령께서 여공 근로자에게 가장 하고

---

58) 불굴의 박정희: 제4권 p. 404. 저자, 고산 고정일 2014.5

싶은 소망을 물었을 때 '학교에 다니고 싶다' 하는 그 여공의 말을 듣고 돌아와서 적극적으로 배움의 기회를 제공하고자 각 산업체에 권장하여 야간학교가 많이 생겨났다.

〔2. 학군단-학도군사훈련단.〕

일반대학에 재학중인 학생에게 소정의 군사교육을 실시하여 자격이 인정되는 사람을 졸업 후 예비역 소위로 임관시키는 제도,(예비장교훈련단-ROTC) 라고도 한다. 이 제도는 1916년 미 육군이 국방법에 의하여 국가비상사태 발생시 입대하게 되는 예비역 장교 양성을 목적으로 처음 실시하여 26년에 미 해군・47년에 미 공군이 각각 실시하였다.

한국은 1961년 처음으로 도입・실시하였다. 병역법과 학생 군사교육 실시령에 의하면 이 제도 참가자들을 학생군사교육단 사관후보생이라 하며 참가 자격은 대학 및 사범대학 2학년까지 소정의 교육과정을 이수한 재학생으로 지원에 의하여 선발된 자로 하였다.

이러한 제도를 실시하며 국방에 최선을 다한 박정희 대통령은 어떤 사태가 벌어졌을 대 미리 준비되지 않으면 '백전백패'임을 각별히 깨닫고 안보・경제・문화 등 방면에 철두철미한 '유비무환有備無患'의 정신으로 모든 일에 임하고 계셨음을 보여주고 있다.

〔3. 지체 장애자를 세우다.〕

불가능에 가까운 어려운 작업을 진행 성공 하려는 집념이 때로는 완력적인 독선으로 보여지기도 한다. 안보를 유지하며 부족한 자원과 자본으로 시간을 압축해서 경제 도약을 이루기 위해선 통제가 필요했고 또한 쪼음도 필요했을 것이니 진실로 감성적이고도 여리고 여린 인간적인 내면과는 달리 독재・폭압 반민주적이라는 혹평 까지도 받았을 것이다.

필자는 여기서 박정희 대통령의 내면에 흐르는 '측은지심'을 이야기하고자 한다. 박정희 대통령의 '측은지심'은 6.25사변을 겪으며 다시는 이런 사태가 오지 않도록 해야겠다는 국민에 대한 '측은지심', 또한 배고픈 농민을 보며 자랐기에 농촌이 잘살기를 누구보다 갈망하는 통치자로서의 '측은지심'은 민족의 제단앞에 자신을 바친다.라는 말로 대변된다.

작게는 어렸을 적, 장애인 친구를 돌봐주며 함께 다녔고(평생친구가 됨.) 대통령이 되어선 대학입학 고사에 합격하고도 지체 장애자란 이유로 불합격된 장애인들을 전원 합격시켰다.

「중국 한 무제때의 사마천은 신체불구로 '사기' 130권을 저술하였고 두 다리가 없는 손무는 손자병법을 후세에 남겼다. 춘추좌씨전의 명저를 남긴 좌구명은 눈이 멀었던 실명자였다. 그런데 신체적 이유로 사회에서 버림을 받거나 폐인 취급 받아선 말이 안 될 것이다.」

아침 조간신문 기사를 보고 유기춘 문교부 장관에게 지성의 전당인 대학에서 몸이 불편하단 이유로 불합격 시킨다는 건 정말 실망이라며 대통령이 특명을 내리자 지체장애인 전원이 합격했다.

이로써 지체 장애인에게도 대학문이 활짝 열리게 된 것이다. 몸이 불편한 것도 서러운데 대학 합격의 차별까지 받다가 대학의 문이 열렸으니 장애인들은 기쁨과 감동의 순간을 맞이하며 눈물을 흘렸다. 얼마나 감격스러웠겠는가.

개인적으론 어려운 사람을 외면하지 못하는, 박정희 대통령 내면의 여리고 여린 '측은지심' 그리고 하루빨리 국민과 나라를 수난과 배고픔에서 구제하려는 만년대계를 위한 '측은지심'이 국민을 살리고 나라를 살린 것이다.

박정희 대통령의 '측은지심'에는 내면의 찐한 인간적, 군자적 풍모를 간직한 시인이었고 철학자였다. 여기서 장애인 복지에 대해 잠시 언급을 해보겠다.

장애인에 대해 관심을 가지기 시작 한때는 제2차 세계대전 이후 많은 자본주의 국가가 복지 국가정책을 도입하면서 부터이다. 중화학 공업발전에 따른 노동 재해와 계속된 전쟁으로 나라마다 장애인이 급격히 증가하자 그들의 생활 유지및 사회복귀 문제가 대두되었다. 우리나라에서는 1975년 장애인복지법이 제정·공포되어 재활 상담 및 입소 등의 조치와 보장구補裝具의 교부·고용의 촉진·시설의 우선 이용조치·편의시설 등을 비롯하여 뒷받침되고 있었으며 정립회관正立會館이 설립되어 장애인 자활 교육도 시켰다.

〔4. 88 서울 올림픽 유치 과정〕
　1979년 4월 서울 잠실 실내 체육관에서 세계 여자농구선수권대회 결승전을 관람했던 박정희 대통령은 그 당시 박종규 대한체육회장 겸 사격연맹 회장과 김택수 국제 올림픽위원 겸 민주공화당 국회의원 그리고 정상천 서울특별시장과의 저녁 식사 자리에서 '올림픽' 개최를 처음으로 직접 논의한다.

박정희 대통령 저격 미수사건으로 대통령 경호실장에서 물러나 있던 박종규는 대한 사격연맹 회장으로서 1978년 제42회 세계사격선수권 대회를 우리나라에 유치해서 빈약한 시설임에도 불구하고 성공적으로 개최하였다. 이 당시 우리나라는 국민소득 1인당 1000달러 대로 겨우 중진국 하위권에 진입한 국가로서 경기장조차 하나 없었을 때이므로 최초로 열린 세계적 규모의 스포츠대회이자 이벤트로서 기념비적인 행사라 하겠다.

박종규 회장은 이때부터 박정희 대통령을 설득하여 올림픽 유치에 관한 구상을 직접 전담하면서 준비의 초석을 다지기 시작했다. 물론 나름대로 박정희 대통령 저격 사건에 대한 신뢰 회복도 염두에 두었을 것이다. 1979년 6월 직접 푸에르토리코 ANOC 총회에 참석해서 서울 올림픽 유치 가능성을 타진했고 그해 9월 1일 정상천 서울시장은 기자 회견을 통해 올림픽 유치를 천명하였다.

그러나 10.26 사건으로 박정희 대통령께서 갑작스럽게 서거하면서 올림픽 유치 계획은 보류되고 정권을 이양받은 최규하 대통령은 1980년 1월 19일 공식적으로 올림픽 유치 계획을 포기 선언한다. 급기야 올림픽을 유치함에 적극적으로 앞장서든 박종규 대한체육회장마저 부정 축재자로 몰려 추방되면서 전면 백지화된다.

이후 전두환 대통령과 정부 관계자들 사이에서 민심 수습책을 골몰하는 가운데 올림픽 계획이 슬슬 부상하게 된다. 여기서 일본의 우익 세력이었던 이토추 상사 '세지마 류조' 부회장이 극비리에 내한해 전두환 대통령을 만난 자리에서 올림픽과 같은 거대한 세계적 이벤트를 행사함으로써 국민의 관심을 정치에서 스포츠로 돌려보라고 조언했다고 한다. 곧바로 전두환 대통령 정부 내각은 1980년 11월 30일 IOC에 올림픽 유치 신청서를 제출하고 1981년 1월 6일 KOC가 올림픽 유치 계획을 위한 실무반을 편성한다.

하지만 그때 정치적 불리한 상황 시기와 남북대립·경제적 등 이런저런 불협화음이 맞물려 개최가 불투명한 가운데 전두환 대통령이 소신을 다하여 밀어붙였다. 정무장관이던 노태우를 앞장세우고 전국경제인연합회 회장이던 정주영 회장이 뛰어들면서 본격적으로 유치·개최를 하게 된 것이다.

88 서울올림픽 성공적 개최를 말하면 공로자가 매우 많다. 그 가운데서도 박종규 대한체육회장·전두환 대통령·노태우 정무장관·정주영 회장과 음지에서 로비를 벌이며 적극적으로 도왔던 유학성 안기부장 그리고 일본의 이토추 상사 부회장까지외 등등, 그 공로를 말하지 않을 수 없지만 화룡정점畵龍睛點같은 공은 단연 국위를 선양하기 위해서 자나·깨나 고심하며 선진국으로 진입하기 위해 온갖 애를 쓰던 박정희 대통령에게로 돌려야 할 것이다.

【다만 그 개최의 화려함과 국위 선양을 못 보시고 가셨음이 한스러울 뿐이다.】

　우리나라에서 개최한 88올림픽은 제24회 대회이며 9월 17일~10월 2일까지 하였다.
참가국은 160개국이었으며 선수수는 9417명 이었다. 1981년 독일의 바덴바덴에서 개최된 IOC 총회는 제24회 올림픽대회를 한국의 서울에서 개최하기로 결정하였다.

한국은 체육관계 인사를 중심으로 경제계 유력인사 · 정부 관계인사 · 언론인 등 107명의 대규모 올림픽 유치 대표단을 파견함으로써 치열한 경합을 벌인 일본의 나고야를 52:27로 누르고 유치에 성공하였다.

도쿄에 이어 아시아에서 2번째의 올림픽대회인 서울올림픽은 금메달 12개 · 은메달 10개 · 동메달 11개를 획득하여 참가국 160개국 중 종합순위 4위를 차지하는 금자탑을 세웠다.

https://m.monthly.chosun.com/client/mdaily/daily_view.asp?idx=2076&Newsnumb=2017112076

<비하인드 에피소드 38 여공들>

'싸우면서 건설하고 일하면서 배우자' 등 바야흐로 'Can do' 시대가 열렸다. 박정희 대통령은 왕년에 문경초등학교 선생님으로 있다가 만주로 떠나 군관학교에 들어가면서 군인이 되었다. 언제나 누구보다 배움에 대한 욕구가 강렬하였던 분이다.

배우고 싶은 욕망을 접고 어려운 형편에 보탬이 되고자 공장에서 일하는 여공들의 고사리 같은 흰 손을 보았을 땐 애처로운 마음이 들지 않을 수 없었다. 그때 여공들은 의무교육이 중학교까지인데도 초등학교를 졸업하자마자 취업전선으로 뛰어 들었던 것이다.

그 시절은 배움에 목마른 시기였다. 6.25사변 중에도 야학을 열어 가리키고 배우고 했기에 작업이 끝난 후에라도 배움의 터가 있다면 배우고자 했다.

박정희 대통령께서 공장에서 일하고 있는 소녀에게 가장 하고 싶은게 있다면 무엇이냐고 물었을 때 그때 일하던 어린 소녀가 말하길 자기 친구들은 하얀 카라 있는 교복을 입고 학교 다니는데 자기네들은 봉제공장·메리야스공장·바느질하고·미싱을 하고·가발공장에 다니니까 교복 입고 학교 다니고 싶다는 말을 듣고 박정희 대통령께서 들어주신 것이다.

교육법상은 불가하였지만 박정희 대통령은 교사 출신으로 누구보다 배움에 대해 갈구하는 마음을 잘 알고 있었기에 회사 경영진과 의논하여 공장 내에서 야간학교를 열어 중고등 과정을 이수할 수 있는 길을 열어주었다.

문교부 장관을 혼냈던 사실도 있다. 왜냐하면 야간학교 나온 학생들에게 졸업장을 주지 않았다는 이야기를 들었기 때문이다. 그 이후 야간학교 나온 학생들이 주간학교 나온 학생들과 똑같은 혜택을 받을 수 있었기에 산업 역군으로 거듭날 수 있었고 그분들의 헌신적인 노력으로 인하여 눈부신 산업 발전을 이룩할 수 있었던 것 또한 사실이다.

2) 정신문화발굴

'음수사원'이란 말이 있다. 음수사원이란 말은 '음수사원 굴정지인'飮水思原 掘井之人에서 온 말로서 물을 마실 때는 물의 근원을 생각하며 마시고 우물을 판 사람을 생각하며 마신다. 라는 말이다. 모든 일에는 근원적인 면이 있고 헌신적으로 임한 사람들의 노고가 있으니 물을 하나 마시더라도 그 의미를 생각하며 마시자는 의미이다.

이 땅에 태어나서 살아가는 우리는, 우리를 있게 한 조상들을 잊는다면 우리의 정체성이나 존재성이 성립될 수 없다. 그러므로 유구한 역사 속에서 망하지 않은 나라가 있다면 그 나라는 문화가 있는 나라였다.

따라서 우리의 문화를 찾는 작업은 우리의 뿌리를 찾는 작업이기에 조상의 얼을 찾아 빛낸다는 것은 우리의 얼을 빛낸다는 의미인 것을 박정희 대통령의 가슴은 한시도 잊은 적이 없었다.
대한민국 정부수립 이후 최초로 '국가 유공자'에 대한 보상이 실시되었다. 일제시대 독립유공자들에 대한 복권과 훈장·6.25사변 유공자에 대한 훈장 수여 등 국가적인 포상을 실시한 것은 '박정희 대통령'이 최초였다.

정부수립으로부터 15년, 6.25사변이 끝난 지 10년이 지나서 겨우 제대로 된 보상 조치가 실시된 것이다. 대표적으로 건국훈장 대한민국장(1962년: 안중근·안창호·윤봉길·김 구 등)·건국훈장 대통령장(1962년: 이봉창)·건국훈장 독립장(1962년: 유관순)이 있다.

분명 박정희 대통령께서 쓰신 저서『대한민국 국민에게 고함』에서 대한민국의 역사를 비굴과 굴종의 역사라고 평가하였던 것은 사실이다.

그러나 그는 산업발전을 이루는 동시에 대한민국의 긍정적인 부분을 발굴하고 발견하려고 무던히도 애쓰신 분이다. 대표적인 사례로 이순신 장군에 비하여 국민들의 인식이 없

었던 육전의 영웅 권율 장군에 대해 재조명을 시작하여 행주산성에 권율 장군의 동상과 행주산성 산적비를 건립하였다. 박정희 대통령은 독립운동가에 대한 발굴과 그들에 대한 훈장 수여에 노력을 다했다. 이승만 정권에서 금지조치 되었던 김구의 백범일지를 전격 해지 시켰고 김구뿐만 아니라 안중근·이봉창 등 대부분의 독립 운동가들에게 대한민국 장을 수여했고 안중근 의사의 유해를 발굴하기 위해서 모든 노력을 다하였다.

〔1. 성웅 이순신과 박정희〕

박정희 대통령이 평소에 가장 존경하신 분은 이순신 장군으로 알려져 있다. 충청남도 아산시 염치읍 백암리에 있는 이순신장군(李舜臣將軍) 유적지, 이곳에는 현충사와 유물전시관을 비롯하여 이순신 장군이 살던 옛집도 있다.

숙종 때 이 지역 유생들이 이순신의 사당을 지을 것을 상소하여 1707년 (숙종 33년)에 사액(賜額)을 내려 현충사가 세워졌다. 이 사당은 대원군의 사원 철폐령으로 철폐되었다가 일제시대에 동아일보사가 주최한 국민 성금으로 보수되었다.
이후 1962년 박정희 대통령 집권 시기 영역을 넓혀 유물전시관을 세웠고 67년 3월 18일 사적 155호로 지정되었다. 1973년 5월 현충사를 사적 보호구역 21만 6137평으로 확장하였고 1974년 4월 42만 4880평으로 다시 확장하였다.

충무공 이순신 장군이 쓰신 『난중일기』는 1604일 동안 개인의 생사와 국가의 명운을 걸고 싸웠던 기록이다. 임진왜란 중 쓴 이순신 장군의 『난중일기』는 무장武將인 이순신 장군의 문장과 글씨가 뛰어나다는 점에서도 높이 평가받는다.

이렇게 역사적으로, 문학적으로 중요한 『난중일기』는 1968년 1월 8일 도난당한다.
박정희 대통령의 특별한 관심과 애정으로 현충사 성역화 사업이 한창일 때 도난당하였으니 박정희 대통령은 진실로 안타까워하며 특별담화까지 발표하게 된다.

대통령이 특별담화까지 발표하여 자수를 촉구하고 수사진에 엄명을 내려 1월 17일까지 찾으라고 하였으나 참으로 행방이 묘연하였다. 대통령을 비롯하여 온 나라가 노여움에 싸여 대대적으로 찾으려고 백방으로 노력했지만 아무도 찾지 못했다.

그러던 중 9일 부산에서 일본으로 밀반출하려던 공범의 조카가 제보 전화를 하여 일당 6명을 검거하고 『난중일기』를 찾게 되었다. 찾은 난중일기는 부산에서 청와대까지 헬기로 공수되었다가 덕수궁 미술관에 보관되었다가 그 뒤 현충사 유물관으로 옮겨져 지금까지 보존되고 있다.
그 뒤 박정희 대통령은 『난중일기』 뿐만 아니라 『팔만대장경』 등 중요 국보는 마이크로 필름에 담아 보존하도록 하여 원자탄이 떨어지더라도 무사하게 보존될 수 있도록 특별지시를 내렸다.

이순신 장군의 옛집에는 난중일기와 장계(狀啓)가 보존되어 전해지고 유물전시관에는 난중일기를 비롯하여 임진장초와 서간첩 · 이순신 장군의 장검 · 요대 등이 전시되어 있다.

1962년부터는 해마다 이충무공 탄신 기념행사를 비롯하여 온행제왕 추모제·왕실 행차 및 각종 문화행사가 열리는데 이충무공 탄신 기념일은 4월 28일이다.

박정희 대통령은 국민의 정신을 각성시키기 위해 이순신 장군의 영웅적 기상을 드높이며 추모하는 역사를 새롭게 이어 나가도록 하신 것을 생각할 때 얼마나 이순신 장군을 존경하며 흠모하셨는지를 알 수 있다. 충무공은 박 대통령의 변함없는 스승이자 마음의 안식처였으니 영정 속 충무공과 무언의 대화를 나누며 위로도 받았을 것이다.

국민학교 4학년 때 박정희 대통령이 정말 좋아하고 사랑했던 둘째 '박상희' 형이 선물로 준 책이 바로 『이순신』이었다. 박정희는 『이순신』을 읽고 그때부터 이순신 장군을 존경하게 되었으며, 군인이 되기 위한 꿈을 꾸기 시작했고 누구보다도 이순신과 같이 '위국헌신爲國獻身 군인본분軍人本分, 위국충정爲國衷情 멸사봉공滅私奉公'하는 사람이 되고자 노력하였던 것이다.59) 이순신 장군을 모신 지금의 현충사는 박 대통령이 직접 생각하고 구상해서 축조된 건물이라 한다.

광화문 이순신 장군 동상60)도 마찬가지다. 실제로 박정희 대통령은 세종대왕보다도 이순신 장군을 더 좋아하며 흠모했다는 말도 있다.

〔2. 문화재 경주와 서울·수원〕
　문화재란 문화가치가 있는 사물로 국가가 종교적·세속적 근거에 따라 특별히 지정한 재산을 말한다. 문화재는 그것이 구현하는 정신적 가치와 시각적 음향적으로 표현하는 심미적 가치가 독특하고 주체성을 보존하는 중요한 매체이므로 해당 문화재를 창조해 낸 집단이나 민족뿐 아니라 온 인류에게 중요한 것이다.

우리나라의 문화재보호법은 1962년에 제정되고 그 뒤 여러 차례 개정되었다. 총 7장 94조의 본문과 부칙 1조로 된 이 법률은 한국 문화재의 모든 사항을 다루는 기준이 되고 있다.
이러한 문화재 발굴과 육성은 '국민정서함양'과 '자주문화창달'을 위한 것이었다. 이는 박정희 대통령의 위를 존숭하는 업적과 뿌리를 찾는 업적을 동시에 이루었다.

'박정희 대통령의 경주에 대한 애착은 특별히 남달랐다. 이에 경주를 관광도시

---

59) 위국헌신 군인본분, 위국충정 멸사봉공: 나라를 위해 몸을 바침은 군인의 본분이요, 나라를 위한 충성스러운 뜻은 사사로움을 멸하고 공변됨을 받든다.
60) 김세중: 서울대 미대 교수, 당대 최고의 작가로 꼽는다.

로 개발하여 외화획득의 좋은 산업으로 다지게 되었다.' 그리고 원래 교사로 있었던 연고였는지는 모르지만 보여주고 말해 주는 현장의 필요함을 알고 유물 발굴에 각별히 관심이 많았다.

- 옛 신라의 서울 경주시 인왕동 한월성 옆 국립 경주박물관이 새로 지어졌다. 1915년 9월 경주 고적보존회의 발족을 시초로 진열실을 개관한 이래 75년 8월 국립박물관으로 승격된 것이다.

박물관 신축을 위해 1969년 대지를 매입해 신축공사 시작 11억 원을 들여 8년 만에 준공되었으며 옛 조상들이 남긴 값진 문화유산들을 한눈에 볼 수 있도록 신축한 자랑스러운 박물관이다.

1975년 7월 2일 오후 2시 국립 경주박물관에 도착한 박 대통령은 박물관 뒤뜰에 조성된 석가탑·다보탑의 모조 탑을 제막하고 박물관 개관식 테이프를 커팅하고 진열장을 둘러보았다.

같은 날 오후 4시에는 안압지 유물 발굴장과 발굴이 진행 중인 98호 고분 남분 발굴 현장에 들러 보고받고 이곳 98호 고분에서는 이번 금관식 유물을 비롯해서 은으로 만든 허리띠 등 많은 유물이 새로 발굴되었다.
박 대통령은 새로 발굴된 신라 시대의 유물들을 살펴보고 경주 지구 고적 발굴 관계자들의 노고를 치하했다.

박 대통령 당시의 박물관은 대지 6만 8450㎡, 건물 1만980㎡로서 총 1만2553점의 유물이 소장되었다. 그 가운데 본관과 제1·2별관의 3개 전시관에는 선사시대로부터 통일 신라 시대까지의 유물이 전시되어 있는데 선사 유물은 경주 지역을 중심으로 한 경상남북도 전역의 출토 유물이 대부분이다.

그 외 제1 별관에는 경주 일대에서 출토된 방대한 양의 삼국시대 신라의 고분 유물들이 전시되어 있다.

1971년 대통령 선거에서 경주 개발을 지역공약으로 제시하고 7월 16일 경주 개발을 메모로 직접 지시를 내린다. 신라 고도는 웅대하고 찬란하다. 이 모든 정신을 살릴 수 있도록 개발할 것을 목차를 먼저 제시하고 범위를 지정하고 도로 개발과 자금조달은 어떻게 하라는 해결안까지 만들어 지시하며 그 틀을 마련해 주었다.

1972년부터 경주 관광 종합개발 10개년 계획이 발표되고 본격적으로 유적지를 발굴하기 시작하였다. 박정희 대통령은 유적에 대한 애정이 대단했으니 현 재직 대통령으로서 발굴 현장을 직접 방문한 대통령으로서는 유일하다.

70년대는 우리나라가 경부고속도로를 개통하고 산업화가 급변하던 시기에 때를 맞추어 71년 '경주관광종합개발계획'을 수립하고 그 일환으로 미추왕릉지구 정화 사업을 이루면서 73년 천마총과 황남대총 발굴을 기획하였다. 경주 개발의 강력한 의지를 보여주었다.

원래는 황남대총 발굴을 하기로 했지만 그에 앞서 먼저 시험 발굴할 곳으로 천마총을 잡은 것이다. 천마총 발굴은 73년 4월에 착수하여 그해 12월까지 하고 마무리하였다. 중요한 것은 일제시대의 유물 수집 목적의 발굴에서 벗어나 사분법(四分法)[61]을 고분 발굴에 처음 도입하는 등 조사 방법의 큰 진전이 있었기에 가능했다고 한다.

한국의 고고학은 금석학으로부터 비롯되었다. 근대적인 의미의 고고학은 일본의 침략과 함께 시작되었다. 유적·유물조사가 조선총독부 주도하에 연차적으로 이루어졌지만 전체 역사와 유리된 유적·유물 그 자체의 분석에만 그치거나 단편적 해석으로 잘못 이해되는 경우가 많았다.

광복 후에는 제대로 훈련받은 고고학자의 부족과 연구시설의 미비·6.25 사변으로 인한 이유로 1950년대 말까지의 고고학 연구는 광복 전의 구태에서 벗어나지 못했다.

그러나 1961년대부터 서울대학교의 고고학과 신설·각 대학 박물관들의 고고학 조사 참여 등으로 고고학 연구는 차츰 본궤도에 오르기 시작했다. 1970년대는 새로 1975년 문화재관리국의 문화재연구소 발족·원자력 연구소의 방사성 탄소연대결정 시설 설치와 함께 사적 정화사업 고고학의 등과 관련된 대규모 발굴이 이루어져 연구방법과 업적면에서 큰 성과를 거두었다.

---

61) 四分法: 고분을 발굴할 때 사용하는 방법으로서 고분을 4등분 하여 발굴하는 기법이다. 특징은 고분 내부의 공간적 특성이나 유물 분포, 유구의 흐름 등을 전체적으로 파악할 수 있고 고분의 보토를 조사하는데 주로 사용된다. 사용방법은 고분의 정상부를 중심으로 4등분하고 한 부분을 먼저 발굴한 후 서로 잇갈려 마주 보는 부분을 발굴한다. 발굴조사 방법은 유적이 조밀하게 분포하고 있는 곳에 알맞은 방법으로 건물지나 패총조사 등에 이용된다. 범위가 넓은 취락이나 주거지 발굴에는 바둑판 눈금 형태로 구획 후 발굴하는 격자법이 이용된다. 유적을 가로지르는 긴 구덩이를 만들어 조사하는 트렌치 조사법도 있다.

<비하인드 에피소드 39 이순신과 나폴레옹>

 박정희 대통령이 어릴 적 즐겨 읽었던 책은 역사 인물 책이라 한다. 동아일보 편집국장이던 이광수가 소설 이순신을 연재하던 때이다.
가장 좋아했던 상희[62]형이 선물로 준 이광수 작 『소설 이순신』을 읽으면서 온갖 중상모략에도 늘 푸른 소나무처럼 흔들림 없이 '생즉사生卽死' '사즉생死卽生'의 소신을 세우면서 몸을 바쳐 죽음으로 싸우고 12척 남은 배로 밀려오는 왜적을 물리친 이순신 장군의 이야기는 분명 박정희의 가슴에 위기의 국난에 처한 나라를 구하겠다는 결심을 하게 했을 것이다.

 우리나라 위인으론 이순신 장군이었다면 서양의 위인은 나폴레옹 장군이었다고 한다.

 프랑스의 식민지 코르시카 섬에서 태어난 시골 젊은이가 군대에 들어가 장군이 되고 마침내 눈보라 치는 알프스를 넘어 온 유럽을 호령하는 나폴레옹의 이야기는 충분히 소년의 피를 뜨겁게 만들고도 남는다. 어릴 적, 소년 박정희는 이 2권의 책을 읽고 또 읽고 책이 너덜너덜 떨어지도록 읽었다고 한다.
플루타르크 영웅전도 좋아했다고 한다.

- 경주 불국사

 경주 불국사는 신라 경덕왕 때 김대성의 발원으로 중창되어 번창 당시에는 건물 수가 80여 동에 달하였다. 그 뒤 1592년 임진왜란 때 전소되어 1659년 (효종 10) 대웅전 등 일부 건물이 중건되었다.
1969년~73년에 걸쳐 중심건물인 무설전·비로전·관음전·대웅전 회랑·극락전 회랑·일주문이 복원되었다. 〈사적 및 명승 제1호〉

- 경주 보문단지

 경주 보문단지는 명활산(明活山) 성터 밑에 있으며 보문동·손곡동·신평동·천군동 일대를 포함한다. 총 개발면적은 약 10.3㎢이다. 관광객들에게 충분한 숙박과 각종 위락시설을 제공하기 위해 1974년 개발 착공하여 1979년에 1단계 공사를 마쳐

---

62) 박상희: 박정희 대통령의 둘째 형. 그때 박상희는 구미면에서 조선일보 통신원과 동아일보 선산 지국장을 거치며 지역 언론을 대표하고 있었다.

개장하였다. 1979년 10月 24日, 26일 서거 이틀 전 박정희 대통령은 경주 보문단지를 마지막으로 둘러보았다. 본인은 이틀 뒤에 서거할 줄은 꿈에도 생각 못 한 채.

<비하인드 에피소드 40 금일봉>

박 대통령이 마지막으로 유물 현장에 오신 것은 79년 1월 4일이었다. 비공식 방문이었고 비공식 방문을 했을 때는 항상 금일봉을 주고 가신다는 말이 있었다. 그때도 금일봉을 주고 가셨는데 100만원이었다고 한다. 그때 73년도 은행원 월급이 4만원 시대였던 것을 생각하면 상당한 액수이다.

유물 발굴을 하려면 첫째 집에 들어가지 못한다. 그 작업이 마무리될 때까지 그 작업장에 매여 있어야 한다. 그러하기에 의식주 해결이 무엇보다 불편하고 또 작업장 자체가 바람만이 불어 가는 황량한 벌판이었기에 조상들이 남겨 놓은 정신문화 유산의 긍지를 갖고 하지 않으면 못하는 작업이다.

유물도 유물이지만 때로는 해골이나 사람·뼈조각도 찾아 닦고 다듬고 해야 되는 고난도 극한 작업임을 대통령은 일찌기 알고 계셨기에 관계자들의 노고를 금일봉으로 아낌없이 치하 하셨던 것 같다.

- 서울 광화문

세종로에 있는 광화문은 경복궁의 정문이다. 조선 시대 궁궐의 정문 가운데 유일하게 궐문 형식을 갖추고 있다. 1399년(태조 4)에 세워졌으며 임진왜란 때 불탄 것을 1865년(고종 2) 경복궁 중건 무렵에 복원하였다.

1927년 일본의 문화 말살 정책 일환으로 건춘문 북쪽으로 옮겼는데 6.25사변 때 폭격으로 불타버렸다. 현재의 광화문은 68년 석축 일부를 수리하고 문루를 철근 콘크리트 구조로 중건한 것이다.

광화문의 '충무공 이순신 장군' 동상은 정부의 산하 단체였던 애국선열 조상 건립위원회와 서울신문사의 공동 주관으로 박정희 대통령 집권 시 1968년 4월 27일 건립되었다.

- **수원 화성(水原 華城)**

　수원 화성(華城)은 대한민국 경기도 수원시 팔달구 장안동에 있는 길이 5.52km의 성곽이다. 1963년 대한민국의 사적 제3호로 지정되었으며 1997년 유네스코 세계문화유산으로 등록되었다.

화성은 6.25사변 당시 일부가 파괴되어 이후 재건한 건축물이지만 화성을 계획할 당시 그림과 글로 설계도와 관련 내용을 기록해둔 수원 화성의궤가 남아있어 이를 바탕으로 복원하였기 때문에 역사적 가치를 인정받을 수 있었다.

이순신 장군을 모신 현충사·경주 불국사와 보문단지·광화문과 수원화성 등 현재 존재하는 대다수의 문화재가 '박정희 대통령' 때 복원되었다. '박정희 대통령' 덕에 고고학이 발전했고 경주 발굴이 가능했던 것이다.

특히 고고학자에게 경주 발굴의 의미는 무척 컸다고 하겠다. 발굴과 복원이 많이 이루어지자 '고고학 훈련소'라고 불릴 만큼 훈련된 고고학 전문가를 길러냈다. 이후 고고학의 '한국화'가 이루어진 것이다.

왕정은 아니기에 '종묘사직宗廟社稷'에서 '종묘宗廟'는 말할 수 없겠지만 문화재 복원과 유물 및 인물 발굴작업은 가난을 물리친 업적에 버금가는, '사직社稷'을 잇는 업적이라 필자는 생각한다.

〔3. 인물과 사적발굴〕

- 1963년 1월 21일, 강릉 오죽헌을 보물 제165호로 지정하였고 1964년 6월 10일 강화도의 고려궁지를 사적 제133호로 지정하였다.

- 1965년, 박정희 대통령은 윤봉길 의사의 정신을 기리기 위해 기념탑을 세우고 1968년에는 충의사를 세우고 생가를 복원했다. 충의사는 윤봉길 의사의 사당으로서 초상을 모시고 평소 쓰시던 물건들은 유물로 보물 제568호로 정리하여 전시되고 있다. 매년 4월 29일에는 윤봉길 의사를 추모하는 '매헌 문화재'가 열린다.

- 1968년 12월 11일에는 경복궁 구석으로 옮겨진 광화문을 정문 제자리로 복원하고 박정희 대통령은 직접 '광화문'이라고 쓴 한글 현판을 관계관들과 함께 제막했다.

- 사적 제229호 (충남 예산군 덕산면 시량리)는 윤봉길 의사가 태어난 집은 '광현당 光顯堂'이라 하고 중국으로 망명하기 전까지 자란 집은 '저한당狙韓堂-한국을 건져 낸 집'이라 했다.

- 1970년, 사적 제105호 칠백의총(충남 금산군 금성면 의총리에 있는 무덤)은 임진 왜란때 왜군과 싸우다 순국한 700 용사의 무덤을 22800평으로 확장하고 종용사 기 념관 순의탑 등을 새로이 지어 사적으로 지정했다.

- 사적 제56호인 행주산성은 임진왜란 때 행주대첩의 무대가 되었던 곳이다. 1970 년 박정희 대통령은 대대적인 정화작업을 벌여 권율 장군을 모시는 충장사를 세우 고 정자와 출입문을 세웠다.

- 1971년 7월 7일 처음으로 발굴된 공주 송산리 고분군 고분은 무령왕과 왕비의 능이다. 1971년에는 경주 개발을 위해 세계은행에서 차관을 들여와 288억을 투입했 다. 경주종합개발 보고서에는 불국사를 복원하고 천마총 황남대총 안압지등이 복원 되어 신라 문화의 높은 수준이 한눈에 드러나게 되었다.

- 1972년, 사적 제230호 유관순 열사는 충남 천안시 병천면 탑원리에 유적비를 세 우고 사당을 세워 열사의 초상을 모셨다. 유관순 열사는 3월 마지막 날 봉화를 올 리며 그날을 기념하고 있다.

- 신라 시대의 돌무지덧널무덤으로 황남동 제98호분이라고 불리는 황남대총(경주시 황남동)은 1973년 6월(북쪽무덤)과 1975년 10월(남쪽 무덤)에 발굴 조사하였다.

- 1973년부터 2년간에 걸친 안압지는 발굴에서 연못 안의 뻘지대와 연못 주변의 건물 26개소 입수入水・출수出水를 위한 시설물들을 비롯하여 3만여점이 출토되었 고 그 유물들로 인하여 신라 시대의 높은 문화생활을 알 수 있는데 아주 중요한 자 료가 된다.

- 1973년~1974년 낙성대(강감찬 장군 출생지)에 안국사安國祠를 지어 강감찬 장군 의 영정을 모시고 그의 정신을 기렸다.

- 1973년 사적 제225호 초지진의 초지돈을 복원하였고 1976년 사적 제227호 광성 보(강화 불은면 덕성리에 있는 조선 시대의 성보城堡)를 지키려다 순국한 무명용사

들의 무덤과 어재연의 쌍충비각雙忠碑閣을 보수하고 정비했다.

- 1974년에 완공된 용인 민속촌은 관광객은 물론 전 국민의 우리 민족 생활학습의 장이 되었다.

- 1975년에는 충장사(광주시 북구 금곡동에 있는 사당-임진왜란 때 의병을 일으킨 충장공 김덕령金德齡의 사당)를 지어 김덕령 장군의 충절을 기리기 위해 지었다.

- 사적 306호 갑곶돈(인천시 강화군 강화읍 갑곶리)은 조선 시대의 국방유적이다. 갑곶돈은 병인양요 때 프랑스군에게 점령당하면서 허물어졌고 일본과 강화도 조약을 맺은 곳이다. 1976년 박정희 대통령의 지시로 강화도의 유적과 함께 복원되었다.

대한민국 헌법 제9조에는 국가가 의무로 '전통문화의 계승·발전과 민족문화창달에 노력하여야 한다'고 규정되어 있다. 박정희 대통령께서는 우리나라 주위의 강대국과 대등한 나라로서의 위상을 갖추는 길은 높은 국민소득과 더불어 문화가 있는 민족이어야 되는 것임을 알고 따라서 유형문화재를 발굴하고 무형문화재를 존중하며 보존하는 것이 얼마나 중요한 것인가를 먼저 알고 계셨고 그것을 실천하신 것이 '자주문화창달' 운동이라고 생각한다. 그리고 평소에 자주·자조·자립이라는 말을 즐겨 애용하시며 정부의 정책에 스스로 협조하는 국민정신을 함양시키셨다.

출처 Daum.net 임진강 화석정

〈비하인드 에피소드 41 임진강 화석정花石亭〉

임진강 화석정은 원래 고려 말기 문신 '길재'의 건물터였으나 세종 25년 이명신[63]이 건립했다고 한다. 35년 후 성종 9년에 이이의 증조부 이의석이 보수하고 몽함, 이숙함이 '화석정'이라 이름을 지었다. 이후 '십만양병설'을 충언한 율곡 이이가 기름 기둥으로 화석정을 개조하였다. 이이는 관직에서 물러나자 화석정에서 제자들과 학문을 논하며 지냈다고 한다.

임진왜란 때 선조가 의주로 피난을 가던 중 깜깜한 임진강을 건너야 할 때 화석정의 기름 기둥이 불타며 환하게 비춘 불빛에 의해 선조가 무사히 건널 수 있었다는 이야기는 유명하다.

그때 선조는 십만양병설의 충언을 받아들이지 않은 자신을 후회하였다고 한다. 80년 동안 터만 남아있다가 다시 지었지만 6.25사변 때 다시 소실된다. 이후 1966년 파주의 유림들이 성금을 모아 다시 짓고 1973년 정부의 율곡및 신사임당 유적 정화사업을 하였다. 현판 글씨는 박정희 대통령이 썼다.

〈비하인드 에피소드 42 '자주문화창달'〉

중국은 중국을 위주로 북적·서융·남만·동이족을 미개인으로 취급하면서 오랑캐로 멸시하였다. 그러면서 끊임없이 침략하고 정복해서 오늘날의 거대한 땅덩이를 차지하게 된 것이다.

그렇지만 중국에 흡수되지 않은 나라가 있으니 우리나라와 베트남이다. 중국과 국경선을 하고 있던 주변의 종족들은 하나같이 중국이라는 거대한 용광로에 녹아들었지만 반면에 베트남과 우리나라가 그런 중국의 힘에 빨려들지 않고 용케도 살아남을 수 있었던 것은 자신들의 독특한 문화를 유지했기 때문이라 보고 박정희 대통령께서 '자주문화 창달' 운동을 하기 시작한 것이다. 물론 중국만은 아닐 것이다.

---

63) 이명신(李明晨,1368~1435): 율곡 이이의 5대 조부.

오늘날 박정희 대통령의 강력한 지휘 아래 일구었던 조국 근대화의 풍요로움을 누리면서 박정희 대통령의 예상치 못한 이른 서거로 말미암아 경제적 성장에 정신적 성숙이 따라가지 못한 결과 박정희 대통령의 노고와 업적에 대한 인간적 교감을 못하고 있는 것이 작금의 현실이라 하겠다.

박정희 대통령은 6.25 사변을 겪으면서 우리나라보다 40배나 더 큰 중국의 거대한 힘을 보셨다. 더이상 중국을 그냥 두었다간 우리나라가 중국화가 되어갈 위험성을 깨달았고 우리나라의 존속을 위하여 화교들의 발전을 경계하셨던 것이다.

2. 호국護國을 유신으로

박대통령은 국민에게 '유신'이념 구현을 천명하고 협조해줄 것을 신신당부했다. 유신적 개혁이야말로 민주주의 토착화의 마지막 기회라고 역설하며 능률을 극대화하고 국력을 조직화하여 민족의 생존권을 지키자고 호소하였다.

일본의 메이지유신은 1867년을 기점으로 생사를 넘나드는 막강한 집념으로 정치적 변화를 모색하였지만 우리나라는 105년 후 단행한 유신이지만 의미를 제대로 알아먹지도 못하고 폐지하면서 사실상 실패 하였다.

《유신維新헌법》

유신헌법이란 1972년 10월 17일에 선포된 유신체제維新體制 아래에서 같은 해 11월 21일 국민투표로 확정된 제4공화국 헌법의 세칭이다. 전문前文과 12장 126조 및 부칙 11조로 되어 있다. 대한민국 헌정사상 제7차 개정헌법이다.
구국의 결단으로 조국의 평화적 통일과 한국적 민주주의 토착화를 표방한 헌법 개정안이 10월 27일 비상국무회의에서 의결·공고되어 11월 21일 국민투표에서 91.9% 투표에 91.5% 찬성으로 확정·제8대 대통령 취임일인 12월 27일 공포 시행된 것이다. 박 대통령은 어떠한 일이 있어도 한반도의 공산화만은 평화적으로 막아야겠다는 생각에서 새로운 정치체제 '유신헌법'을 확립했던 것이다.

민주주의가 잘 이루어지고 있는 선진국에서도 나라마다 정치 제도에 상당한 차이가 있다. 프랑스는 '드골 헌법'으로 프랑스식 민주주의, 영국은 '의회 내각제' 영국식 민주주의, 서독은 '의회 내각불신임' 서독식 민주주의 등 자기 나라에 맞는 민주주의를 연구하고 개발해서 민주주의 통치를 하고 있다.

평화통일의 기반을 구축하기 위해선 박정희 대통령 역시 당쟁과 파벌을 일삼으며 반대를 위한 반대만을 일삼는 야당과는 도저히 안보와 경제를 동시에 이루기 어렵기에 나름 궁여지책으로 프랑스·영국·서독처럼 한국적 민주주의를 생각했을 것이다.

유신헌법의 특징은 전문에 평화통일의 이념을 규정하고 이를 위한 수임 대의기구로서 통일주체국민회의를 신설한 점, 대통령에게 긴급조치권·국회해산권과 같은 초헌법적 권한과 법관 및 일부 국회의원을 임명할 수 있는 권한을 부여하여 3권의 조정자·영도자로서의 강력한 대통령제를 채택한 점, 법률유보 조항으로 국민의 기본권을 제한한 점·지방 자치제실시를 남북한 통일 이후로 미루어 놓은 점 등을 들 수 있다.

박정희 대통령이 오로지 권력욕을 위해서 '유신헌법'을 추진하려고 했던 것이 아님은 오늘에 와서 보았을 때 확실하다. 다만 그동안 경제·국방·교육 등 일구어 놓으신 일들을 온전하게 마무리하고 탄탄하게 이루어 그 누구라도 훼방 놓을 수 없도록, 위선적인 권력자가 좌·우할 수 없도록 완벽한 틀을 마련하고자 한 법이 '유신헌법'이라고 보아야 할 것이다.

작금의 위정자들 권력 오용및 남용을 보고 있으면 박정희 대통령이 마련한 10월 유신이 우리 대한민국 국민들의 장단점을 가장 잘 파악한, 단점은 보완하고 장점을 살리는 조치가 바로 '유신維新'이었으니 결코 장기집권을 위한 조치만은 아니라는 것이다.
즉, 언젠가 자신은 떠날지라도 분열되지 않고 자신과 같이 열심히 일하는 지도자와 함께 단결해서 이 땅의 국민이 자자손손 잘살아갈 수 있는 터전을 만들어 놓고자 고심한 끝이 '유신헌법'으로 나타났을 뿐이다.
박 대통령은 수석비서관들에게 국민이 자신을 욕하는 것을 알고 있지만 그렇다고 당장 훌훌 털어버리고 물러날 수 없는 것은, 역사적 과업을 완수해야 할 책임이 있기 때문이라고 말하면서 잘못이 있다면 훗날 달게 받겠다고 각오를 말하곤 했다고 한다.
"내 무덤에 침을 뱉어라" 하심은 욕먹는데 그다지 연연해 하시지 않은것 같다.
오로지 조국 근대화와 자립경제·자주국방·민족중흥·부국강병 외에는 관심이 없으셨던 것이다.

흔히들 10월 유신하면 장기집권을 하기 위해서 마련했다고 보고 무조건 반대하는 측면이 강했다. 그러나 돌이켜 생각해 보면 박정희 대통령 입장에서는 국민과 함께 줄기차게 피땀 흘려 노력하고 힘들여 쌓아 올린 공든 탑이 일부의 거짓 인사들에 의해 허물어진다는 것은 가슴이 무너져 내리는 아픔으로 무엇보다 염려되지 않음이 없었을 것이다.

10년·20년 아니 자자손손 만년대계를 위해 영원히 이 나라·이 조국의 영광된 앞날을 생각하다 보면 참으로 아찔아찔한 순간들을 잊을 수 없었으리라. 정치는 서구를 모방한다고 정치발전을 꾀하는 것도 아니다.

그리고 바로 앞만 보고 발등에 떨어진 불 끄는 데만 집중하다 보면 대세를 놓치게 되고 현실 타파에 허덕이다가 그냥 끝나 버리기 쉬운 게 정치다.
그러니까 어설프게 자격도 없는 사람들이 대통령이란 권좌에 올라 허리띠 졸라 메고 피땀으로 일으켜 세운 조국을 무너뜨리지 못하도록 확실하게 단도리를 해 놓고자 하신 것이 유신維新이란 말이다. 또다시 굶주리는 사태가 생겨나지 않도록 말이다.

그러므로 정치를 하는 사람은 10년·50년 아니 100년을 내다보고 오늘을 준비해야만 진정 국민을 위한·이땅의 사직社稷을 위한 정치가 된다는 것을 강조하셨다. 이러한 원대한 생각으로 취한 '유신'을 사사로운 권력욕으로 치부하며 몰아세울 때는 얼마나 마음이 아리셨을까!

그래서 더욱 쓸쓸하셨을 것이고 더욱 외로우셨을 것이다. 왜냐하면 모두가 박정희 대통령을 향하여 독재자 - 독재 권력을 더 연장해 누리고자 할 뿐이라는 생각으로 한결같이 지적하고·나무라며 부정적으로 항거함으로써 애국충정에 잠 못드는 깊은 시름을 알아주는 이 하나 없었으니 참으로 마음 가눌 길 없었을 것이다.

그동안 박정희 대통령이 하시고 걸어오신 흔적을 보면 당신이 해 놓으신 일들에 대해 한 번도 자화자찬自畵自讚 하거나 자랑삼아 뽐내는 말을 들어보지 못했다.
즉 자기 자랑하며 뽐내지 못하는 분이다. 누가 물어오기 전에 자신을 소개 삼아 강점·장점을 먼저 말하는 자기 PR 시대에·묵묵히 일하며 남이 스스로 알기까지 기다릴 줄 아는 심성은 스스로 수양하는 삶을 살아오지 않은 사람에겐 매우 어려운 과제가 된다.

꼭 해야 할 때면 국민에게 보고하듯 그리고 정책상 그렇다는 듯 얘기하므로 자랑으로 들리지 않는 것이다.

세월이 흘러 지금에 와서 돌이켜 생각해 보면, 국민 모두를 만족시키며 추진할 수 없었기에·먼저 배고픔부터 해결한 다음도 할 일이 산적해 있었기에 끌고 가고자 다소 강압적인 면은 있었을 것이나 독재 권력을 추구하신 분이 아니라는 것만은 확실하게 말할 수 있다.

본인도 선우 휘 주필에게 81년 10月 1日에는 내 발로 걸어 나가겠다는 말씀도 하시지 않으셨던가!~ (각주 41 참조)

박 대통령은 종교에 대한 말은 하지 않았다. 유생의 집안에서 태어나 신문물을 접하고 유가의 한학漢學속에서 인격 형성을 도모해온 분으로 지족·자족·겸손에 익숙하여 자기 자랑은 아름답지 못한, 팔불출들이나 하는 것쯤으로 알고 자란 분인 것 같다.

필자는 지금도 박정희 대통령에 관한 책이라면 가리지 않고 이책 저책을 살펴보지만 모두가 하나같이 소박하고 틈이 없으신 분이라고 말하면서 동시에 강한 집념은 눈물겨울 정도라고 말한다. 그리고

장기집권에 따른 인권유린이나 정적탄압, 근거도 없는 여러 추문 등으로 대통령에 대한 부정적인 성토가 끊이질 않지만, 대통령의 생활 태도는 믿기지 않을 정도로 질박하고 검소하기 짝이 없다고 말한다.
두 어벌의 양복·수십 년은 맨 듯한 낡고 낡은 허리띠·해마다 여름철이면 꺼내 신는 흰 구두·소박한 밥상·휴지 한장 마저 소중하게 쓰는 절약 정신은 그야말로 무섭도록 철저하신 분이라고 한결같이 말한다.

새로운 정책의 계획서를 내릴 때도 한자로 쓰신 다음엔 꼭 쉬운 말로 풀이해서 설명을 곁들여 놓으셨다. 『지도자도指導者道』의 책도 유학을 공부한 바탕 위에 지도자의 리더십을 말씀하신 것이리라. 박정희 대통령이 직접 제자로 여겨 달라며 부탁한 박종홍 박사도 유학자이시다.

오늘날 박정희 대통령께서 세워 오신 정책을 보면 한결같이 '진보적'인 성향이 강하다고 말을 하는 사람이 많다. 즉 박정희 대통령은 보수주의가 아니라 진보주의적인 분이라는 말이다.
자유 체제에서의 시장 경제정책을 실행하면서 서민들에게 그 혜택이 골고루 돌아가

게 하는 복지정책을 보면 그런 진보적인 성향이 강하다는 것을 엿볼 수 있으니 틀리는 말은 아니다.

우리 국민의 장단점을 잘 살려서 조치한 '유신維新'은 박정희 대통령께서 살아생전 추구해 오신 '한국적 민주주의'를 이룰 수 있는 근간으로 바로 '유신'을 취하였던 것이다.

그러나 한편으로 생각하면 아찔한 면은 있다. 무슨 말인가 하면 박정희 대통령처럼 '위국충정 헌신보국'하는 사람이 권좌에 올라야 하는데 개인의 소영웅심이나 또는 개인의 사리사욕이나 채우고자 하는 사람에겐 '유신維新'헌법이 위험천만이라는 말이다. 왜냐하면 막강한 권력이 대통령 한사람에게 집중되어 있기 때문이다.

다만, 여기서 필자가 하고자 하는 말은 적어도 박정희 대통령 자신의 영구집권을 위해 '유신'을 추진한 것이 아니라는 것을 거듭 밝히고자 할 뿐이다. 왜냐하면
「박정희 대통령은 적어도 '권력의 허망함'이나 그리고 '생자는 필멸'이라는 대의大意를 알고 있는 분이라고 생각하기 때문이다.」

이렇듯 박정희 대통령께서 앞장서서 이루신 기적적인 놀라운 업적을 눈으로 확인하고 있음에도 불구하고 애써 외면하고 무시하며 터부시하고 있는 현실을 우리 모두는 깨달아야 한다. 민족의 정신을 살리고 오로지 조국을 선진강국으로 만들기 위하여 일만 하다 가신님이 바로 박정희 대통령이심을 말이다.

《1975년 1월 14일 박정희 대통령 중앙청에서의 연두 기자 회견》
- 내일을 위하여 -

다음의 내용은 박정희 대통령 18년 집권 기간에 실시된 중요 변화의 흐름을 이해하기 위하여 62년 69년 73년에 이어 75년 78년 79년의 연두 기자 회견 및 동정을 살펴보았다.

대통령께서는 새해 시정 방침과 우리 국민이 지향해야 할 지표를 밝혔습니다.
　새해 시정의 중점은 대략 3가지로 나누어서 말씀드릴 수 있겠습니다.
첫째는, 국가 안전 보장을 보다도 더 튼튼히 해야 하겠다는 것입니다. 대통령이 맡아 있는 여러 가지 책임 중에 가장 최우선 하는 것이 국가안보에 대한 책임입니다. 여하한 도전이 있더라도 국가와 민족의 생존권을 위협받지 않도록 튼튼한 총력 안보태세를 다짐하여야 하겠다는 것입니다.
둘째는, 역시 경제문제입니다. 아무리 세계 경제가 불황으로서 허덕이더라도 우리

국민경제의 안정 기조가 크게 흔들리지 않도록 또 위협을 받지 않도록 위협을 받더라도 가급 적이면 덜 받도록 만반의 대책을 세워나가야 하겠다는 것이고

셋째는, 이러한 어려운 난국을 극복해 나가는데 있어서 가장 중요한 것이 무어겠느냐? 이것은 역시 국민과 정부가 일치단결해서 단결된 힘으로 밀고 나가야 하겠다. 그것을 위해서는 역시 사회기강을 바로잡고 총화 단결을 이룩하는데 우리가 보다도 더 힘을 써야 하겠고 이것을 위해서 정부가 또 앞장을 서야 하겠다. 3가지 문제를 금년 시정의 중점으로 둘 수 있겠습니다.
박 대통령은 지난 1년 동안 우리 한반도의 주변 정세가 매우 어려워진 가운데 북한 괴뢰의 도발 위협은 더욱 높아졌다고 강조했습니다. 대통령께서는 특히 북한 공산당들은 올해 벽두부터 별의별 구호를 내세우며 소란을 피우고 있다면서 모험을 좋아하고 호전적인 그들이 어떤 시기에 또 어떤 군사적인 모험을 감행할지 모르므로 우리는 만반의 대비와 경계를 해야 한다고 말했습니다.

대통령께서는 인구 15백 만에 주민소득이 300달러도 안 되는 북한 괴뢰가 모두 280만의 방대한 군사력을 갖추고 있는 것은 중공이나 소련 혹은 일본과 싸우기 위해서가 아니라 바로 우리 대한민국을 침공해오기 위해서라고 지적하면서 1. 21사태 때 남파한 것과 같은 특수 무장 공비를 8만 명이나 훈련 시키고 있다고 말했습니다.

대통령께서는 북한 괴뢰 남침 흉계의 한 예로서 휴전선 비무장지대의 남침 땅굴을 파놓은 만행을 상기시키면서 이것이야말로 그들의 대남 도발 행위가 더욱 고조되고 있다는 증거라고 말했습니다.
박 대통령은 이와 같은 남침 땅굴이 더 많다는 정보에 따라 조사를 하고 있다고 밝히고 우리는 결코 경계 태세를 늦추어서는 안 된다고 강조했습니다.

북한 괴뢰는 부녀자들에게까지도 사격훈련을 시키고 있을 뿐 아니라 그들은 또 휴전선 근처에 군사시설을 강화하고 임진강 부근에 수많은 진지를 구축, 단숨에 서울 남쪽까지 기습 공격을 할 수 있는 포화 병력을 1년 전보다 더 많이 배치했으며 휴전선 근처에 공격용 비행장을 닦아 그들의 도발 야욕을 노골적으로 드러내고 있다고 말했습니다. 여기서 이륙한 비행기는 2~3분 안에 서울을 습격할 수 있고 사정거리가 수도권을 훨씬 넘어서는 장거리포가 엄청나게 늘어나고 있다고 지적했습니다.

임진강 대안에는 북한 괴뢰가 기습 포화 장비를 갖추고 남침의 기회만을 엿보고 있다고 말했습니다.

이어서 대통령께서는 통일이 우리 세대에 이것이 될런지·안 될런지 이것은 아무도 예언을 할 사람이 없습니다. 만약에 우리 세대에 통일이 못 된다 하더라도 최소한 우리 세대에 해야 될 일이 무어냐, 동족 간의 전쟁만은 막아야겠다는 것입니다.[64] 이것이 우리에게 주어진 역사적인 사명이요 책임이라고 생각합니다.

　박 대통령은 '유신헌법' 문제에 관해서 북한 공산주의자들이 남한을 적화통일하겠다는 폭력혁명 노선을 포기하고 북으로부터의 위협이 완전히 없어질 때까지는 현행 헌법을 고쳐서는 안된다는 것이 나의 소신입니다.

(※유신헌법이 유지되지 못할까 걱정하신 대로 유신헌법은 유지되지 못했다. 즉 '유신'의 참뜻을 제대로 알리는 데 실패를 했다고 보아야 할 것이다.)

《유신헌법이 유지되어야 하는 이유》

유신헌법을 유지해야 하는 이유를 몇 가지 얘기하겠습니다.

첫째 현행헌법은 1972년 10월, 국민투표에 의해서 국민 여러분들의 압도적인 지지를 받아서 제정된 헌법입니다.
따라서 이 헌법은 일부 여러 가지 비난하는 사람도 있습니다만 몇몇 사람의 자의에 의해서 이루어진 것이 아니라 국민적인 동의와 국민적인 정당성을 부여받고 있다고 우리는 확신합니다. 다음에 또 한 가지는 지난 2년 동안 이 헌법을 우리는 운영을 해 봤습니다.

그 결과 우리의 여러 가지 사정과 현실 여건에 가장 적합한 제도라는 것이 실증이 되었다. 물론 나부터라도 유신헌법이 완전무결하고 이상적인 제도라고는 생각지 않습니다. 또 그런 완전무결하고 이상적인 그런 제도는 있을 수도 없을 것입니다.
* '유신'헌법의 타당성을 재차 강조하심.

우리는 이 체제 아래서 격동하는 국제정세에도 언제든지 적시 적절히 능동적으로 대체해 나올 수가 있었고 여러 가지 어려운 시련과 도전에도 극복을 해 나갔고 또 북한 공산주의자들이 기회만 있으면 무력이나 폭력으로서 우리를 뒤집어 엎을려고 노리고 있는 북괴의 끊임없는 도전에 대해서도 우리는

---

64) '평화통일'의 선구자는 당연 박정희 대통령이십니다.

철통같은 안보 총력 태세로서 끄떡도 없이 국가와 민족의 생존권을 지켜왔다는 겁니다. 또 석유파동이다. 무슨 자원난이다. 해서 세계 경제가 일대 격동을 치는 소용돌이 속에서도 석유 한 방울 안 나오고, 이렇다 할 만한 천연자원 하나도 없는 우리나라에 있어서 그래도 우리나라 우리 경제만은 안정 기준을 잃지 않고 꾸준히 성장을 지속해 왔고 또 국력 배양을 지속해 왔다는 엄연한 사실을 잊어버려서는 안됩니다.

이러한 어려움 속에서 수출증대다. 중화학 공업의 건설이다. 방위산업의 육성이다. 새마을사업이다. 하는 국가의 주요 정책목표를 우리는 큰 차질없이 계획대로 추진해 왔고 또 추진되고 있습니다.

이어서 박 대통령은 과거 임진란 당시의 고사를 예로 들면서 근세 우리나라 역사를 한번 훑어볼 때 여러 가지 많은 국난을 겪었는데 대표적으로 큰 것을 우리가 2개를 들어보면 임진왜란과 우리들 세대가 겪은 6.25 사변이 아니겠는가 이렇게 생각합니다. 이 두 개의 큰 국난은 그 당시 정치인들의 그릇된 시국관 또는 안보관 정세 판단으로 인해서 이런 엄청난 국난을 우리 스스로가 불러들였다. 자초를 했다. 그래서 역사에 큰 오점을 남겼다고 봅니다. 이 전부 정치인들의 죄다, 책임이다.

대통령께서는 당시 정객들이 국가안보를 정치 도구로 이용하다가 임진왜란 7년의 참혹한 비극을 가져왔다고 말하면서 유성룡 재상이 쓴 『징비록』에는 일본의 정탐 사신으로 다녀온 두 사람 중 한 사람은 풍신수길이 우리나라를 침략할 위인이 못되더라고 임금께 거짓 보고한 것이 반대를 위한 반대였음을 시인하는 대목이 기록되어 있다고 말했습니다.

박 대통령은 언론 문제에 관해 정부를 마음대로 비난하는 일부 사람들이 가장 언론의 자유를 누리고 있으면서도 늘 언론의 자유가 없다고 불평하는데 이처럼 정부를 비난할 수 있는 자체가 언론의 자유가 있다는 것을 말해 주는 것이 아니냐고 반문했습니다.

박 대통령은 또 정부를 비판할 자유는 보장되어 있어도 폭력으로서 정부를 전복할 자유는 보장되어 있지 않다고 말하면서 민청학년 사건에 가담한 사람들 중에는 공산주의자와 반공주의자들까지도 있는 사실을 알고 정부는 자수 기간을 설정 800여명을 훈방하였으며 지하로 숨은 자들을 검거 재판을 진행하고 있다고 밝혔습니다.

<비하인드 에피소드 43 '유신維新'의 고뇌로 서거하신 대통령>

박정희 정권을 타도하는 언론인에 앞장서서 박정희 대통령 앞에서 항의한 '강*재기자'가 박정희 대통령을 생각하며·글썽이던 눈물을 쭈루룩 흘리며 회고하는 장면은 생각만 해도 가슴 뭉클하게 만든다. 스토리는 이렇다.

박정희 대통령은 '유신헌법'이 국회를 통과한 뒤 발표했지만, 민심이 어떤지가 가장 중요했고 알고 싶었다. 청와대로 올리는 보고서 외 별도로 진심을 알고자 가장 많이 만난 분들이 청와대 출입기자와 언론계 간부들이라 한다.

그래서 틈만 나면 잠행을 하고·막걸리를 마시면서 민심을 알고자 한 것이다. 그때 언론인 간부라면 박정희 대통령을 만나지 않은 사람이 없었고 항상 청와대 출입 기자들과는 밤이 가는 줄도 모르고 이야기를 나누고 들었다는 것이다.

여론조사도 없던 시절 당시에는 수리조합[물관리]이 있었다. 그때는 산업국가가 아닌 농업경제 국가였던 시절에 농민들과 함께 지냈던 수리 조합인들은 그야말로 민중과 가장 가까운 사람들이었기에 항상 그분들을 불러서도 민중들의 생각을 물었다고 한다.

따라서 박정희 대통령은 어떤 정책이든 여론이 40%를 넘지 못하면 그 정책을 폐기했다는 것이다. 왜냐하면 박정희 대통령은 국민의 생각이 중요했고 국민의 지지를 받지 않으면 단 어떤 것도 이루어 낼 수 없다는 것을 잘 알고 있었기 때문이다.

앞에서 소개했던 동아일보의 강*재기자 역시 청와대를 출입하는 언론인 대열에서 앞장선 분이다. 박정희 대통령과 함께한 막걸리 자리에서 박정희 대통령은 왜 지금 유신체제가 필요하고 닉슨의 괌 독트린(아시아의 안보는 아시아인의 손으로) 그리고 지금 대한민국이 북한과 경제적 격차를 어떻게 극복하는가 하는 중대한 이야기를 하는 자리에서 못마땅해 항의하는 '강*재 기자'의 머리를 잡더니 사정없이 헤딩을 해버리더라는 것이다. (그 작은 체구 어디에서 그런 힘이 나오는지)

그 충격에 '강*재기자'가 뒤로 벌러덩 자빠지는 순간 그 자리에 있었던 다른 기자들의 파안대소가 있었다던 일인데 세월이 흘러 '강*재기자'는 너무도 몰랐던 그때의 철없는 행동을 생각하니 너무너무 미안하고 미안해서 가슴 아파 흘리는 눈물이라고 하였다.

대통령께서는 '유신'헌법은 국민의 압도적인 지지를 받아서 제정된 헌법이며 비능률과 부조리를 없애고 국력을 능률적이고 생산적으로 모으자는 헌법이라고 말하고 북한 공산주의자들이 남한을 적화통일하겠다는 폭력혁명 노선을 버리고 북으로부터의 위협이 완전히 없어질 때까지는 지금의 헌법을 고쳐서는 안 된다. 는 소신을 분명히 밝혔습니다.

이어서 박 대통령은 세계적인 불황 속에서도 우리는 지난해 8.2%라는 높은 성장률을 기록했다고 지적하고 올해도 중화학 공업을 계속 육성해야 되기 때문에 포항 종합제철 확장 공사와 제2 종합제철공장 건설을 추진할 것이며 연간생산 200만 톤 규모의 울산 현대조선소를 올해 완공하는 한편 옥포 조선소와 제3의 대단위 조선소 역시 계속 추진하거나 올해 착공할 예정이라고 말했습니다.

또한 기계공업에 있어서는 창원 공업단지에 27개 공장을 유치하고 구미 공업단지에도 21개 공장을 추가 가동시킴으로써 수출전략 산업으로 계속 육성할 계획이라고 밝혔습니다.

사회간접자본에 있어서는 전원개발을 다원화해서 원자력 제1호기와 안동댐 수력 건설을 올해도 계속 추진하며 원자력 제2·제3호기와 양수발전[65]소도 올해 안에 착공하는 한편 인천 화력의 제4·제5호기도 착공할 예정이라고 말했습니다.

육로에 있어서 영동·동해 고속도로를 9월에 준공하게 되면 고속도로는 모두 1142 km나 되며 국도 포장률은 45%에 이르게 된다고 강조했습니다.

박 대통령은 새마을 운동의 1차 적인 목표를 1981년에다 두고 그때 가서 농가소득을 평균 140만으로 끌어 올리자는 것이 우리의 중간목표라고 강조하고 우수한 부락에 대해서는 우선 적으로 지원할 방침이라고 밝혔습니다.

대통령께서는 안보 면에서나 경제면에서 어려운 시기를 극복해 나가는 길은 모든 국민이 근면·자조·협동하는 새마을 정신으로 한 데 뭉쳐 밀고 나가는 데 있다고 말하며 '새마을운동'은 우리 모두 잘살기 위한 운동이기 때문에 한 사람도 방관자가 되지 말자고 당부했습니다.

---

65) 양수발전: 전력이 남을 때 물을 높은 곳으로 퍼올려 저장했다가 전력이 부족할 때 물을 떨어뜨려 전기를 생산.

※ 박정희 대통령의 말씀은 한 가지도 가볍게 흘려들을 내용이 없습니다.

대한민국 만년대계를 위해 '유신'헌법을 존중해야 하는 것은 완벽하진 않더라도 우리나라 우리 민족에게 가장 적합한 법임을 여러 번 강조하시며 경제적으로 외세에 의해 위축될 때, 그리고 무력으로의 침공을 미리 방비하기 위해서는 우리의 처지를 보완하며 헤쳐나갈 수 있는 방법이 '유신'에 있음을 미리 알려주신 것입니다.

이것은 바로 우리의 미래 세대가 외세의 치하에서 허덕이는 일이 없도록, 임진왜란이나 6.25사변과 같은 참혹한 변을 초래하지 않도록, 그리고 못 먹어서 남의 나라에 손 빌리러 가는 일이 없도록, 그리고 또 우리의 후손이 어려운 환경에 처하여 남의 나라에 팔려 가지 않도록 하기 위해서입니다.

《1978년 12월 27일 제9대 대통령 취임사》
- 제9대 대통령 취임 선서 -

선서, 나는 국헌을 준수하고 국가를 보위하며 국민의 자유와 복리의 증진에 노력하고 조국의 평화적 통일을 위하여 대통령으로서의 직책을 성실히 수행할 것을 국민 앞에 엄숙히 선서합니다.

친애하는 5천만 동포 여러분,
그리고 내외귀빈 여러분 대망의 80년대를 눈앞에 바라보면서 역사의 새 장이 펼쳐지는 이 순간에 우리는 민족 웅비의 부푼 꿈과 새로운 결의를 다짐하면서 오늘 이 자리에 모였습니다.

온 국민의 집념과 땀이 어린 이 보람찬 중흥의 창업 노정에서 개발의 60년대와 약진의 70년대에 쌓아 올린 빛나는 금자탑이 있기에 내일의 우리에게는 부강한 선진 한국의 웅장하고도 자랑스러운 모습이 뚜렷이 떠오르고 있습니다.

그러므로 지금부터 우리가 도전하는 80년대는 새역사 창조를 향한 자신과 긍지에 가득 찬 웅비의 시대가 될 것입니다.

다가오는 연대야말로 기필코 고도 산업국가를 이룩하여 당당히 선진국 대열에 참여하고 번영과 풍요 속에서도 인정과 의리가 넘치는 복지사회를 이룩해야 할 시기입니다. 이제까지 축적된 민족의 힘과 슬기를 유감없이 발휘하여 우리 역사상 다시 한

번 민족 문화의 개화기를 맞이하는 위대한 연대가 되어야 하겠습니다.

그리하여 우리의 숙원인 조국의 평화적 통일에 획기적인 진전을 성취 함으로써 유구한 역사 속에 면면히 이어온 민족사의 정통성을 드높이고 평화와 안정과 번영을 향한 인류 역사의 진운에 적극 기여해야 하겠습니다.

이처럼 장엄한 민족사의 분수령에서 제9대 대통령의 무거운 책무를 맡게 된 나는 이 시대를 함께 사는 온 국민과 더불어 항상 고락을 같이 하면서 우리 세대에게 주어진 엄숙한 사명을 받들어 헌신할 것을 조국과 민족 앞에 굳게 맹세하는 바입니다.

국민 여러분, 어느 국가든 그 국가가 지향하는 목표가 뚜렷하고 이상이 원대하면 이를 성취하겠다는 국민의 강인한 의지와 단합된 힘이 있어야만 융성할 수 있습니다. 이것은 엄연한 역사의 진리입니다.

돌이켜 보면 6.25동란 후 빈곤과 침체와 체념과 무기력 속에서 헤어나지 못하고 있던 우리들은 60년대 초에 용약 '기사회생'의 전기를 잡고 일어났습니다. 국정의 모든 면에서 차츰 활기와 질서를 되찾으면서 '자력갱생'의 뚜렷한 목표를 세워 힘찬 발걸음을 재촉해 왔습니다.

우리도 남부럽지 않게 떳떳이 잘살아보겠다는 불굴의 의지와 집념 그리고 사랑하는 후손들에게 길이 보람찬 유산을 물려주어야겠다는 투철한 사명감으로 우리는 땀 흘려 일하고 또 일하여 왔습니다.

지난 10여 년 동안에 우리 사회는 엄청난 변혁을 가져왔습니다. 상전벽해의 기적이 일어났습니다. 남들은 1세기 또는 수 세기에 걸쳐서 이룩한 일들을 우리는 불과 15~6년 만에 성취했습니다. 조국 근대화를 위한 민족의 대행진은 지금 이순간에도 힘차게 계속되고 있습니다.

60년대 초까지만 해도 전통적인 농경사회였던 우리나라가 이제 중화학 공업 국가로부터 다시 고도산업사회로 이행해 가고 있습니다. 일상생활 용품에 이르기까지 우방의 원조에만 의존하던 우리 경제가 이제 거의 자립단계에 도달했고 소총 한 자루 우리 손으로 만들지 못하던 우리나라 방위산업이 이제 국산 장거리 유도탄 시대의 막을 올리게 되었습니다.

70년대 초부터 우리나라 농촌에서 바람이 불기 시작한 '새마을 운동'은 그동안 온 국민이 근면·자조·협동의 정신 혁명을 이룩하고 '유신'적 국정 개혁으로 국민 총화와 능률의 극대화를 이룩하여 국력 배양을 가속화 할 수 있는 확고한 기틀을 마련했습니다.

우리 대한민국은 한민족의 엄청난 저력을 바탕으로 세계에서 그 유래를 찾아보기 어려운 고도성장을 거듭하여 자립경제와 자주국방의 터전을 굳게 다지면서 바야흐로 세계 속의 한국으로 등장하게 된 것입니다.

이제 우리의 국력은 북한을 훨씬 제압하게 되었습니다. 조용히 오늘이 있기까지 우리들이 걸어온 고난과 시련의 도정을 뒤돌아볼 때 참으로 만강의 감회를 누를 수가 없습니다. 이 위대한 한국민의 발자취에 대하여 나는 무한한 긍지를 느끼면서 국민 여러분에게 뜨거운 치하와 감사를 드리고자 합니다.

국민 여러분,

지금부터 우리가 가야 할 앞길도 결코 순탄한 것만은 아닐 것입니다. 열강의 움직임은 더욱 다양하고 복잡한 국제 권력정치의 유동성을 드러내고 있습니다.

세계 여러 곳에서는 새로운 분규와 충돌의 불씨가 가시지 않고 있으며 한반도의 주변 정세에도 미묘한 변화와 더불어 새로운 시련을 예감케 한 바가 있습니다. 또한 국제경제 질서의 불안정 속에서 치열한 경쟁은 날이 갈수록 더해 갈 것입니다.

우리의 국제적 지위가 높아지고 국력이 세계로 뻗어감에 따라서 무역 자원 문제 등 국제 경쟁 면에서 새로운 장벽과 도전이 우리 앞에 나타날 것입니다. 뿐만 아니라 국민 생활이 향상될수록 국민의 기대 수준은 이에 비례하여 급격히 상승할 것입니다.

그러나 우리는 스스로 이를 조절할 줄 알아야 하고 우리 마음속에 싹트기 쉬운 자만과 안일과 사치와 낭비 등 우리 내부의 도전에도 과감하게 싸워서 이길 수 있는 슬기와 용기가 있어야 합니다.

우리에게는 잠시의 방심도 허용될 수 없으며 하물며 주변 정세에 대한 아전인수격인 안이한 관측은 절대 금물입니다. 그 어떤 변화의 소용돌이 속에서도 필경 우리의 운명을 결정할 수 있는 주인은 바로 우리들 자신이라는 것 이것을 우리는 잊어서는 안 됩니다.

의젓한 한국 국민의 자주성과 국력을 바탕으로 해외정세의 어떠한 변화 도전에도 능동적으로 적응하고 여유 있게 대처해 나가면서 세계 모든 나라들과 평화와 번영을 추구하는데 그들과 더불어 협력해 나갈 것입니다.

돌이켜 보면 우리 선조들은 거듭된 국난에도 굴하지 않고 도리어 이를 분발과 약진의 발판으로 삼아서 불사조처럼 떨치고 일어났습니다. 통일 신라나 세종대왕 때와 같이 국운이 융성하고 민족의 기상이 드높았던 시대를 우리는 자랑스럽게 회상할 수 있습니다.

우리에게는 역사와 전통과 문화의 뿌리를 가지고 있습니다. 지금 우리는 민족중흥을 구현하기 위해서 이 시대를 사는 것입니다.

그러므로 나는 우리의 중요 정책목표를 앞으로도 계속 안전 자립경제의 달성·자주국방태세의 확립·사회개발의 확충·정신문화의 계발에 두고 온 국민과 더불어 총력을 기울여 나가고자 합니다.

또한 나는 분단된 국토를 '평화적으로 통일'하여 민족중흥의 새역사를 창조하는데 신명을 바칠 것입니다. 국민 여러분 이제 우리는 그동안 이룩한 발전의 여세를 몰아 하루빨리 '부국강병(富國强兵)'의 기틀을 반석같이 다져야 하겠습니다.

자립경제와 자주국방은 자주성 확립의 기초인 동시에 평화와 번영의 기반입니다. 우리는 중화학 공업을 바탕으로 한 고도산업사회를 건설하고 과학기술을 세계 수준으로 끌어올리기 위해서 고급 두뇌의 배출을 위한 교육에 가일층 힘을 쏟는 한편 도시와 농촌이 균형 있게 발전할 수 있도록 박차를 가해 나갈 것입니다.

또한 온 국민의 투철한 호국정신과 적극적인 협조로 철통같은 총력 안보태세를 확립하고 날로 발전하는 방위산업으로 명실공히 자주국방을 실현할 것입니다.

전래의 미풍인 근면·협동을 바탕으로 부지런하고 성실하게 사는 사람이 우대를 받고 보람을 느낄 수 있게 하며, 저마다 자질과 능력을 살릴 수 있도록 사회개발 정책을 계속 확충해 나갈 것입니다.

그리하여 모든 국민이 밝고 보람찬 생활환경에서 고루고루 잘 살 수 있게 만드는 것이야말로 우리가 추구하는 국민 생활의 미래상입니다. 건전한 국가와 건전한 사회의 기본이 되는 것은 역시 건전한 국민정신과 사회기강의 확립입니다.

조상이 물려준 문화 전통과 정신 유산을 알뜰히 보존하고 창조적으로 개발하여 격조 높은 민족 문화를 꽃피우는데도 역시 건전한 사회가 그 밑바탕이 되어야 합니다. 수려한 금수강산의 보금자리에서 우리 모두가 풍요하고 품위 있는 사회를 건설하는 것은 후손대대 물려줄 자랑스러운 유산일 뿐만 아니라 인류공영에도 이바지하는 길이라고 우리는 믿고 있습니다.

이 벅찬 과업들을 성공적으로 추진해 나가기 위해서는 질서 있는 자유의 바탕 위에서 우리 문제 해결의 효율적인 정치제도를 착실하게 다지면서 발전시켜 나가야 합니다. 각계각층의 국민들이 저마다 창의와 헌신으로 국가발전에 적극적으로 참여하는 깨끗하고 생산적인 민주정치가 국민 생활 속에 뿌리가 내리도록 더욱 우리는 힘써야 하겠습니다.

해외동포 여러분, 우리의 국력이 모든 분야에서 이만큼 신장했고 또한 앞으로 중단없이 전진할 방향과 목표가 뚜렷한 이상 민족적 숙원인 조국의 통일 문제도 필연코 새로운 국면을 맞이하게 될 것을 나는 믿어 의심치 않습니다.

결국은 북한 측이 우리의 제의를 받아들여서 대화의 자리에 나오지 않을 수 없을 것입니다. 도도히 흐르는 민족사의 주류에서 볼 때 한때의 외래적 이단에 불과한 북한 공산주의자들이 언제까지나 5천만 겨레의 한결같은 소망을 거역하고 방해할 수는 없을 것입니다.

우리가 그동안 참기 어려운 일들을 수없이 견뎌 내면서 '와신상담臥薪嘗膽' 힘을 길러 온 것도 벌써 30여 년을 분단된 채 살아온 겨레의 한을 하루라도 앞당겨 풀어보자는 일념에서였습니다.

나는 북한 측에 대해서 대화의 문을 언제나 열어놓고 기다리면서 또 한편으로는 우리의 막강한 국력 배양만이 평화통일의 지름길임을 확신하고 이를 위해서 앞으로도 온갖 노력을 꾸준히 기울여 나갈 것을 거듭 다짐하는 바입니다.
그리하여 우리는 기필코 이 땅에서 전쟁의 그림자를 몰아내고 평화를 굳건히 정착시켜서 통일 조국 실현을 위한 획기적인 연대를 맞이해야 하겠습니다.

친애하는 국민 여러분,
나는 유구한 민족사에서 오늘이 차지하는 위치를 지켜보면서 영광된 민족의 대행진을 이끌어나갈 엄숙하고도 막중한 책임을 절감하며 다시금 온 국민의 아낌없는 협조와 분발을 강조하고자 합니다. 불과 수년 전 우리가 체제를 정비하여 세계적인 유류파동과 인도지나(인도차이나) 반도가 적화된 직후의 위기를 슬기롭게 극복했던 굳센 단결의 교훈을 결코 잊어서는 안 될 것입니다.

우리 모두 방방곡곡에 세차게 메아리치는 개혁과 창조와 전진의 우렁찬 발걸음을 더욱 재촉하면서 격동과 시련을 겪고 있는 오늘의 세계 속에서 한민족의 찬연한 횃불을 밝힙시다.

1978년 12월 27일 대통령 박정희

〈비하인드 에피소드 44 '저도'의 대통령장〉

'저도'로 휴가 간 대통령 이야기이다. '저도'에서는 숙박을 할 수 없었기에 낮에는 '저도', 밤에는 진해로 오셔서 지냈다. 몇 번을 그렇게 하시더니 박종규 실장을 불러 '저도'에서 숙박할 수 있도록 집수리를 부탁하시고 숙박 준비를 해서 '저도'로 가셨다.

집을 둘러보시던 박정희 대통령은 박종규 실장을 불러 호통을 치셨다. 집 수리를 하라고 했지 집을 새로 지으라고 하지 않았다고, 혼쭐이 난 박종규 실장은 수행원들을 모아 화를 내시는 박정희 대통령을 진정시키기 위해서 묘수를 지어냈다. 다름이 아니라 미리 와서 대기하고 있던·박정희 대통령이 진정으로 좋아하는 정주영 회장님께서 말씀드리면 화가 좀 풀리시리라 생각한 것이다.
다음 날 아침, 정주영 회장님께서 집은 자신이 새로 지었다고 말씀드리며 돈도 많이 들지 않았다는 말씀까지 드렸다. 화를 내시던 박정희 대통령께서는 진정되셨고 현대에 실비 보상까지 해주셨다.

자본주의 사회에서 경제개발을 하기 위해서는 재벌이 필요하고 재벌이 있어야 한다고 생각은 하셨지만 박정희 대통령의 개인적 생각은 사실 재벌을 그다지 좋아하지 않으셨다고 한다.

박정희 대통령의 제9대 대통령 취임사를 읽어보면 심장이 뛰고 가슴이 벅차오른다. 부지런하고 성실하게 사는 사람이 우대를 받고 보람을 느낄 수 있게 저마다의 자질과 능력을 살릴 수 있는 사회개발 정책을 계속 확충해 나가겠다고 다짐하였다.

이것은 바로 실력이 있다면 '개천에서 용이 날 수 있는' 그리고 '노력하는 사람이 잘살 수 있는' 그런 사회를 지향하고 있음을 말하고 있다.

그리고 건전한 정신, 건전한 사회 속에서 고루고루 잘 살 수 있는 국민 미래상을 제시하며 이야말로 평화통일을 앞당겨, 이룰 수 있는 밑바탕이 됨을 역설하시며 소득이 높을수록 자만과 안일을 멀리하고 사치와 낭비를 하지 않는 절제하는 삶을 살도록 해야 한다는 말씀도 하셨다.」

《1979년 1월 19일 청와대 영빈관에서, 박정희 대통령의 연두 기자회견.》

1979년은 박정희 대통령께서 서거하신 해로서 그해 1월의 연두 기자 회견은 마지막 기자 회견인 만큼 서거하신 후의 방침을 가장 잘 알 수 있는 내용이다.

그동안 경제자립 성장과 자주국방·안보 강화에 역점을 두고 발전해 왔지만 이 시점에서 와서는(1인당 국민소득 수출총생산량) 삶의 질과 높은 소득으로 경제성장이 높아짐에 따른 복지와 정신적 성장을 이루어 나가야 함에 역점을 두고 하신 말씀으로서 서거하시지 않았다면 어떻게 발전해 나갈 것인지 그 방향을 알 수 있는 대목이라 여기에 실어 본다.

즉 경제발전이 비약적으로 이루어진 가운데 비약적인 경제소득에 버금가는 정신문화 계발이 본격적으로 시작해야 되는 때가 되었음을 시사하고 있다.

필자에게 스쳐 가는 아쉬움이 있다면 눈부신 경제성장을 따라가지 못한 우리 국민들의 생각 수준이 오늘날의 큰 문제를 야기시키고 있음을 볼 때 아쉬운 대로 10년만 아니 5년만 더 살으셨다면 우리 정신문화의 수준까지도 높은 지성으로 향상시킬 수 있었고 그럼으로써 우리는 퇴보하지 않는, 평화 통일된 땅에서 세계가 부러워하는 가장 살기 좋은 나라에서 살고 있을 것임을 필자는 확신한다.

그래서 1979년 서거하시던 해 마지막 연두 기자회견장에서 있었던 말씀을 기록해 보았다.

금년도 우리 정부의 시정 방침을 다음과 같이 정하고자 합니다.

1. 완전 자립경제의 달성입니다.
2. 자주 국방태세 확립입니다.
3. 사회개발정책의 확충입니다.
4. 정신문화의 계발입니다.

그리고 서구 민주주의의 모방을 정치발전이라 할 수는 없으며 모든 문제들을 능률적·발전적으로 해결하는 능력의 재고가 정치발전이라 말하고 우리는 '유신체제' 아래서 정치적인 안정과 사회적인 안정을 가져왔고 경제가 고도로 성장했을 뿐만 아니라 국방력이 보다 튼튼히 다져지고 국력이 비약적으로 신장했는데 이것이 바로 우리가 지향하는 정치발전이라고 말했습니다.

그리고 남북대화에 대해서 나는 오늘 이 자리를 빌어서 북한측에 대해서 다시한번 다음과 같은 제의를 하나 하고자 합니다. 나는 어떠한 시기나 또는 어떠한 장소에든 또는 어떠한 수준에서든 남북한 당국이 서로 만나서 아무런 전제조건도 없이 허심탄회하게 어떻게 하면 한반도에서의 '동족상잔'을 막고 5000만 민족의 번영을 이룩할 수 있는가.

그리고 또 어떻게 하면 평화적으로 통일을 이룩할 수 있는가. 하는 제반 문제 다시 말해서 그동안 남북한이 제시해온 모든 분야의 문제들을 직접 논의하기 위해서 대화를 가질 것을 촉구하는 바입니다.
북한 당국은 나의 이 제의를 민족적 염원에 부응하여 수락할 것을 기대하는 바입니다.

안보 대책과 자주국방 추진에 대해서 미 지상군의 철수로 인해 남 북간의 군사적 불균형을 가져오거나 우리 국방의 결함이나 지장이 없도록 만반의 대비를 하고 있다고 강조하면서 그동안 우리 방위산업도 급속한 발전을 이룩해서 일부 고도의 장비를 요하는 병기를 제외하고는 대부분 양산단계에 들어갔다고 말했습니다.

그리고 작년에 시험발사에 성공한 유도무기도 2단계 개발에 착수했으며 80년대 중반기부터는 고도의 전자병기와 항공기까지 생산할 수 있도록 모든 준비를 진행하고 있다고 말했습니다.

국민 생활 안정에 대해서 금년에는 정부가 이 경제시책에 있어서 가장 중점을 두어야 할 것은 이 물가안정입니다. 지금 경제기획원을 위시해서 정부 경제 각 부처에서는 이 문제에 대해서 가장 지금 머리를 쓰고 노력을 하고 있을 줄 압니다.

그런데 물가안정 이런 것은 일차적으로는 정부가 모든 문제를 미리미리 판단해서 그기에 대한 대책을 세우고 좋은 시책을 세워서 이것을 잘 해나가야 되겠지마는 또 하나 이~ 내가 평소 부터 느끼는 것은 물가를 안정시키는데 있어서는 정부의 힘만 가지고는 부족하다. 국민 여러분들의 적극적인 그런 협조가 있어야 된다. 는 것을 다시 한번 강조하고자 합니다.

이어 박 대통령은 금년도 경제시책의 중점은
① 물자 수급을 원활히 해서 물가를 안정시키고
② 착실한 성장을 위해서 산업 합리화와 산업의 국제화를 추진하여 국제 경쟁력을 높이며
③ 기술혁신과 능률향상을 기하는 것이라 말하고

80년대 중반에는 경제 대국으로 부상할 수 있다고 전망했습니다. 예를 들어 철강공업이라든지 석유화학공업 또는 기계공업·자동차공업·시멘트공업·조선공업 등이 더욱 발전되어 세계 10위권 내에 들어가게 된다면 우리나라도 경제 대국이라 부를 수 있을 것이라고 말했습니다. 또한 수출 신장을 위해서는

첫째, 수출 구조를 중화학 제품으로 전환하고
둘째, 품질의 고급화를 기하며
셋째, 시장을 다변화하고
넷째, 기업의 국제화를 이룩해야 한다고 말했습니다.

  그리고 '새마을운동'에 대해서는
내 생각으로는 이 새마을운동은 지금 우리가 추진하고 있는 것 이것을 꾸준히 지속적으로 밀고 나간다 하는 것이 가장 중요하다고 생각합니다. 이 운동을 통해서 주민들이 특히 우리 농촌에 있어서는 소득이 늘고 모두가 종전보다도 새마을운동을 하기 전보다 훨씬 더 잘살게 되었다는 걸 알게 되었기 때문에 이 운동이 식을 염려는 없다. 라고 말씀하시며

박 대통령은 이제 농가의 호당 평균 소득이 178만원이 되었고 금년 말에는 200만원이 될 것이라고 말했습니다. 그리고 농촌의 새마을 운동은 한 걸음 더 나아가서 취락구조 개선 농가주택 개량 등의 농민들이 상당히 열을 올리고 있다고 말하고 우리 농촌에서 주택을 개량해야 할 54만동의 가옥중에서 12만7000동은 이미 개량을 마쳤고 나머지 40여만 동의 불량주택도 4~5년 후에는 모두가 문화주택으로 모습이 바꾸어질 것이라고 말했습니다.

그리고 사회복지 문제에 대해서
사회보장이라든지 사회개발이라든지 이러한 정책은 상당히 처음부터 신중히 연구를 하고 다른 선진 국가에서 했는 예를 참작을 해서 우리 실정에 맞게끔 우리 능력에 맞게끔 단계적으로 해 나가는 것이 대단히 좋다.
특히 저소득자에게 혜택을 주기 위해 저임금을 일소할 것이며 계층 간의 격차를 줄이겠다고 말했습니다.

그리고 의료보호나 의료보험제도의 확대로 올해는 총 1011만명의 의료보장인구가 혜택을 받을 것이며 노인 문제는 우리의 미풍양속에 따라 보살필 수 있는 방안을 강구하겠다고 말했습니다.

또한 국력이 팽창했을 때는 정신문화도 발전했었다고 말하고 정신문화의 발전 없이 물질적인 성장만으로 대망의 '민족중흥'의 시대를 맞이할 수는 없다고 강조했습니다. 우리의 고유 전통문화를 토대로 외래문화의 좋은 것을 흡수해서 우리 것으로 만들며 지혜와 슬기를 모아 우리의 문화를 가꾸고 키워 살찌게 하겠다고 말했습니다.

이어서 박 대통령은 77년부터 전개한 자연보호 운동은 자연에 대한 인식을 새로이 하고 자연사랑이 곧 나라 사랑임을 일깨워 주기 위한 운동이라 말하고 앞으로는 쓰레기를 줍는 일보다 안 버리는 운동을 전개해야 한다. 고 강조했습니다.

그리고 산림 문제도 올해는 제2차 치산녹화 10개년 계획을 세워 산림의 자원화를 꾀하겠다고 말하면서 2시간 반에 걸친 연두기자 회견을 마쳤습니다.

「박정희 대통령처럼 안보와 생계를 동시에 해결하기 위해 동분서주·노심초사하며 매사에 너무도 빈틈없이 치밀하게 계획을 세워 일을 도모하고·추진하고 절대로 무리를 요구하지 않는 선에서 불가능을 가능으로 바꾸어 나가며 자신감을 심어주는 리더십은 아무나 할 수 있는 일이 아닙니다.

열심히 하고 싶은 마음이 일어나도록 칭찬하고·독려하고·포상하면서 또 훌륭한 인재를 알아보고 알아주는 탁월한 지도자가 박정희 대통령이십니다. 이러한 훌륭한 지도자를 우리는 너무도 어이없게 잃어버린 것입니다.」

3. 비자금

비자금과 비상금의 차이를 정리해 보면 다음과 같다.
비상금은 뜻밖에 긴급한 일이 생기는 경우를 대비해서 마련해 둔 돈을 말한다.
비자금은 무역이나 계약 따위의 거래에서 생기는 사례금이나 수수료, 또는 회계 처리 조작으로 인하여 생긴 옳지 않은 돈 따위를 세금 추적이 불가능하도록 특별히 관리해 둔 자금을 말한다.

박정희 대통령이 서거하시고 박근혜 큰 영애께서 청와대를 나오시던 때, 청와대를 수색하던 사람들이 금고에서 나온 돈은 6억 원뿐이라고 하였다. 청와대 금고에 있었으니까 숨겨놓은 돈이 아니므로 비상금이 된다.
서거하시는 날까지 평생을 검이불루儉而不陋 화이불치華而不侈[66]를 미덕으로 사셨고 재물을 마물魔物[67]로 여기며 사신 분이거늘 무슨 감춰놓을 비자금이나 있었겠는가?

박정희 대통령 이후 등등의 대통령들은 5년의 짧은 세월임에도 청렴하지 못했다. 이들은 5년이라는 짧은 세월에 마련한 엄청난 부(富)의 비자금이 드러났다면 박정희 대통령은 18년 세월 동안 돈은 마물魔物이라며 철저하게 관리한 비상금임이 입증되었다.

보릿고개 넘기고자·국민 먹여 살리고자 일하는 것을 '신앙' 삼아 일하고 또 일만 했던 분을 고마워 하기는 커녕 오히려 없는 것을 없다고 하는 말을 믿지 못하고 여전히 의심의 눈초리를 보내는 부류들에게 묻고 싶다.

살아있는 힘있는 자에게 내 개인의 사욕을 바라며 아첨하는 말이 아니다. 이렇게 청렴한 위대한 분을 왜 비자금이나 챙기는 부정부패에 찌든 대통령에 비유하며 폄훼하려 드는지 묻고 싶다. 박정희 대통령은 오로지 이 땅의 평화와 조국의 영광스런 번영을 위하여 민족의 제단 앞에 몸을 바치셨으니 **민족의 구원자이시라.**

---

66) 검이불루儉而不陋 화이불치華而不侈: 검소하지만 추하지 않게, 화려하지만 사치스럽지 않게.
67) 마물魔物: 돈은 마귀와 같은 물건.

〈비하인드 에피소드 45-1 박정희 대통령의 비자금 의혹〉

박정희 대통령이 서거하신 후 가장 궁금했던 것은 비자금을 얼마나 숨겨놓았을까? 하는 의문이었다.

다음의 내용은 박근혜 대통령이 당선된 2013년도에 비자금 캐기 작업이 5번이나 있었던 일이며 이 이야기를 들려주신 분은 박정희 대통령 시절 국위 선양을 위하여 태권도 심사를 하며 중동을 비롯해서 세계를 누비던 분의 이야기이다.

사실 박정희 대통령의 비자금을 찾아다니는 짜이진 팀들이 있었다고 하는데 그중에는 일반인도 있었지만 건달과 목사님들이 압도적으로 많았다고 한다.

◆우리나라 속담에 "가난 구제는 나라님도 못 한다."는 말이 있다. 그러나 박정희 대통령은 우리 대한민국 국민의 가난은 나라님이 일자리를 제공함으로써 구제하겠다는 의지와 집념으로 일관하셨다.

<비하인드 에피소드 45-2 비자금>

- 서울 역삼동에서 -

어느 날 5~6명의 건달들이 건물주와 함께 사무실로 이분을 찾아왔다. 역삼동 어느 빌딩에 금괴가 있다는 이야기를 듣고 파보자며 찾아왔던 것이다. 즉 박 대통령이 비자금으로 숨겨놓은 금괴가 있다는 말이다.

물론 이분은 파보나 안 파보나 박 대통령께서 비자금이라고 숨겨놓은 것이 없다는 것을 알고 있었다.

왜냐하면 지금까지 그렇게 말해온 사람들이 무수히 많기도 했지만 스위스 은행이고 미국 어디고 다 확인해 보아도 한 푼도 나오지 않았으니 이번도 마찬가지라는 것을 알고 있었던 것이다.

하지만 확인시켜 주기 위해서라도 가만히 있을 수가 없었으니 그래서 가리키는 그곳 역삼동으로 갔다. 대체로 이런 사람들의 부류는 건물주를 등에 업은 건달들이다. 지하실로 내려가 종일 콘크리트를 깨고 부수며 파보았지만 아무것도 나온 게 없었다. 이것이 박정희 대통령 비자금 캐기 1차 사건이다.

<비하인드 에피소드 45-3 비자금>

- 충남 공주에서 -

2차 비자금 캐기 작업은 충남 공주 어느 별장 지하에서 있었다고 한다. 여기 팀도 10명 남짓이었는데 목사님이 계셨고 건달들과 조직이 몰려다니며 어디다·어디다 하며 부추기는 추세에 있었다. 여기도 안 나올 것을 알고 있었지만 어찌도 보채는지 가기로 하였다.

여기서는 이 맴버들이 곡괭이와 삽을 들고 와서 직접 파기로 했단다. 누가 볼세라·알세라 그중 아는 사람들끼리 모여 열심히 땅을 파보았지만 아무것도 나오지 않았다.
이후 땅을 파며 비자금 찾는 일에는 아예 개입하고 싶지 않았다고 한다.

<비하인드 에피소드 45-4 비자금>

- 경기 분당에서 -

다시 또 찾아와 어찌도 쪼으는지 하는 수 없이 따라나섰다. 3차 비자금 캐기 작업은 경기 분당 새마을 연수원 부근에서 일어났다. 이번에는 목사님들을 비롯한 기독교 관계자들과 건달 폭력배까지 동원하였다.

그것도 2파의 팀들이 몰려와 우선권을 챙기고자 서로 싸울 기세였다.
무슨 일이 벌어질 것 같은 공포감이 덮은 분위기에서 포크레인을 불러 파보았다. 만약 비자금이나 금덩이가 나오면 생길 불상사를 생각하지 않을 수 없었기에 이분은 중재 차원에서 순서를 말하지 않을 수 없었단다.

만약 나온다면 이 비자금은 국가에 우선권이 있으니 먼저 경찰에 이야기를 해야 한다고 말하며 포크레인으로 파는 동안 한순간도 놓치지 않고 지켜보았다. 하지만 나온 것이라곤 아무것도 없었다.

허망하게 땅을 덮으며 돌아오는데 누군가가 또 어디에 있다·어디에 있으니 한 번만 더 해보자고 하는 말을 듣고 반응도 하지 않았다고 한다.

<비하인드 에피소드 45-5 비자금>

- 구지폐 -

누군가 사무실로 찾아와 암모니아 냄새나는 만 원짜리 배춧잎 시퍼런 구지폐 만 원권 백장 10묶음을 내어놓았다. 혹시나 위조지폐가 아닌지 의심이 가서 이 구지폐를 한국은행에 보냈더니 위조지폐는 아니라고 말했다고 한다.

찾아온 이 사람이, 말하길 이런 구지폐가 덤프트럭 몇 대 분이 있다며 신권이 필요하다는 것이다. 그래서 검찰청에서 이야기하자며 검찰청 앞으로 불렀더니 그 이후론 얼씬거리지도 나타나지도 않았다고 한다.

<비하인드 에피소드 45-6 비자금>

- 금덩이 -

어떤 사람이 금덩이를 들고 이분 사무실로 들고 와 보여주며 자기가 100톤 넘게 보관하고 있다고 말했다 한다. 그런데 도저히 믿기지 않아 곰곰이 생각하며 알아보았더니 우리나라는 금 50톤 까지는 보관 하지만 이상은 미국으로 보내서 보관하게 되어 있다는 것이다.

이렇게 박정희 대통령 비자금 찾기에 혈안이 되어 은밀하게 찾아다니는 무리들이 몰려다니는가 하면 사기 치는 양아치 같은 사람들이 많았다고 한다.

지금까지 그렇게 박정희 대통령의 비자금을 찾기 위해 여기저기 파고·재고·찍어 대며 찾아 다녔지만 아무것도 나온 것이 없다. 앞으로도 영원히 나오지 않을 것이다. 처음부터 없었던 것이니까.

에필로그

"지금의 우리나라는 풀 한 포기·나무 한 그루·물 한 방울·흙 한 줌까지 박정희 대통령의 혼이 담기지 않은 것이 없다."

필자는 서민층에서 열심히 살기만 하면 되던 일반적인 삶이 정부의 정책에 따라 판이하게 달라지는 것을 눈으로 확인할 수 있었다. 그러기에 넉넉하게 살 수 있는 개인 삶의 질도 중요하지만 실제로 자신의 정체성을 보장하는 '국가관'이 무엇보다도 중요하다는 것과 또한 위정자들이 어떻게 정치를 하는지 관심을 가져야 한다는 것을 깨달았다.

'국가관'은 국가의 녹을 먹는 공무원이나 권력층들이 가져야 할 특권이라고 그네들에게 떠넘기며 가볍게 지나쳐 왔지만 박정희 대통령께서 우리에게 심어준 '반공정신'이나 '싸우면서 건설하자'는 구호나 애국가의 구절 중 나오는 '괴로우나 즐거우나 나라 사랑하세'라는 등 나라에 대한 평소의 마음가짐이 얼마나 중요한지가 이 시점에 와서 절실함을 알게 되었다.
 지난날(박정희 대통령 시절) 올바른 교육을 펴 왔고 또 올바른 교육을 받았음을 교육에 관한 한 어리고 젊은 시절에 몰랐던 것을 늙어서야 비로소 확인할 수도 있었다.

지난 내 평생은 무거운 내 삶의 무게로 앞뒤 옆을 돌아다 볼 새가 없었다. 지금 당장 이것을 하지 않으면 안되었기에 절치부심하며 다른 생각을 할 겨를이 없는 삶을 살았다. 오로지 내 앞이 바빠 마냥 쫓기며 살다시피 보낸 삶이었다.

그것을 이제 와 돌이켜 보니 도와주진 않았지만 이렇게 쫓기면서도 내 생각대로 살 수 있도록 허용한 정책이 잘한 정치였음을 알 수 있었다. 나 개인은 힘들었어도 도로를 누릴 수 있었고 교통을 누릴 수 있었고 밤이고 낮이고 없이 다녀도 안전한 치안을 누릴 수 있었고 나 자신은 가난해도 가는 곳마다 먹을 것이 풍부했다.

잠실대교를 건너며 아름다운 한강을 감상할 수 있었고 화려한 불빛에 젖어 드는 강물과 다리의 조화로움을 느낄 수 있었다. 이러한 예술적 감성은 '고흐'의 별이 빛나는 밤을 옮겨다 놓은 것 같았다. 하루를 힘들게 보내다 이러한 광경 속을 버스로 시원하게 달리다 보면 시름에 젖은 고달픈 심정이 환희로 변하는 순간을 만끽하지 않을 수 없었다.

포카혼타스처럼 머리카락이 날리는 싱그러운 바람을 맞으며 하루의 일과를 끝낼 수 있었던 것은 그래도 잘했네·못했네 하며 불평들을 토로하지만 앞에서 한 정권들이 무엇을 해놓았다는 사실을 실감하게 했다.

중고등학교 시절, 아침 교련복 입고 행진곡 들으며 교정을 지나 내 반을 찾아 들어가던 시절·교련복 입고 있어서 불편한 것도 거부 반응도 생기지 않았고 왜 공부를 해야 하는지 의미를 찾도록 사색을 할 수 있는 인격 형성의 교육이 나름대로 좋았다.

놀면서도 의미를 부여하며 놀아야 시간을 헛되게 보내지 않는다는 것을 알 수 있었고 어떻게 살아야 잘사는 것인가 하는 끊임없는 질문을 자신에게 던지는 순간순간 살아있다는 존재감을 느끼며 살던 시절이었다.

그 시절 70년대, 나는 왜 대학생들이 하겠다는 의지로 뭉쳐있는 박정희 대통령을 향해 사사건건 문제를 만들며 사회를·길거리를 누비며 소란스럽게 데모하는지 도저히 이해하지 못했다.

그때 독재라고 정의를 부르짖으며 데모하던 사람들·그네들도 늙고 나도 늙은 지금 이 순간 확인되는 것은 말로만 듣던 북한의 똘만이들 임이 사실로 드러났음을 부인할 순 없을 것이다.

그리고 그때 운동권에 앞장서서 데모하다가 뒤늦게 깨달아 박정희 대통령의 업적을 인정하는 분들도 사실상 많다. 아마 오늘날의 애국자들이 거의 그런 시대적 과정을 겪으면서 전향한 또는 반성한 분들일 것이다. 외의 사람들은

그야말로 무조건 반대를 위한 반대를 하고 어떻게 하든 하는 일마다·하는 말마다 꼬투리를 잡아 물고 늘어졌던 일련의 소행들을 돌이켜 보면 정말이지 박정희 대통령은 '누구를 위하여 종을 울렸는지 모르겠다.'

자신들의 권력을 쟁취 하는데는 얼마쯤 도움이 되었을진 몰라도 나라를 위해서는 귀를 닫고 눈을 감은 사람들의 어긋난 뻗세로서 누구도 말릴 수 없었지 않은가 말이다.

필자는 박정희 대통령의 담화를 볼 때도 진실의 목소리가 울렸고 기자 회견 목소리를 들을 때는 그분의 진실됨이 만방에 가득했다. 데모대에 앞장서서 혼란을 가중시키는 사람들이 얼마나 잘못하고 있음을 실감하며 살았으니 머지않아 이런 난세가 오리라는 것 또한 쉽게 알고 있었다.

이런 낌새를 알아차린 사람은 아마도 나뿐만 아니었으리라~

국민학교 시절, 아이들이 많아 오전·오후반을 나누어 수업하고 다녔고 청소하면 옥수수 빵을 받아먹을 수 있었기에 청소하는 시간도 싫지 않았다. 허리띠 졸라매며 참고 이겨낼 수 있었던 것은, 그래도 내일에는 잘살 수 있을 것이라는 희망이 있었기 때문이다.

한 번도 가까운 곳에서 말씀을 들은 적도 없고 대면한 적도 없지만 멀리서 바라보며 하시는 말씀만 들어도 어떻게든 우리를 먹여 살리기 위해·잘살아보기 위해·가난을 물려주지 않기 위해 밤낮으로 애쓰고 다니는 박정희 대통령을 느끼지 않을 수 없었는데 왜 다른 사람들은 모르지?~

나처럼 못 느끼나 보다 했지만 박근혜 대통령 탄핵 무효를 외치며 나오는 많은 사람들을 보면서 아하! 나만 느끼는 것이 아니라는 것 또한 실감하기도 하였다.
아마도 나와 같은 시대를 살아온 사람들은 한결같이 나의 말에 공감하는 분들이 많을 것임을 의심치 않는다.

지금에 와서 올바른 국익을 위한 역사관·현실적인 국익을 위한 국제 관계·올바른 민족적 자존감 등 어느 것 하나 제대로 알고 있는 것을 찾아보기 힘들게 되었다. 개인의 사고도 중요하겠지만 정권의 정책에 의해 좌우되는 것임을 알기까지는 많은 시간이 걸리는 셈이다.

특히 젊은 사람들은 학교에서 받은 교육이 사회를 바라보는 기준이 되므로 사회를 받아들일 나이에는 아닌 게 아니라 문제가 되지 않을 수 없는 것이다. 이렇게 참담한 현실을 누가 책임져야 하는가?

정말 우리는 망해봐야 망하는 것을 알게 될 것인가!? 망해보지 않고도 망하게 되는 것을 알았을 때 망하지 않고 더 나은 삶으로 나갈 수 있는 것을~~
참으로 딱한 일이 아닐 수 없다. 이것은 우리에게 책임이 있다. 가난을 벗어나기 위해 아이들을 방치하며 키운 결과이다. 우리는 먹고 살기 위해 일하기 바빠 아이들을 방치한 사이 이상한 지도자들이 아이들을 가르치며 지배해 온 것이다. (40·50대를 말함.)

우리 세대를 말하면 혼란의 시기에 태어나 격동의 시기를 살아왔고 또다시 혼란의 시대를 살아가게 되기에 하는 말이다. 혼란의 시기에 태어났을 때는 매우 어릴 적이라 잘 알지 못했고 대체로 학교에서 배운 것으로만 이해하였다. 그나마 학교에서 들을 수 없었던 것은 어른들에게 듣기도 하였지만 이제 내가 늙고 보니 이야기해줄

어른들은 거의 다 돌아가셔서 고언을 들을 데도 없어졌다.

이제 비로소 우리 세대가 먼저 가신 어른들의 역할을 해야 할 때임에도 불구하고 제대로 하지 못하고 있다는 밀려오는 자괴감에 내면을 향한 분개만이 더할 뿐이고 내가 무슨 말을 해서 예전의 어른들 역할을 후배들에게 해줄 수 있을까? 를 고민하는 순간 정말 내자신의 보잘것없는 초라한 몰골에 상심만이 짙어갈 뿐이다.

필자가 이 책을 준비하는 것은 '박정희 대통령'과 같은 지도자의 모습을 보여주고 진정 우리에게 무엇이 필요하고 무엇을 준비해야 하는지 그리고 삶의 질이 높아져 갈수록 어떤 인간 됨됨이를 간직하며 성숙 되어야 하는지를 지침서로 삼았으면 해서이다.

'박정희 대통령'은 조국 근대화의 신앙을 가지고 일하고 또 일했다. 70년도 캄보디아 국민소득 400불일 때 대한민국은 그보다 훨씬 못 미쳤다. 지금 대한민국은 4만 불인데 캄보디아는 아직도 2천 달러 수준이라 한다.

왜냐하면 전 캄보디아 훈센 총리가 경제 좀 살려달라고 부탁하기에 박정희 정신·새마을 정신을 배우라고 말했다 한다. 새마을 정신은 나라 살리는 정신·국민을 개조하는 정신·유신의 정신이기 때문이다.

인간은 누구나 공·과가 있다. 물론 박정희 대통령도 인간이기에 과오도 찾아보면 있겠지만 박정희 대통령 이후의 역대 대통령들, 업적을 다 합쳐도 '박정희 대통령'의 18년 업적을 따라가지 못한다. 나라 세움의 뿌리 역할을 하신 어른이 '이승만 대통령'이라면 자유민주주의 기본 질서와 시장 경제를 뿌리내리게 하고 '보릿고개'를 극복하며 풍요로움의 바탕을 '자주국방'으로 견고하게 다지신 '박정희 대통령'이야말로 오늘의 대한민국을 만드신 분이다.

그렇게 검소하게 살아오신 분이 흉범의 총탄에 쓰러진 직후, 18년 치세의 남은 것이라곤 금고에 비상금 6억 원뿐이었다. 평생을 청교도 정신으로 살아오신 분을 뭣도 모르는 우리는 '독재자'라고 혹평을 즐거이 하며 어리고 젊은 청년 세대에게 빚과 부담만을 지우고 있다는 생각에 안타깝기만 하다.

전 세계의 선지자들이 대한민국 박정희 대통령을 세기의 위대한 인물이라고 높게 평가하는 반면에 한국만 박정희를 버린 현실에 참으로 비통한 마음을 금하지 않을 수 없다.

박정희 대통령은 평소에 자신을 독재자라고 공격하는 사람들을 향해 '내 무덤에 침을 뱉어라!'는 말로 대신하며·미래 역사학자들의 평가에 자신을 맡기면서 오로지 내일만을 생각하고·후세를 생각하고·부자 나라로·강한 나라로 만들기 위해 전심전력을 다하시다 갑자기 가셨다.

부국富國강군强軍의 바탕을 닦아 놓고 가신 그분의 정신을 되살리지 않고선 우리는 다시 한번 위대한 대한민국을 이루어 낼 수는 없을 것 같다고 '미래의 이순신·박정희'들에게 호소하며 적어도 우리나라에 태어난 자신을 위해서라도 성웅 이순신 장군과 박정희 대통령의 업적에 대한 도서는 읽어야 하지 않을까? 권하고 싶은 것이다.

박정희라는 위대한 통치자를 만나 허리띠 졸라매고 성실하게 살다보면 선진강국이 되리라 믿으며 앞만 보고 살다가 대통령이 가시고 어느 날 눈을 들고 보니 오늘이 펼쳐진 것이다. 우리는 대통령께서 서거하신 지 반세기나 되어가는데도 그분의 향수에서 벗어나지 못하고 있다. 힘들었다. 힘들게 살았다. 힘들게 살았지만 즐거웠다.

국군통수권자들은 계속 바뀌었지만 박정희 대통령께서 계실 때처럼 '총화 단결'해서 열심히 살기만 하면 정치를 잘할 줄만 알았으니 무책임했음을 통감하지 않을 수 없다. 박정희 대통령의 지도력 아래 함께 일으켜 세웠다고 하지만 젊은 여러분들에게 고스란히 물려주지 못하는 현실에서 뚜렷한 어떤 대안이나 대책을 제공할 수 없는 우리 세대를 너무 원망하지 말아 주기를 진심으로 부탁하는 바이다.

앞으로 우리 아이들이 어떤 지도자를 만나든 판단할 수 있는 기준으로 삼고 또 어떤 지도자가 되고자 할 때 이 책을 참고해서 최연소의 나이로 대통령에 오르신 '박정희 대통령'의 생각과 정책에 따른 실천을 배우며 실력과 능력을 확충해 나간다면 더할 나위 없는 최고 지도자의 자질을 갖추게 될 것임을 확신하는 바이다.

젊은 청년들이여!!

젊은 청년의 시기는 자아정체성이 형성되는 시기이다. 나는 누구인가? 나는 지금 어디로 가고 있는가? 에 대한 질문을 끊임없이 던지는 시기이고 자신을 또 끊임없이 성찰하는 시기이기도 하다. 따라서 먼저 자신을 가눌 수 있어야 하고 자신을 가누려면 하는 일이 있어야 하고 동시에 목표를 추구해 나가기 위해 숨 쉴 틈 없이 삶의 바탕을 닦아 나가야 하는 매우 바쁜 시기이기도 하다.
이것은 혼자만의 생각으로·활동으로·노력으로 주어지는 것이 아니라는 것을 알아차릴 때는 많은 체력과 시간을 투자하고 난 뒤이다. 다행히 남보다 행운을 타고 지나온 젊은이라면 무슨 할 말이 있겠느냐마는 인생의 싸이클을 100세로 기준 한다면 짧은 세월은 아니기에 여러 권력자를 만나 그 정책에 따라 살아 보노라면 누가 누구라는 것을 나누고 그의 업적을 거론하게 되며 분별하지 않을 수 없다.

즉 지도자에 따라 정책에 따라 삶이 좋게 또는 다르게 확연하게 바뀌게 된다는 것을 지나고 난 뒤에 알게 된다는 것은 시간 적으로 이미 늦음과 동시에 해결을 위해 대책을 세우고자 할 때면 빨라도 빠른게 아니라는 것이다.

이제 마무리하면서 다시한번 민족중흥을 위한 위대한 대한민국을 이루려면 다시 한번 문무를 겸비한 '박정희 대통령'과 같은 지도자가 우리를 이끌어야 한다고 생각한다. 왜냐하면 박정희 대통령처럼 우리 국민의 특성을 잘 알고 있는 지도자만이 잘 이끌어갈 수 있기 때문이다. 그렇게 되기를 학수고대하며 다시한번 정리해 본다. 문무를 겸비한 박정희 대통령은

① 1961년 5월 16일 6.25사변으로 더욱 황폐해진 나라와 헐벗고 굶주림에 허덕이는 국민들을 위하여 의연히 일어섰다.
② 목숨 걸고 일어서고 보니 위정자僞政者들에게 맡겼을 때는 또다시 처참하게 피폐했던 시절로 되돌아갈 것이 불을 보듯 확실했다.
③ 국민들과 함께 주린 배를 움켜쥐고 굶주림에서 벗어나고자 몸부림치며 선진강국이 되도록 닦고 있는 대한민국이 또다시 처절하게 가난했던 그때로 돌아가지 않도록 하기 위해 '유신'을 취한다.
④ 72년에 국민투표로 통과한 '유신'을 79년 서거하기 전까지 실행해 본 결과 우리나라의 실정에 맞음을 확인하며 자자손손 만년대계를 위하여 폐하지 말고 그대로 진행할 것을 여러 번 강조한다.

책이 나오기까지 관심과 격려를 해주신 우리 광일스님과 세진인쇄소 사장님·디자이너님·박영택 장로님·김원 감사님·박종익 이사님·김용훈 중령님·김영달 목사님·정종욱 선생님·김문식 선생님 등 많은 분들에게 진심으로 감사드립니다.

집권 18년의 위대하고도 방대한 업적을 한권의 책으로 정리해 보려는 오만을 용서해 주소서.

2025 乙巳年 酉月 박정희 학당·박정희 구국정신 계승회 일동

부록

   다음의 내용에는 박정희 대통령께서 비약적인 경제발전을 이룩하고 있는 시점에서 국민들께서 맡긴 권력을, 맡아 있는 국가의 최고 통수권자가 명심하고 있어야 할 마음가짐이 가장 잘 나타나 있어 여기 실어 본다. 마지막 내용엔 석유에 대한 박정희 대통령의 생각도 잘 나타나 있다.

1976년 1월 15일 박정희 대통령께서는 중앙청에서 새해 기자 회견을 가졌습니다. 대통령께서는 금년도 정부 시정의 방침을 다음과 같이 하고자 합니다.
(육성을 기록)
새해 정부 시정의 기본목표 3가지

1. **국가안보 제일주의다.** 모든 시책에 있어서 국가 안보에다가 최우선권을 두어야 하겠다는 겁니다.
2. **경제 안정과 착실한 성장을** 금년에는 해 나가야 되겠다는 겁니다.
3. **국민총화 체제를** 더욱더 강화해 나가야 하겠다는 겁니다.

대통령께서는 우리나라 경제 안정과 착실한 성장이 올해 경제시책의 기본 방향이라고 전제하고 새해 우리 경제시책의 기본 방향을 어떻게 잡아 나가야 하겠느냐! 여기에 대해서 정부는 한 댓가지 지금 목표를 세우고 있습니다.

5가지 목표를 두고 실천을 해 나가야 이룰 수 있음을 역설함.

1) 물가안정이다.
2) 국제수지를 개선해 나가야 되겠다.
3) 기술인력 개발에 우리가 보다 더 힘을 써야 되겠다.
4) 국내 저축을 증대시켜 나가야되겠다.
5) 이러한 모든 노력을 통해서 착실한 성장을 유지해 나가야 되겠다.

이러한 5가지 목표를 지금 세우고 있습니다.

박 대통령께서 경제난국을 타개하기 위해서는 **첫째** 올해가 총력 수출의 해가 되도록 하자고 강조하면서 난국 극복의 지름길은 수출에 있으므로 모든 기업이 수출의 대열에 참여하자고 당부했습니다. 지난해 다른 나라는 경제불황에 허덕인 나머지 수출이 저조했으나 우리는 15% 수출 신장을 계속해 54억 달러를 수출했다는 것은 자랑스러운 일이라 말하고 올해도 수출을 늘리고 수입을 억제하며 물자와 기술 면에서 국산으로 대체하고 인력수출과 건설수출 관광사업을 넓히며 외국자본은 잘 선별해서 들여올 것이라 말했습니다.

대통령께서는 물가상승률을 10% 선으로 안정시키기 위해 근실한 통화 신용 정책과 조율 적인 가격지도를 하며 공공요금을 되도록 올리지 않겠다고 말하고 1인당 국민소득도 이제 500달러를 넘어섰으므로 국내 저축에 힘써 총력 저축의 해가 되도록 하자고 강조했습니다.

또한 국민경제 안정과 성장을 위해서는 근로자와 기업주 사이의 협조가 잘 이루어져야 한다고 지적하고 정부는 중화학 공업 분야에 기술인력을 충당하는데 차질이 없도록 하는 동시에 수출 상품을 고급화해서 외화를 더 많이 벌어들이도록 하고 국제 경쟁력을 강화하기 위해 우수한 기술인력을 계발하는데 중점적인 시책을 펴나가겠다고 밝혔습니다.

대통령께서는 세계 경제는 앞으로 잘 풀려나갈 기미를 보이고 있다고는 해도 불황의 후유증은 당분간 더 계속될것이라 전망했습니다. 이어 대통령께서는 올해 끝나는 제3차 5개년 계획을 성공적으로 마무리 짓고 내년부터 시작될 제4차 5개년 계획을 순조롭게 착수할 수 있는 모든 준비를 서둘러야 한다고 말하고 따라서 우리 국민은 오늘의 현실을 바로 보고 정부 시책에 적극 협조하면서 물자를 아끼고 검소한 생활을 해 나갈것을 당부했습니다.

대통령께서는 또 제4차 경제개발 5개년 계획의 기본 방향은 국민 생활의 안정과 직결되는 사회개발과 복지후생 분야에 중점을 두는데 있다고 밝히고 서민주택을 많이 지어서 국민들의 주택 문제를 해결하고 모든 국민들이 싼 비용으로 의료혜택을 받을 수 있도록 국민 의료보험 제도를 확립해 나갈 것이라고 말했습니다.

대통령께서는 중산층과 저소득층의 재산형성을 지원하는 방향으로 적극적인 시책을 펴나가겠으며 그러기 위해서는 저소득층의 세금부담을 덜어주는데 가장 역점을 두겠다고 밝혔습니다. 또한 도시와 농어촌의 급수 시설을 크게 개선하고 농어촌의 전기를 최대한으로 넣어주며 전화 보급률을 크게 넓혀나가고 낙도와 벽지에 수송문제와 통신망을 넓혀 나가겠다고 말했습니다.

대통령께서는 새마을 운동에 대하여 앞으로 이 새마을 운동의 방향을 어떻게 생각하느냐 하는 문제에 대해서는 뭐니 뭐니 해도 새마을 운동은 궁극적으로 이 소득증대에다가 우리가 특히 박차를 가해서 나가야 되겠다. 그래서 80년도 초에 농가 호당 소득 140만원 전국 평균 140만원 목표를 기어코 우리는 이거를 달성을 해야 되겠다. 하는 것이 우리의 1단계 목표가 되겠습니다.

그리고 앞으로는 지금까지 해오던 마을 단위의 소득사업을 조금 더 폭을 점차 넓혀서 인근에 있는 2개 마을·3개 마을을 합친 소위 협동권 단위로 이 사업을 지도해 나갈 그런 방침이고 또 아주 열심히 잘하는 부락에 대해서는 정부는 우선 적으로 지원하겠다 하는 내가 늘 강조하는 이 방침은 앞으로도 변함없이 그대로 밀고 나가겠다. 따라서 지금 현재 좀 뒤떨어져 있는 이런 부락은 더욱더 앞으로 분발을 해 주기 바랍니다.

그리고 또 한 가지 앞으로 우리가 생각하는 중요한 방향 하나는 도시 새마을 운동을 앞으론 강력히 추진해 나가야 하겠다. 도시라고 해서 새마을 운동이 안 될 일은 결코 없습니다. 대통령께서는 우리 농촌은 지난 5년 동안 새마을 정신을 생활화하므로서 새로운 생활 기풍을 이룩해 소득을 크게 늘려 지난 1974년 말에 농가 보장소득이 도시근로자의 소득 수준을 앞지르게 되었다고 밝혔습니다.

한편 지난 몇 해 동안 우리의 국방력은 크게 향상되었다고 지적하면서 북한 공산집단이 단독으로 공격을 해 올 그런 경우에 있어서는 우리도 우방의 지원 없이 우리 단독의 힘으로 1:1로서 능히 이것을 격퇴를 할 수 있는 또 이것을 막아낼 수 있는 그러한 정도의 국방력을 빨리 우리가 갖추어야 되겠다.

그것을 우리가 앞으로 4·5년 내에 달성해야 되겠다 하는 것이 지금 우리가 생각하고 있는 자주국방에 대한 개념입니다. 그러나 오늘날의 전쟁은 총력전이며 전방과 후방이 따로 없다고 지적하고 전쟁이 났을 때는 온 국민이 일치단결해서 나라를 지키겠다는 결의와 각오를 다져야 하며 이것이 바로 북한 공산주의자들의 침략 야욕을 분쇄하는 길이라고 강조했습니다. 이어서

대통령께서는 한반도 문제를 해결 하는데 있어서 지금 가장 큰 관심거리는, 통일이 아니라 평화의 정착이라고 강조하면서, 가장 큰 관심사는 뭐냐, 통일이 아니라 평화다. 평화의 정착이다. 그래야만 통일문제가 더 빨리 해결이 되어 나가고 실마리가 풀려나간다. 평화정책 없이 통일, 그 뭐 말 바꿔 말하자면 전쟁이 나면 무력으로 가

지고 난타전 그건 안되는 이야기입니다. 그리고 남북문제는 무슨 방법이든지 남북이 서로 앉아서 대화를 해서 서로 합의되고 양해가 이루어지지 않으면 해결되는 문제가 하나도 있을 수 없다.

대통령께서는 현시점에서 보다 급한 것은 평화의 정착인데 북한 괴뢰는 이를 정면으로 거부하고 오히려 이것을 역이용하려 하고 있다고 말하고 통일이 될 수 있는 여건을 하나하나 같이 협력해서 만들어 나가야 한다고 강조했습니다.
또한 서정쇄신과 관련하여 기풍을 진작시키는 것은 국가안보 문제와 같이 중요한 것이라고 지적하면서 특히 북한 공산주의와 대결하는 우리 입장에 있어서 가장 중요한 것은 우리 국민의 총화단결 내부결속이다. 공산주의는 언제든지 이것을 노리고 있는 것입니다.

우리 내부의 어떤 취약점 또는 허점 이런 것을 노리고 그런 것이 있으면 언제든지 접어든다. 침략을 한다. 그것이 없을 때는 공산주의는 절대로 침략하지 않습니다. 책을 보니까 레닌인가 누군가 했던 말이 있는데 공산주의는 적을 치러 갈 때 가만히 봐서 약하거든 쳐서 먹어버리고 그놈이 강해서 이기지 못하겠거든 그냥 뒤로 돌아서서 돌아오라 이런 식으로 하는 것이 공산주의 하나의 전술이라 들었는데 우리 내부가 단단하고 결속이 되어 있고 단결이 되어 있으면 공산당은 절대 무력으로 침략할 생각을 갖지 않는다.

그대신 우리가 단결이 되어 있으면 그땐 무엇을 하느냐, 내부의 자꾸 분열을 조장하고 내부 와해를 시키는 공작을 하는 겁니다. 공산당이 지금까지 그렇게 했잖아요, 간첩을 보내고 지하당을 만들고, 선동을 하고 사회를 시끄럽게 만드는 것, 내부의 허점을 만들기 위해서 하는 것이다.
그래가지고 어느 정도 효과가 이루어지고 우리 사회 내부에 큰 약점이 취약점이 생겼을 때는 그때는 무력으로 치는 이것이 공산주의의 전략이다. 우리는 그런 약점과 허점을 절대 보여서는 안된다.

국민 총화와 단결을 저해하는 가장 큰 요소가 무엇이냐 그것이 즉 우리가 늘 입이 아프게 말하는 것은 부정·부패·비리·부조리 이러한 사회악 이것이다. 이것을 없애야만 국민 총화와 단결이 된다. 이런 것은 공산당과 똑같은 우리에 대해서도 적이다. 어떻게 보아서는 공산당보다 더 나쁜 무서운 적이다. 이렇게 봐야 하겠습니다.

이날 대통령께서는 우리나라에서도 처음으로 석유가 발견되었다고 밝혔습니다.

년 초에 들어와서부터 항간에 우리나라에 석유가 나왔다 해서 큰 화제가 되어 있는 것 같습니다. 거기다 또 최근 년 초에 일반 어떤 신문에 제7광구에 대량의 석유 매장량이 있는 것 같다. 하는 그런 보도가 나서 그것이 국내 또 전파됨으로써 석유에 대해서 더 큰 관심과 기대가 쏠린 듯합니다.

작년 년 말 12월 초 우리나라 영일만 부근에서 우리나라에서는 처음으로 석유가 발견된 것은 사실입니다. 이것은 우리나라 기술진에 의해서 오랜 탐사를 한 결과, 시추를 한 결과 3·4개 공을 시추했는데 그중 한군데서 가스와 석유를 발견했습니다.

물론 나온 양은 소량이지만 우리나라에서 처음으로 석유가 발견되었다. 지하 약 1500m 부근에서 석유가 발견이 된 것입니다. 한 몇 드럼 정도 나왔는데 이것을 갖다가 키스트에서 여러가지 그 성분을 분석한 결과는 질이 매우 좋은 그런 석유다 하는 결과도 판명이 되었습니다.

제주도 근해 제7광구에 석유 개발에 관해서는 그동안 물리탐사나 공중탐사 등을 한 결과 이곳에 석유가 많이 매장되어 있을 가능성이 보인다고 말하고 앞으로 본격적인 조사를 해서 올가을이나 년 말까지는 결과가 나올 것이라고 밝혔습니다.

대통령께서는 영일만 지구는 앞으로 4·5개월이 지나면 대략 그 결과를 알 수 있을 것이라고 전제하고 우리나라처럼 기름 한 방울 나지 않던 나라에서 기름이 나왔다는 사실에 국민이 흥분하고 대단히 좋아하는 심정은 충분히 알겠지마는 이것은 땅 밑에 있는 것이기 때문에 확실한 것을 알 때까지는 우리 다 같이 참고 기다리자고 당부했습니다.

끝으로 대통령께서는 우리가 늘 이야기 하듯이 '하늘은 스스로 돕는 자를 돕는다.' 라는 말과 같이 우리가 부강한 조국을 건설하고 보다 잘사는 나라를 만들기 위해서 우리 모두 단합해서 근면·자조·협동으로 열심히 일할 것 같으면 또 우리가 열과 성을 다할 것 같으면 하느님이 우리에게도 좋은 그런 선물을 주실지도 모른다. 하는 것을 여러분들에게 말씀을 드리고 거기에 대한 조사가 끝날 때까지는 참고 기다려 달라하는 말씀을 드렸습니다.

「**이제 우리는 국민 모두 하나로 뭉쳐 나라를 지키고 나라를 건설해 나갈 때입니다. 이렇게 해서 전진을 거듭할 때 우리는 어떠한 어려움도 이겨내고 이 땅에 평화와**

번영을 이룩할 것입니다.」

우리 대한민국 국민이라면 그 누구라도 모두 박정희 대통령을 존숭할 것입니다.
좌익이든 우익이든 대한민국 국민이라면 누구나 하나같이 박정희 대통령을 존숭할 것입니다. 이에 김문수 대표의 10·26 추도사를 싣는 까닭도 여기에 있습니다.

★ 앞장서서 데모하던 운동권 좌파의 후회

2020년 박정희 대통령 10.26 서거 추도식에서

제가 도지사가 되어서야 경기 북부 전방 지역 발전을 위해서 고속도로 건설이 필수적임을 깨닫고 당신의 선견지명에 반대했던 제가 너무 부끄러웠습니다.

각하 영전에 40년 전 '하면 된다.' 던 당신을 향하여 '할 수 없다.'고 침을 뱉던 제가 이제는 당신의 무덤에 꽃을 바칩니다. 당신의 꿈은 식민지 시대의 배고픔과 절망에서 자라 났지만 역사를 뛰어넘어 혁명적이었으며 세계적이었습니다.

당신의 업적은 당신의 비운을 뛰어넘어 대한민국과 함께 영원할 것입니다. 당신의 '무덤에 침을 뱉는' 그 어떤 자도 당신이 이룬 한강의 기적을 뛰어넘지는 못할 것입니다.

위대한 혁명가시여
당신의 따님 우리가 구하겠습니다.
당신의 업적 우리가 지키겠습니다.
당신의 대한민국 우리가 자유통일 이루겠습니다.
편히 쉬십시요.

2020년 박정희 대통령 41주기 추도식 김 문 수 再拜